教育部人文社科重点研究基地重大项目"国内外市场一体化中的流通产业国际竞争力提升研究"(17JJD790020)资助成果

市场一体化中流通产业国际竞争力提升研究

李怀政 著

ZHEJIANG UNIVERSITY PRESS
浙江大学出版社
·杭州·

图书在版编目（CIP）数据

市场一体化中流通产业国际竞争力提升研究／李怀
政著. -- 杭州：浙江大学出版社，2024.6
ISBN 978-7-308-24558-6

Ⅰ. ①市… Ⅱ. ①李… Ⅲ. ①流通产业－国际竞争力
－研究－中国 Ⅳ. ①F724

中国国家版本馆 CIP 数据核字（2024）第 017812 号

市场一体化中流通产业国际竞争力提升研究

李怀政 著

责任编辑	石国华	
责任校对	董雯兰	
封面设计	周 灵	
出版发行	浙江大学出版社	
	（杭州市天目山路 148 号 邮政编码 310007）	
	（网址：http://www.zjupress.com）	
排 版	杭州星云光电图文制作有限公司	
印 刷	广东虎彩云印刷有限公司绍兴分公司	
开 本	710mm×1000mm 1/16	
印 张	14	
字 数	250 千	
版 印 次	2024 年 6 月第 1 版 2024 年 6 月第 1 次印刷	
书 号	ISBN 978-7-308-24558-6	
定 价	68.00 元	

目　录

第一章 引 论[①]

随着国内贸易流通体制改革的深化与"贸易强国""数字中国"等重大战略的付诸实施,市场一体化进程加快,流通业态面临"提质增效扩面"与机制创新的严峻挑战。基于产业异质性、超大规模市场与数字流通技术创新等优势,中国流通产业亟待提升国际竞争力并藉此促进全球价值链升级。本章旨在以零售业为例梳理流通业态变迁理论源流,解析关联概念,阐释流通产业演进与流通市场结构变动的内在逻辑,尝试勾勒数字流通及其规制的启蒙图景。

第一节 流通业态变迁:以零售业为例

客观地说,流通产业国际竞争力的提升与流通业态变迁息息相关。由于难以笼统地刻画流通业态的演进,笔者试图以零售业为例考量流通业态的变迁[②]。

一、关于零售业态变迁的理解

零售业是人类社会经济发展进程中最古老的行业之一,它的核心功能是向最终消费者提供商品或服务。在一定程度上,零售业态的发展变化反映着经济发展和社会变革,一部零售业态变迁史就是零售业发展史。所谓"零售",是指以零星、分散、少量的方式向最终消费者出售商品或提供服务,是区别于批量化、一体化销售的一种商业形式,本质上是一种较为简单、直接的交易方式。

---

① 本章部分内容散见于笔者已出版的专著(李怀政,2019:1-88),笔者聚焦本书主旨进行了梳理与完善,并结合流通产业理论前沿与经验系统地做了补充。
② 从社会再生产过程看,流通属于交换的范畴,流通产业有狭义和广义之分,狭义的流通主要涵盖批发和零售业、交通运输、物流、仓储和邮政业、住宿和餐饮业,广义的流通是商品和服务贸易关系的总和,涵盖商流、物流、信息流和资金流。

"零售业态"最早可以追溯到 20 世纪 60 年代的日语汉字词汇[①]，早期专指有店铺零售商的营业形态，随着世界零售业的发展与革新，这一概念逐渐扩展到包括无店铺零售在内的所有零售行业，其核心意涵是指零售商向目标顾客提供目标商品或服务的具体形态，通俗地理解就是"卖什么、卖给谁、如何卖"的问题。依据我国零售业态分类标准，零售业态是指零售企业为满足不同的消费需求进行相应的要素组合而形成的不同经营形态[②]。从而，业界通常粗略地将零售商划分为有店铺零售商和无店铺零售商。基于商品组合、服务功能、经营方式等业态构成要素差异，有店铺零售涵盖百货店、购物中心、超市、大型超市、仓储会员店、食杂店、便利店、折扣店、专业店、专卖店、家居建材店、厂家直销中心等业态，无店铺零售包括电视购物、邮购、网上商店（网络零售）、自动售货亭、电话购物等业态。其中网络零售（e-retailing）或网上商店又称"虚拟商店""网上商场""网上商城"或"电子商场"，是电子零售的典型组织形式。

"变迁"通常被用于不同制度间的替代、交易或转换，借鉴这一概念，笔者将"零售业态变迁"定义为对构成零售业态的商品、价格、环境、服务等要素组合所作的边际调整。可见，零售业态变迁是一个动态的过程，当变迁发展到一定阶段就会引致业态创新，即以全新的业态要素组合替代原有的业态要素组合。零售业态的变迁是零售业态优胜劣汰的过程，这种内在的竞逐始终推动着零售业持续发展。

二、西方零售业态变迁理论演进

是什么原因导致零售业态推陈出新，零售业态的变迁一般因循何种规律和路径，这是现代零售经济学研究的一项重要任务。自 20 世纪 40 年代以来，它一直吸引着学术界对其孜孜不倦地探求。西方零售业态变迁理论的演进大致可以分为循环论、进化论、冲突论与折中论四种流派，不同流派又包含多种理论或假说。鉴于此，有必要系统梳理西方零售业态变迁理论流派及其发展脉络，归纳不同理论或假说的边际贡献与核心思想。

---

① 关于零售业态的阐释主要有日本范式和美国范式。在日本，狭义零售业态是指商品、价格、店铺、销售等营销要素组合的形式，即"type of store"；广义零售业态还涵盖企业或店铺的组织形式、所有制形式、经营形态等，即"type of operation"。在美国，20 世纪 30—40 年代，也曾流行用"type of operation"表示零售业态，但 70 年代以后，一般改用"types of retailers"。国内学者对于零售业态的理解和认知较多基于日本范式，夏春玉（2002）等学者较早对此进行了颇为深入的研究。

② 中国国家标准化管理委员会.零售业态分类（GB/T 18106—2010）[S].北京：中国标准出版社,2010.

循环论,也称周期论,主要涵盖手风琴假说、零售之轮假说、零售3轮假说、真空地带假说、生命周期假说、新零售之轮假说。其中,手风琴假说(Hower,1943;Brand,1963;Hollander,1966)旨在从商品组合宽度的视角解释新零售业态的产生,主张零售业态如同手风琴因循"综合—专业—综合"的路径循环往复演进,商品组合由宽至窄,再由窄至宽;零售之轮假说(Butterworth et al.,1958)的边际贡献在于发现了零售业态变迁的一般路径,多数业态演进与此相符,认为低成本、低毛利、低价格的竞争优势始终驱动新型零售业态渐次替代旧零售业态;零售3轮假说(Izraeli,1970)旨在对传统零售之轮假说进行完善,增加了两个零售轮,认为零售业态演进存在"低成本、低价格的新业态,高成本、高服务的新业态,现有零售业态"三个零售轮;真空地带假说(Nielsen,1966)致力于诠释零售之轮假说无法解释的高价店业态,认为零售业态的变迁取决于消费者对零售商的服务、价格组合存在着偏好空隙;生命周期假说(Davidson et al.,1976)的边际贡献在于解释了零售业态的发展方式以及自产生至衰退的生命轨迹,认为与产品生命周期一样,零售业态发展通常也要经过"导入、成长、成熟、衰退"四个发展阶段,在不同阶段新老业态相互竞逐;新零售之轮假说(中西正雄,1996)旨在基于"技术边界线"概念揭示零售业态发展的一般规律,强调"低成本、低毛利、低价格"不是业态变迁唯一的原动力,新业态的进入不是由于"真空地带"而是源于技术革新。

进化论,又称环境论,主要包含组织进化论、调适理论、环境理论、生态进化论、宏观零售理论。其中,组织进化论(Dreesman,1968)侧重借鉴达尔文进化论解释零售业态演进,主张零售业态的发展必须与社会经济环境相适应,"物竞天择,适者生存";调适理论(Gist,1971;Roth and Klein,1993;Evans,1993)旨在基于达尔文进化论系统解释零售业态变迁,主张零售业态只有不断适应环境变化,才能生存和发展,进而免遭淘汰;环境理论(Wadinambiaratchi,1972)致力于从经济发展史视角考察零售业态变迁,认为新型零售业态往往在发达国家产生并不断向落后国家移植,零售业态是经济环境的函数;生态进化论(Markin and Duncan,1981)专注于用生态学观念解释零售组织的发展与演进,认为如同生态系统中的生物物种一样,零售业态之间具有相互依存关系;宏观零售理论(Schiffman,1981)系统整合影响零售业态变迁的相关因素,提出政治、法律、经济、社会、文化、技术和自然等环境因素综合影响零售机构的发展与变迁。

冲突论,也称危机论,主要涵盖辩证发展假说、"冲突—防御性撤退—认知—适应"假说、辩证过程理论、危机反应模型。其中,辩证发展假说(Gist,1968)致力于运用辩证思想解释零售业态变迁,认为现有零售业态之间的冲突不断驱动新业态的产生,并遵循"肯定—否定—再否定"的路径;"冲突—防御性撤退—认知—适应"假说(Brown,1987)旨在以辩证的思维解释新型业态的产生,提出零售业态演变因循"冲突—防御性撤退—认知—适应"的路径,冲突与均衡不断交替;辩证过程理论(Dreesman,1968;Schary,1970;Kirby,1976)的边际贡献在于提出零售业态的演进存在两极化现象,用"正、反、合"哲学原理解释零售业态变迁,强调一种新型零售业态的出现必然带来另一种与它完全不同的零售业态的出现,即新业态基本上是现存业态的否定形式或重新组合;危机反应模型(Fink et al.,1971)旨在基于社会心理学和生物学思想解释零售业态,主张每当新的零售业态产生,现有零售业态就会出现危机感并随之进行革新。

混合论,也称折中论,主要包含"环境—循环"理论、"循环—冲突"理论、"环境—冲突"理论、"环境—循环—冲突"理论。其中,"环境—循环"理论(Deiderick and Dodge,1983)融合环境理论、零售之轮假说以及生命周期假说,强调零售业态往复循环演进是在一定的政治、经济、社会、文化、法律和技术等环境下进行的;"循环—冲突"理论(Martenson,1981;Izraeli,1970)的边际贡献在于引入基于竞争视角的冲突理论,认为零售业态的周期性演化通常伴随着新旧业态的冲突;"环境—冲突"理论(Alderson,1957)致力于融合环境与冲突理论解释零售业态演化,提出环境影响竞争优势,进而导致业态间的冲突,最终引致业态变化;"环境—循环—冲突"理论(Ageragaard and Olsen,1970;Beem and Oxenfeldt,1966)的边际贡献在于融合环境理论、循环与冲突理论解释零售业态变迁,认为零售业态的变化是由环境、周期和冲突共同推动的。

三、中国零售业态变迁理论发展

近年来,国内学者结合中国零售业发展现实对零售业态演变动因及其变迁规律进行了卓有成效的研究,笔者参考前文西方零售业态变迁理论流派划分情况,考虑相关研究的核心思想,将国内相关理论姑且区分为循环论、环境论、消费偏好论和要素驱动论。

循环论主要涵盖零售业态螺旋假说(陶伟军和文启湘,2002),其边际贡献在于导入"知识可能线"概念,解释新旧业态的螺旋式演化方式和路径,认为企业间竞争不断孕育新业态,且业态不断因循"新生期、成长期、蜕变期、成熟期"实现螺旋式上升。

环境论主要包含适应性假说(夏春玉和杨宜苗,2007),旨在构建零售业态适应性评价及影响因素模型,主张零售业态适应性是影响零售业态发展及演进的关键因素。

消费偏好论主要包含消费者受让价值假说、消费者偏好差异理论、业态价格梯度假说、消费成本假说与消费者行为假说。其中,消费者受让价值假说(张宁宁和叶永彪,2006)致力于从市场细分和顾客受让价值角度考察零售业态,强调消费者偏好的多样性驱动零售业态多元演变;消费者偏好差异理论(晏维龙,

2009)试图从消费者偏好维度解释零售业态的演变,主张消费者偏好差异是导致新兴零售业态不断产生、演变的根本动因;业态价格梯度假说(沈健和刘向东,2011)的边际贡献在于将价格梯度与"技术边界线"实现了较好融合,主张零售业态创新不仅仅是"技术变革"的结果,也是消费者偏好变化的结果;消费成本假说(吴昊等,2015)解释了消费成本对零售业态的影响机制,提出消费者不断追求消费成本最小化驱动零售业态革新与演进;消费者行为假说(王娟和柳思维,2015)为探索零售业态变迁提供了一个新的分析框架,认为消费者行为偏好、消费者需求和福利的变化是中国零售业态嬗变的动因。

要素驱动论主要包含制度变迁假说、四要素假说、六要素假说、产品差异化假说与企业家组织能力假说。其中,制度变迁假说(荆林波,2002)试图将制度因素引入零售业态变迁,认为制度变迁促使交易费用降低,进而驱动零售业态变革和演化;四要素假说(刘星原,2004)力求对零售业态变迁的决定因素予以综合和折中分析,主张商业竞争、消费者需求、企业创新和科学技术应用促进了零售业态演变;六要素假说(李飞和贺曦鸣,2015)从市场定位视角补充了零售业态变迁理论,认为产品、服务、价格、店址、环境和沟通等要素的不同组合决定了零售业态演进;产品差异化假说(芮明杰,2007)旨在基于产品差异化视角考察零售企业竞争行为,主张产品差异化导致零售商市场势力,进而推动零售业态变迁与创新;企业家组织能力假说(朱涛,2008)旨在解释企业家才能对零售业态革新的重要性,指出以企业家才能为核心的组织能力主导着零售业态的演化。

显而易见,国内外不同流派力图将零售业态的变迁归因于竞争优势、技术革新、环境变化、商业冲突与消费者需求偏好的变化。事实上,零售业态的变迁是个较为复杂的问题,通常受到政治、经济、社会、文化、法律和技术等多重因素的影响,不能仅凭单个因素予以解释。不同理论从不同侧面刻画了不同历史时期零售业态演变的经济逻辑,这对我们深入理解零售业态乃至流通业态变迁的动因及其演化规律奠定了科学基础,也为进一步研究流通产业国际竞争力提供了丰富的思想源泉。

第二节 关联概念辨析

一、电子商务及其业态

(一)电子商务的内涵与外延

电子商务是对英文"electronic business"或"electronic commerce"的中文表达。这一概念有广义和狭义之分。广义的电子商务(electronic business)是指通过任何电子手段进行的各种商业事务活动,狭义的电子商务(electronic commerce)一般是指运用互联网等电子工具进行的商品和服务的交换活动①。电子商务的萌芽最早可以追溯到 19 世纪中后期西方国家运用电报、电话等手段开展的相关活动,20 世纪 70 年代以后电子数据交换(EDI)与通信技术的创新进一步开辟了电子商务的新纪元。人们通常认为,现代意义上的电子商务肇始于 20 世纪 90 年代中后期在美国逐步兴起的电子商务热潮。进入 21 世纪以来,伴随计算机与互联网通信技术的发展与变革,国际电子商务日益呈现出强劲的增长势头和广阔的发展前景。近 20 多年来,伴随电子商务的深入发展,国内外相关组织机构对电子商务概念的解释存在一定差异,各自所强调的重点有所不同②。

美国政府颁布的《全球电子商务纲要》(1997)较早将电子商务界定为通过 Internet 进行的广告、交易、支付、服务等商务活动;欧洲经济委员会(1997)将电子商务定义为各参与方之间以电子方式而不是以物理交换或直接物理接触方式完成任何形式的业务交易,主要包括电子数据交换(EDI)电子支付手段、电子订货系统、电子邮件、传真、网络、电子公告系统、条码、图像处理、智能卡等;世界贸易组织(1998)将电子商务解释为通过电子方式进行货物和服务的生产、销售、买卖和传递,其关键作用在于奠定了审查与贸易有关的电子商务的基础;联合国国际贸易程序简化工作组(1998)将电子商务视为采用电子形式开展商务活动,它包括在供应商、客户、政府及其他参与方之间通过任何电子工具共享非结构化商务信息,管理、完成各种交易;经济合作与发展组织(1998)将电子商务理解为发生在开放网络上的商业交易,主要包含 B2B、B2C 的交易;国际标准化组织(1998)则将电子商务界定为企业之间、企业与消费者之间信息内容与需求交换的一种通用术语,重在信息内容与需求的交换;中国经济出版社发布的《电子商务蓝皮书》(2001)强调电子商务是通过互联网完成的商品和服务交易。

基于前文的梳理和比较,我们大致可以发现对电子商务概念的理解必须系统把握电子工具③和商务活动④两大关键要素,相关组织机构对电子工具和商

---

① IBM 公司于 1996、1997 年先后提出"electronic commerce""electronic business",在中国这两个概念都被翻译成"电子商务",客观上其内涵和外延有所区别。

② 这里关于电子商务的不同定义参阅相关组织结构官方网站公开文献资料,不同定义所强调的重点为笔者的个人见解。

③ 广义的电子工具包括电报、电话、广播、电视、传真、计算机、计算机网络、移动通信、互联网、外联网、物联网、电子邮件、数据库、电子目录等。

④ 广义的商务活动包括商品与服务的交换、货币交换、供应链管理、电子交易市场、网络营销、网络广告、网络中介服务、在线事务处理、电子数据交换、存货管理和自动数据收集,具有广告宣传、咨询洽谈、网上订购、网上支付、电子账户、服务传递、意见征询、交易管理等功能。

务活动外延与内涵的不同解释在一定程度上影响了人们对电子商务的认知。基于国内外电子商务与数字经济的发展，笔者认为，电子商务是指企业、家庭、个人、政府以及其他公共或私人机构等各类行为主体，在法律许可范围内，基于计算机等信息网络技术和交易平台，运用电子化、数字化、网络化手段或方式，围绕商品或服务的国内外交换在彼此间所进行的广告、交易磋商、结算、金融、物流、技术服务等各类商业活动，是传统商业运营过程、商业经营模式及其相关业态的创新。

(二)电子商务业态

电子商务分类标准很多，依据电子商务活动范围不同，电子商务分为区域电子商务、国内电子商务、跨境电子商务、全球电子商务等；依据依托的网络不同，可以分为增值网电子商务、互联网电子商务、内联网电子商务、外联网电子商务等；依据网络运营商的不同，可以分为互联网电子商务和移动互联网电子商务①。电子商务活动的运营一般涉及供应商、消费者、商品、物流四个基本要素，其商业生态系统一般包括第三方电子商务平台或自建平台、平台运营商、台内经营者、第三方支付系统等商业种群。电子商务的核心价值在于降低交易成本，节省时间和空间资源，提高市场交易效率。根据交易对象和相关系统要素的差异，电子商务呈现不同的业态，其内涵也有所区别②。

电子商务业态大致可以分为"企业对企业""企业对消费者""个人对消费者""企业对政府""线上对线下""门店在线""消费者对企业""供应商对交易平台对消费者""消费者对企业份额""软件即服务""企业对家庭"。"企业对企业"(business to business,B2B)是指企业与企业之间通过互联网技术或网络平台进行产品、服务及信息的交换；"企业对消费者"(business to consumer,B2C)是指企业与消费者之间通过互联网技术或网络平台进行产品、服务及信息的交换；"个人对消费者"(consumer to consumer,C2C)的含义是个人(用户)与消费者(用户)之间通过互联网技术或网络平台进行产品、服务及信息的交换或拍卖；"企业对政府"(business to government,B2G)是指企业与政府管理部门之间的电子商务；"线上对线下"(Online to Offline,O2O)的内涵在于互联网成为线下交易的前台，线下交易与线上服务相互结合；"门店在线"(online to part-

---

① 移动互联网电子商务就是各类商务行为主体利用手机、平板电脑等无线终端，基于互联网借助QQ、微信、Facebook、推特、TikTok等社交通信手段进行的电子商务活动，它是互联网技术和移动通信技术完美结合的产物，它使电子商务活动不再受到任何时间、地点的制约。

② 这里对于不同电子商务业态内涵的解释包含笔者的个人见解和观点，其基本思想源于代表性企业网站公开文献资料及其相关案例分析，笔者进行了梳理和归纳。

ner,O2P)是通过构建"电商平台＋客户体验店＋社区门店＋物流配送"的多方共赢格局,以形成具有核心竞争力的互联网生态圈;"消费者对企业"(consumer to business,C2B)是指数量庞大的用户群体与企业之间通过互联网技术或网络平台进行产品、服务及信息的交换,企业处于被动或弱势地位;"供应商对交易平台对消费者"(business to business to customers,B2B2C)的内涵是供应商通过电子商务交易平台与消费者进行商品或服务的交换,实现"供应商—生产商—经销商—消费者"紧密链接;"消费者对企业份额"(customer to business-share,C2B2S)是一种分享式电子商务,是指消费者参与到企业各种经营活动中,依托"线下体验＋线上下单＋个性化参与＋第三方服务",实现利益共享;"软件即服务"(software-as-a-service,SaaS)是软件服务需求者基于互联网按照付费方式自由使用各种信息系统软件,无需购置硬件设备、软件许可证,不必安装和维护软件系统、招聘专业 IT 人员;"企业对家庭"(business to family,B2F)则是指凭借快讯商品广告(direct mail,DM)和因特网(Internet)开展销售活动。近年来,随着数字技术与电子商务融合发展,直播电商、即时零售等电子商务新业态不断兴起,围绕这些新业态、新模式的研究也日渐增多。可见,电子商务业态演进主要是一个伴随交易成本变动与技术进步而不断推陈出新的过程。

二、网络零售、网络贸易与数字贸易

某种意义上,网络零售的兴起是人类社会消费品零售模式、购物方式以及零售业态逐步演化的结果。"网络零售"从词义上理解就是基于网络的零售,从这种角度看,网络不仅仅是沟通渠道,更重要的是交易渠道。互联网在零售商业领域的广泛应用促使"零售渠道"[①]不断创新与演化。现代意义上的渠道是生产者与消费者之间双向的、交互式的商品和信息的传递通道,消费者不再是被动的接受者,互联网使这种全新渠道的生成变成现实。换句话说,互联网作为一种交互式的零售渠道缩短了零售商与消费者之间的距离,改变了零售商与消费者之间关系的主导方向与力量对比。笔者认为,网络零售是指以现代信息技术为支撑,以互联网或移动互联网为渠道,面向终端消费者小批量、频繁地销售商品或服务,并辅以营销、物流等相关活动的一种电子商务形式。具体地说,终端消费者通过互联网或移动互联网浏览相关购物网站,了解、比较、选择目标商品或服务,通过网络、固定电话、移动电话等电子方式下单,并进行线上或线下支付,零售商借助网络信息技术处理订单并进行商品配送和售后服务。由此可见,网络零售有两重含义,一方面,网络零售是一种零售方式或零售模式,是电

---

① 多尔蒂等(Doherty et al.,1999)首先引入"零售渠道"概念用以刻画互联网对于企业和消费者的商业价值与作用。

子商务的一种重要形式;另一方面,网络零售是一种新的零售行为,是零售过程的一种创新。

在经济学语境中,网络零售和网络贸易往往被经济学家们作为两个不同的概念加以区分和研究。换句话说,网络零售和网络贸易有其特定的外延和内涵,二者在概念上存在一定界限。由于我国曾经在较长时期内对内贸和外贸实行分立建制管理,思维定式使我们更加习惯于将网络零售和网络贸易加以严格区分。20世纪90年代以来,伴随着互联网与信息技术的普及,电子商务迅猛发展。近几年来,网络零售与网络贸易逐渐呈现融合趋势,跨境零售与跨境进出口贸易发展日趋凸显,从而,网络零售和网络贸易的边界越来越模糊。尽管如此,在国内外相关主流研究文献中人们仍然将网络零售和网络贸易作为不同的经济范畴和经济现象加以考察与探讨。

由于传统因素的影响和学术研究的需要,笔者在此拟对网络零售和网络贸易的关系加以界定和辨析。二者的联系在于:首先,宽泛地理解,网络零售和网络贸易都是基于网络的商业形式,其核心功能都在于促使买卖双方自愿实现了商品或服务的交换。因此,从根本上说,不论是网络零售还是网络贸易,其本质都属于交换与流通的范畴。其次,从交换与流通的空间范围来看,贸易有国内贸易(intranation trade)和国际贸易(internation trade)之分,国内贸易与国际贸易的总和称贸易①。如果这样理解,网络贸易已经涵盖了网络零售,即网络零售已经包含在网络贸易的范畴中。如果网络零售的边界扩展到国际市场就变成了跨境电子商务,就是跨境进出口贸易,实质上就是基于网络的国际贸易,即网络贸易。相反,如果跨境进出口贸易是小额的、零星的、分散的,那么网络贸易也就是网络零售。再次,网络零售与网络贸易都是电子商务的重要组成部分,无论是网络零售还是网络贸易,其都是通过互联网进行的商业活动,都具有开放性、资源共享化、交易虚拟化与智慧化等现代电子商务的典型特征,其运营都有赖于商流、物流、信息流、资金流、技术流的整合与优化。二者的区别在于:首先,狭义上看,网络零售通常具有零散化、少量化的交换特征,网络贸易则具有批量化、集成化特征。其次,网络零售一般针对终端消费者,网络贸易不仅针对终端消费者而且较多针对非终端消费者。

近年来,随着数字技术与贸易融合发展,数字贸易快速兴起,其内涵与外延也引起了学者们的关注与探讨。总体而言,主流文献对数字贸易的理解有狭义

---

① 学术界有两种倾向,一种把贸易视为国际贸易或对外贸易的简称,将批发、零售等分销行业和具有商业性质的服务业视为国内贸易的核心内容;另一种则将贸易视为国内贸易与国际贸易或对外贸易的总和。

和广义之分。狭义的数字贸易主要涵盖跨境电子商务、数字服务贸易①,广义的数字贸易则包含数字服务贸易与数字化的传统货物贸易。鉴于此,目前学术语境下我们所探讨的数字贸易实际上是数字国际贸易,即国际贸易数字化问题。值得注意的是,如果将国内贸易与国际贸易统一看成流通的范畴,即不存在国内贸易与国际贸易的分割,则数字贸易不仅包括一般意义上的数字化国际贸易,还包括数字化的国内贸易。

三、市场势力、国际竞争力与市场支配地位

(一)国际竞争力与市场势力的关联

市场势力也称市场权力或市场力。古典竞争理论一般将自由竞争中偶然出现的垄断现象归因于市场势力(亚当·斯密,1776),新古典竞争理论进而把市场势力界定为企业将价格维持在边际成本以上的能力(Lerner,1934),本质上是指商品(服务)价格偏离边际成本的程度,可用"勒纳指数"来表示②。此后,哈佛学派结构主义构建了 SCP(结构—行为—绩效)分析范式③,用厂商利润率与正常竞争条件下的企业平均利润率之比来衡量市场势力(Bain,1951)④,认为市场势力的大小取决于市场集中度的高低,二者呈正相关关系⑤。20 世纪 70 年代末,伴随博弈论、信息经济学、制度经济学相关理论思想在产业组织领域的运用,逐渐兴起的新结构主义创立了新经验主义产业组织(NEIO)范式⑥,采用推测变差与非参数方法来测度市场势力,其中 Hall 模型(Hall,1988)⑦以及剩

---

① 联合国贸易和发展会议(UNCTAD)将数字服务贸易划分为数字化的保险服务、金融服务、ICT 服务、知识产权服务、个人文娱服务和其他商业服务,经济合作与发展组织(OECD)、世界贸易组织(WTO)、国际货币基金组织(IMF)则是将数字服务贸易界定为政府、企业和个人等通过数字化平台订购和交付的服务贸易,具体包括传统服务贸易数字化以及信息、数据的跨境流动。

② 勒纳指数 $= \dfrac{(P-MC)}{P}$,其中,P 为商品的价格,MC 为零售商的边际成本。

③ "SCP"为"structure-conduct-performance"的缩写,意即"结构—行为—绩效"。

④ 哈佛学派通常以企业利润率与市场平均利润率之比来衡量市场集中度(就单个厂商而言就是市场份额)。

⑤ 也有学者持不同观点,Landers 和 Posner(1981)认为较高的市场集中度未必一定导致市场势力,并证实影响市场势力的主要因素不仅在于市场份额还应考虑供需弹性。

⑥ "NEIO"为"New Empirical Industrial Organization"的缩写,意即"新实证产业组织"。

⑦ Hall(1988)以"价格—边际成本指数"衡量市场势力,但由于边际成本不可直接测量,进而基于总产出、就业变化、工资和技术进步四个变量推导出产业市场势力。Hall 模型为阐释宏观经济波动与市场结构之间的关系奠定了科学范式。

余需求弹性模型(Baker and Bresnaban,1989;Goldberg and Knetter,1999)最为典型①。从静态视角来看,市场势力只是价格加成能力。事实上,企业的价格加成能力势必会影响关联企业乃至消费者剩余和社会福利。传统观点一般支持市场势力是形成垄断、损失消费者剩余和社会福利的有力证据。然而,也有经济学家(Baumol,1982;Porter,1990)从动态视角认为特定情况下市场势力对促进技术创新、提升产业国际竞争力是有益的。综上所述,伴随现代产业组织理论的兴起,市场势力理论大致经历了三个华丽嬗变:其一,研究视角或方法从静态分析转向动态分析;其二,研究对象从企业市场势力转向产业市场势力;其三,研究范围从国内市场转向国际或全球市场。相应地,市场势力概念的外延和内涵也发生了深刻变化,对市场势力的理解不能单纯从一个维度,不能离开具体市场环境和发展阶段笼统地探讨市场势力。

一般而言,市场势力有卖方势力和买方势力之分。我们可以分别从成本加成、消费者剩余、社会福利、竞争优势四个维度抽象地对市场势力的内涵予以界定。从第一个维度看,市场势力是指卖方或买方利用自身在市场上的优势(支配)地位不正当地支配和控制价格与利润的能力,拥有市场势力意味着获取超过边际成本制定产品价格,从而提高利润水平或获取超额利润的能力;从第二个维度看,市场势力是指卖方或买方利用自身优势不正当地获取消费者剩余的能力,拥有市场势力意味着消费者剩余的损失;从第三个维度看,市场势力是指卖方或买方利用自身支配地位不正当地获取社会福利的能力,市场势力的存在意味着市场的低效率以及社会总体福利水平的下降;从第四个维度看,市场势力是指卖方或买方利用自身支配地位获取竞争优势、促进企业创新、提升国际竞争力的能力,拥有市场势力意味着更具竞争优势和国际竞争力。概而言之,市场势力是企业或产业运用优势地位支配利益相关者或进一步提升自己竞争优势的能力。

(二)市场支配地位与买方势力

1.法律意义上的市场支配地位

市场经济条件下,经营者滥用市场支配地位排斥或限制竞争通常被视为一种主要的垄断行为。为了"预防和制止垄断行为,保护市场公平竞争,提高经济

---

① Goldberg 和 Knetter(1999)的模型为测度产业国际市场势力提供了独特的分析框架。该模型的主要思想在于:本国企业对出口国市场的供给即为本国企业在出口市场上面临的剩余需求,等于出口市场的总需求与竞争企业对出口市场的总供给之差;该模型以同类产品出口企业所面临的剩余需求弹性表示本国出口产业所面临的外部竞争程度,剩余需求弹性在数值上等于出口产业的国际市场势力。

运行效率,维护消费者利益和社会公共利益",2008 年 8 月 1 日我国开始施行《中华人民共和国反垄断法》(下文简称《反垄断法》)①。该法第 17 条明确指出,"市场支配地位是指经营者在相关市场内具有能够控制商品价格、数量或者其他交易条件,或者能够阻碍、影响其他经营者进入相关市场能力的市场地位",而将滥用市场支配地位界定为不公平的高价销售或低价购买、倾销、拒绝或限制或歧视交易相对人、搭售或附加不合理交易条件等。尽管这些条文较为清晰,但在现实中如何合理判断厂商是否具有与滥用市场支配地位是个较为复杂的问题。依据《反垄断法》第 18 条的规定,从法理上说,我们应该基于经营者市场份额、控制销售或者采购的能力、财力和技术条件,以及其他经营者进入相关市场的难度判定相关厂商是否具有市场支配地位;而且该法第 19 条还特别强调,当一个或两个或三个经营者在相关市场的市场份额相应达到二分之一或三分之二或四分之三时,可以推定该经营者具有市场支配地位。但是,这些条款在被执行时往往因具体社会经济条件的限制存在很大难度,且有时难免大打折扣。但毋庸置疑,作为宏观层面的法律规范,《反垄断法》为我国反垄断规制或市场势力规制提供了重要的法律依据与治理框架。

2.经济学意义上的市场支配地位与市场优势地位

市场支配地位和市场优势地位是既有区别又有联系的两个概念。支配地位是优势地位的充分条件,优势地位是支配地位的基础或必要条件。通常,如果某个厂商(或经营者)处于独占、准独占或市场优势地位,它和其他厂商又不存在实质性竞争关系,该厂商就有可能但不总是具备市场支配地位。反之,如果一个厂商对其他经营者具有市场支配地位,该厂商一般必定具有市场优势地位。因此,可以将市场支配地位理解为绝对市场优势地位,而一般意义上的市场优势地位实质上主要体现为相对市场优势地位。从前文我们可以看到,法律意义上的支配地位倾向于从厂商(或经营者)行为视角予以判别,而经济学意义上的支配地位和优势地位更多倾向于描述或刻画一种竞争或非竞争状态,即在相关市场中不顾及其他竞争者或利益相关者福利的一种状态。值得注意的是,厂商处于市场支配地位未必一定排斥竞争、危害市场秩序,即如果厂商没有滥用该地位就不会破坏或恶化市场竞争结构。

3.大型零售商市场支配地位与买方势力

从市场运行层面来看,相对优势地位与劣势地位是基于供应链上下游关系来说,支配与被支配地位则主要针对零售市场上的竞争对手而言。零售商滥用

---

① 该法于 2007 年 8 月 30 日由第十届全国人民代表大会常务委员会第二十九次会议通过。

支配地位或优势地位主要表现为直接或间接迫使供应商签订不公平合同、向供应商收取不合理费用、拖欠供应商货款等。所谓零售商买方势力[①]是指零售商作为供应商或经销商的买方而具有的抗衡能力。依据 OECD(1998)相关文本的解释,"如果某零售商对至少一家供应商采取某项行动,使得该供应商遭受的长期损失明显超过自己承受的损失,这时零售商就拥有了买方势力"。譬如,如果亚马逊突然中止向某供应商订货,或向供应商收取高额入驻费,其结果是供应商利润大幅下滑,而亚马逊自身的利润损失却十分有限,这就意味着亚马逊具有较强的买方势力。随着电子商务与网络零售的快速发展,大型网络零售商滥用支配地位或优势地位行为已经逐步扩展到侵犯消费者或竞争对手的隐私或知情权,破坏公正、公平的市场竞争环境等新的领域。在市场结构呈现买方态势,零售商拥有买方势力条件下,大型零售商对于供应商处于相对优势地位,对于小型零售商处于支配地位;供应商对于大型零售商处于相对劣势地位,对于小型零售商处于相对优势地位;小型零售商对于供应商处于相对劣势地位,对于大型零售商处于被支配地位。另外,消费者的市场地位也值得关注。一般而言,消费者对于大型零售商处于相对劣势地位,大型零售商对于消费者处于相对优势地位;消费者对于小型零售商处于相对优势地位,小型零售商对于消费者处于相对劣势地位。

四、双边市场

从一定意义上说,市场是供求关系或契约的总和,大多数商品或服务的交易活动都是基于单边市场而进行的。所谓单边市场即商品或服务的供给者和需求者之间没有中介人,交易条件是由供求双方直接通过磋商形成的,不受其他第三方所制约。客观上,现代中介机构和互联网平台促进了双边市场的扩展。现实生活中,新闻媒体、期刊、出版、银行卡、保险、房屋租赁、房地产销售、门户网站、网络游戏、电脑应用软件和数据服务等市场均呈现双边市场特征,它们都是通过特定网络平台或中介组织来实现相关交易的。双边市场是相对于单边市场而言的,它是指所有的交易活动都是在相应的平台上完成的一种市场类型(Armstrong,2006)。换句话说,双边市场是以一定的平台形式为核心,通过提供产品或服务促使两种或多种类型的主体进行接触,最后完成交易,并从中获取利润的市场形式(刘启,2008)。实质上,双边市场是由平台型企业或中介机构促成位于其两侧的不同主体完成特定产品或服务的交易。

---

① 1952 年加尔布雷斯(J.K. Galbraith)最早提出买方势力的概念,他认为大型零售组织通过行使其对上游生产商或供应商的抗衡势力,可以降低中间批发价格,并使消费者支付较低的价格,进而有利于增进社会福利。

B2C 电子商务(网络零售)是典型的双边市场,一方面,平台提供者与入驻平台的 B2C 企业互为供求关系,另一方面 B2C 企业与居于平台另一侧的消费者互为供求关系。其中,大型 B2C 网络零售平台通常凭借丰富的渠道资源进而在物流、配送、信息化、营销管理等方面拥有巨大优势,甚至滥用买方势力向供应商索取通道费或入驻费(平台使用费、保证金等)。传统分销领域主要表现为零售商向供应商收取通道费,网络分销领域主要表现为平台型零售商向网络供应商收取入驻费,主要包括平台使用费、保证金等。

学术界关于渠道费用的成因及其外溢效应的理解主要存在两种截然不同的观点:一方面,渠道费是大型零售商滥用其市场势力的结果,零售商收取渠道费往往会损害生产商或供应商利益,甚至破坏供应链关系。换言之,渠道费是制造商(供应商)与零售商之间经常产生冲突的根源,制造商和零售商对渠道费的不同认知①破坏了彼此间的合作,导致价格与正常竞争水平发生背离,甚至滋生大型零售商对不同规模供应商的歧视行为;另一方面,渠道费的产生源于众多制造商或供应商对新产品分销渠道及市场空间的争夺,渠道费不仅有利于制造商成功进行产品开发和创新,还有利于零售商提升新产品采购效率、完善新产品遴选与信号发送机制(Chu,1992)。

事实上,不论是实体零售市场还是网络零售市场,供应商之间针对渠道的竞争始终十分激烈。这种竞争主要源于两个层面的原因,一方面,大型零售商处于供应链末梢,拥有较为庞大的销售网络和客户群体,在消费者中拥有较高知名度和影响力,从而在公共关系、营销渠道、消费者偏好等方面天生拥有比较优势,往往拥有绝对的渠道控制权和买方势力;另一方面,相比较而言,供应商市场更加细分化,供过于求的买方市场态势加剧了优质零售渠道的稀缺性,供应商间的渠道竞争进一步固化了大型零售商的优势或控制地位,从而抑或加剧了大型零售商对市场势力的滥用。在我国零售市场,实体零售业主要表现为供应商对大型综合体、百货商场、综合超市等传统业态分销渠道的竞争,网络零售业主要表现为供应商对大型 B2C 或 C2C 等网络零售平台资源的争夺。因此,不论是实体零售还是网络零售,一旦渠道变成稀缺资源,大型零售商向制造商(供应商)收取额外渠道费就变得顺理成章了。

五、数字流通产业规制

基于前文分析,笔者认为狭义的数字流通产业是指批发、零售、交通运输、仓储、邮政、住宿、餐饮等国内流通产业的数字化,广义的数字流通产业还包括

---

① 零售商往往将渠道费看成制造商(供应商)给予的分销支持,而制造商(供应商)则把渠道费视为零售商追求高额利润的手段。

国际贸易、国际物流等国际流通产业的数字化。随着流通产业的数字化趋势逐步凸显,数字流通产业规制问题值得重视。不同流派经济学家对规制内涵的认知存在差异①,但通常基于公共利益范式或利益集团范式,尽管两种不同范式的理论阐释各有侧重,但现实世界的规制不但起因于公共利益又隐含着利益集团的作用。因此,较为科学的界定和理解应当逐步融合公共利益范式与利益集团范式。那么,现代意义上的规制可以界定为:在市场经济条件下,政府为了克服微观经济无效率和社会不公平,实现社会福利最大化与财富再分配,利用国家强制权依法对微观经济主体进行的直接或间接的经济性与社会性控制或管理②。

多年以来,经济学界关于规制概念及其分类一直存在争论和分歧。经济学家出于不同的分析目的、从不同的角度对规制进行分类,但是将规制大致分为经济性规制和社会性规制还是得到了学术界的普遍认同。在 20 世纪 70 年代之前,作为区别于私人规制的公共规制主要归属于经济性规制,特别是集中于对自然垄断产业进入限制、价格限制、准入标准等问题的探讨;20 世纪 70 年代之后,环境保护、生产者安全、消费者安全等社会公共安全问题逐步受到经济学家们的广泛关注,社会性规制也成为规制经济学的重要研究课题。从而,日本著名产业经济学家植草益(1992)对规制进行了较为宽泛的界定,即"规制是依据一定的规则对构成特定社会的个人和构成特定经济的经济主体的活动进行限制的行为"③。相对而言,零售业最贴近消费者,通常处于供应链的末梢,因此零售业规制不仅仅限于市场准入等经济性规制而且必须充分关注消费者权益、公共利益等社会性规制问题。

基于上述逻辑,数字流通产业规制是指政府(规制机构)为了克服数字技术网络外部性,依法对数字流通产业利益相关者行为予以直接或间接的经济性或社会性控制与管理。具体而言,狭义的数字流通产业规制是作为一种直接的流通政策工具体系存在的,主要包括数字流通产业标准、禁令、不可交易的许可证,以及执照和责任规则等;广义的数字流通产业规制还包括利用市场、公众参

---

① 规制经济学作为一门独立学科最早可以追溯到《规制经济学:原理与制度》(A. E. Kahn,1971)一书的问世。1980 年代末至 1990 年代初,该学科及其相关理论逐步传入我国,当时国内学术界习惯称之为管制经济学。经济学意义上的规制是指政府为控制企业的价格、销售和生产决策而采取的各种公开行动,这些行动旨在努力制止不充分重视社会利益的私人决策。国内早期研究的范围主要限于经济性规制(管制)。21 世纪初,规制经济学逐渐扩展到社会性管制和反垄断领域。

② 张红凤,张细松.环境规制理论研究[M].北京:北京大学出版社,2012:13.

③ 钟庭军,刘长全.论规制、经济性规制和社会性规制的逻辑关系与范围[J].经济评论,2006(2):147.

与等间接政策工具,其中利用市场主要包括数字流通税费,押金—退款制度和有指标的补贴等,公众参与主要包括信息公开、加贴标签和社区参与等对话和合作机制。如果从国际角度考虑,广义的数字流通产业规制还包括数字贸易条约以及各国的数字贸易相关法律法规或有关数字贸易协定等。

第三节 中国零售业态变迁与创新

一、中国零售业态变迁特征

零售业发展与演变始终承载着人类消费模式和生活方式的变革与创新。纵览世界零售业发展史,在杂货店之后零售业迄今先后经历了百货商店(1852)、连锁经营商店(1859)、超级市场(1930)、网络零售(1967)等多次重大变革①。每次零售业变革都伴随着零售业态的演进与创新,其中,以品类创新为核心目标的世界第一家百货商店——法国巴黎博马尔谢百货店的诞生标志着零售业从原始零售转向现代零售。此后连锁经营商店、超级市场和网络零售业态②的发展进一步促使现代零售业从品类创新转向组织创新、零售方式创新与零售模式创新。

改革开放40年来,中国零售商业取得了长足进展,尤其是20世纪90年代中后期至21世纪初期,各种零售业态的导入、变迁与整合给中国流通经济注入了非凡的活力。由于我国正处于社会经济转型的特殊历史时期,市场对资源配置的决定性作用还未充分显现,零售业态的变迁与创新并不完全遵循世界零售业态变化的一般规律,在具有局部一致性的同时呈现如下典型特征。

首先,新型零售业态导入没有明显的阶段性。由于中国是发展中国家,经济增长与社会发展具有较强的后发优势。产生于西方发达国家不同经济发展阶段的零售业态,随着中国的对外开放几乎在同一历史阶段涌入中国零售市场,彼此同台竞技,原有的时空层次被完全掩盖,呈现多种业态多元并存的格局。

其次,业态变迁的原动力并非主要取决于竞争优势,而在很大程度上受外资零售企业的刺激和电子商务的促进。20世纪90年代初中期,很多企业为了缓解经营困境或者出于对高收益的追求不断嫁接新型业态形式,但由于零售技

---

① 学术界对于世界零售业变革阶段的划分并不一致,较具代表性的文献可参阅:李飞.零售革命[M].北京:经济管理出版社,2003.

② 这里的网络零售业态是指有别于百货商店、超级市场等传统实体业态的新型零售业态,它是互联网产业与零售产业融合发展的结果,主要有B2C和C2C两种经营模式,笔者在本章第二节对网络零售相关概念进行了较为全面的界定和分析。

术与零售管理水平所限,许多新业态零售企业的竞争优势并未彰显。个别零售企业频繁地进行业态转换,甚至陷入进退维谷的境地。

最后,零售业对外开放与电子商务的兴起大大促进了零售业态的演替①。零售业态的演变是我国经济不断融入全球经济体系的一个缩影。虽然境外零售商的进入加剧了国内零售市场的竞争,但其极强的示范效应客观上加速了中国零售业的市场化进程,催化了零售业态的创新②。同时,20 世纪 90 年代末至 21 世纪初电子商务的兴起和发展进一步促进了互联网零售业态的推陈出新。方兴未艾的网络零售变革正以扩大交易范围、跨越时空距离、降低交易费用、提高购物效率等显著优势,对商品流通乃至整个社会经济发展产生前所未有的影响与作用。

二、中国零售业态变迁路径

改革开放以前"大中型百货商场＋小型零售专业商店"在中国几乎一统天下,零售业态结构相对固化,缺乏充分的市场竞争。此后,中国零售业态的变迁总体上因循"百货商店—连锁超市—网络零售"的主要路径,与西方发达国家相比,阶段性和演替性不太显著,后发优势使业态变迁路径呈现较强的交叉性和复杂性。

首先,大型百货商店的发展盛极而衰。20 世纪 80 年代中期至 90 年代中后期,大型百货商店在数量及规模上不断发展壮大、繁荣扩张,创下了"百货商店"业态的神话。但由于过分强调单体规模扩张,忽视了零售业态本身的边际调整与创新,行业内恶性竞争加剧,到 1995 年一些大型百货商店的销售额、利润增速开始趋缓,个别企业开始出现负增长,标志着百货商店业态发展开始出现拐点,直至 2000 年前后百货商店革命基本完成③。

其次,新业态"百花齐放",连锁超市独领风骚。20 世纪 90 年代初至 21 世纪初,各种新型业态开始导入,逐步衍生、发展,并日益成为传统业态的巨大威胁,其中最突出的是超级市场迅速发展④,并呈现较强的核心竞争力。在外资零

---

① 我国零售市场的正式对外开放始于 1992 年中国允许外资在华试点投资零售业,中国加入 WTO 以后,零售业对外开放进程进一步加快,许多国际零售业巨头纷纷以新型业态抢滩中国。早在 2001 年,笔者就曾撰文建议我国零售业应"积极发展无店铺经营,强化流通管理与电子商务的整合"。

② 业态创新是指以全新的业态要素组合替代原有的业态要素组合,是创新主体基于预期收益对创新方案予以选择的结果。

③ 关于我国百货商店革命起始时间的划分,较为权威的观点参见:李骏阳.改革开放以来我国的零售革命和零售业创新[J].中国流通经济,2018(7):3-11.

④ 严格意义上,我国第一家超市可追溯到 1990 年在广东省东莞市成立的美佳超市。

售业的影响下,超级市场、专卖店、购物中心等新型零售业态相互角逐,并不断蚕食着传统百货业的原有领地,一些大型百货商店效益大幅滑坡,大批传统百货公司纷纷倒闭,尤其是大型综合超市等新业态将全面赶超百货商店等传统业态,进入重组、扩张、创新的新时期。1999年,销售额超过5000万元的117家大型超市实现总销售达612亿元,比1998年增长50%,从而成为当时零售业中发展最快的业态。随着我国零售市场开放力度逐步加大,食品零售业的传统业态将逐渐退出历史舞台:粮店、大中型副食品店、杂货店,大部分将被食品超市所替代;小型副食品店、个体食品店将被便利店替代;农贸市场、菜场逐渐被标准生鲜食品超市和大型综合超市所替代。1999年在上海和广东均首次出现连锁超市赶超传统百货业的现象:1999年上海联华超市公司以73.07亿元的销售额赶超中国零售业"龙头老大"——上海第一百货股份有限公司(同期销售额63亿元);深圳万佳百货股份有限公司(大型综合超市业态)的销售额全面超越了广东省的百货业,名列全省零售业第一。在这一阶段,这种现象不是偶然的,而是零售业态自身内在发展规律的一种体现。一方面,连锁超市满足了现有社会经济条件下消费者的个性化需求;另一方面,企业对利润最大化的追求和消费者对购买成本最小化的选择,从客观上刺激了连锁超市业态的飞跃式发展。

最后,网络零售业态凸显竞争优势,传统零售业态面临重塑。肇始于20世纪90年代中后期,2003年前后逐步兴盛的网络零售业态,以诸多优势逐渐赢得消费者青睐,进而呈现高速增长态势,市场潜力日益增大,并对传统零售业态产生巨大冲击和挑战。在广泛应用智能终端的移动互联网时代,伴随数据分析、金融服务、第三方移动支付水平的大幅提高,APP、社交平台等新型营销渠道和线上交易、线下体验的O2O模式不断涌现,大数据和人工智能在零售业态演进和变迁中越来越发挥着重要作用。在不远的将来,数据搜集技术的进步将驱动我国网络零售业态营销要素组合进一步创新和演变。不难想象,"移动终端也由手机、平板电脑(Pad)转变为各种可穿戴设备,如谷歌眼镜(Google Glass)、苹果手表(Apple Watch)、智能鞋子(Shoes)等"[1],顾客触点[2]数据将成为智慧化、智能化、数字化零售店铺的重要资源。

三、中国网络零售的兴起与发展

客观上,互联网不再是单纯的网络概念,其已经俨然成为消费者普遍接受

---

① 张琼.移动互联网+视域下零售业态演变路径及对策[J].中国流通经济,2016(2):14-19.

② 触点是指两个导体间可供电流通过之处或皮肤上对触觉刺激特别敏感的部位,这里引申为对消费刺激最为敏感的区域或令顾客最满意的环节或场景。

的商业生态环境,正将逐步颠覆传统意义上的市场概念。从经济学意义上看,互联网就是一种全新的商业渠道①,市场不局限于互联网,但互联网已然是市场不可替代的重要组成部分,它促使市场的边界无限扩大与深化。近30年来,网络的商业价值不断被企业和消费者发掘出来并得以彰显,基于互联网的商业模式创新与变革浪潮席卷全球。

(一)网络零售的萌芽

网络零售商业的萌芽较早可以追溯到1989年电子邮件被作为沟通方式付诸商业实践(Kahin,1995)。1990年,全球互联网创始人英国计算机科学家蒂姆·伯纳斯·李(Tim Berners-Lee)基于 NEXTSTEP 网络系统开发出了世界上第一个网络服务器和客户端浏览器编辑程序,创建了第一个 WWW 网站②。1992年,蒂姆·伯纳斯·李继续完善了服务程序协议及万维网,但当时的万维网没有色彩、图像、声音和类似于今天人们所能看到的 Windows 界面,主要传输文本信息。1993年,被誉为因特网点火人的马克·安德森(Marc Andreessen)开发出的 UNIX 版 Mosaic 浏览器为万维网注入了非凡活力,人们开始发现计算机网络逐步成为发布、传输和交换信息最方便的地方。自此,许多计算机制造商、销售商与互联网运营商、服务商开始意识到互联网蕴藏着巨大的商机,进而掀起一股网络热潮。1994年伊始,互联网营销呈几何式增长,美国的 Flowers Direct 公司首次为终端消费者提供在线订购鲜花服务。在欧洲,著名的 Blackwell 书店和 Victoria 酒业公司率先借助互联网开展在线零售。这一时期,发达国家兴起了大批专业性在线零售商店,但是由于受到消费者认知的滞后性影响,新生业态的产生并没有获得广大消费者的充分认可,尽管互联网为顾客进行商品比较提供了方便,但是稚嫩的网络零售商却担心在线营销会削弱其原有的竞争力而不愿实质性参与在线零售业务。也就是说,初期网络零售商的积极性没有得以激发,互联网商业的春天尚未到来。但是,随着网络零售商业模式和网络零售业态的不断创新,巨大的消费需求令传统零售商和新兴网络零售商对电子商务产生了浓厚兴趣。20世纪90年代中后期全球网络零售逐渐步入快速发展阶段。

---

① 传统意义上的渠道是指产品从生产者到终端消费者的流动通道,亦即生产者通过这一通道可以把商品转移给最终消费者。

② 互联网有狭义和广义之分,从广义上理解凡是由可以相互通信的设备组成的网络都可称为互联网,这种意义上的互联网最早可追溯到1969年美国国防计算机互联网,即阿帕网(ARPA)。从狭义上看,学术界通常认为互联网包含因特网(Internet),因特网涵盖万维网(World Wide Web,WWW)。万维网也称环球信息网或环球网,是由大量互相链接的超文本组成的一个全球互联网系统,电子商务的发展首先得益于全球互联网系统的形成与发展。

(二)我国融入国际互联网的历史背景

我国融入国际互联网的历史最早可以追溯到 1986 年北京计算机应用技术研究所承担的中国学术网(Chinese Academic Network,CANET)①项目的启动与实施,1987 年 9 月 14 日,中国互联网先驱钱天白教授通过国际互联网发出了内容为"跨越长城,走向世界(Across the Great Wall,we can reach every corner in the world)"的我国第一封电子邮件,1990 年 11 月 28 日,他代表中国学术网在位于美国的国际互联网中心正式注册了我国顶级域名 CN,但是当时的域名服务器由美国代管。1994 年 4 月 20 日,我国基于教育与科研示范网络(NCFC)工程通过美国 Sprint 公司开通了一条 64K 的国际专线,从而实现全功能接入国际互联网,成为世界上第 77 个真正拥有互联网的国家,这一具有里程碑意义的工程标志着我国正式步入互联网时代,并自主管理顶级域名服务器。1996 年 1 月 23 日,中国第一部互联网法规《中华人民共和国信息网络国际联网管理暂行规定》正式颁布并开始施行。1998 年 2 月 15 日,张朝阳推出第一家全中文网上搜索引擎——搜狐,同年下半年,中西公司推出第一个中文注册域名,同年 12 月 16 日,我国第一个大规模政府官方网站——"首都之窗"网站开通。

(三)我国网络零售的发展阶段

近 20 年来,我国网络零售商业从引进到模仿,再从转型到创新,经历了较为艰难的发展历程。其间遭遇了冷若寒冬的泡沫期、快速发展的兴奋期和危机笼罩下的转型升级期以及百花齐放的创新变革期。总体而言,我国网络零售的发展虽然比发达国家起步稍晚一点,但呈现较强的弯道超车趋势,目前发展势头强劲,正逐渐步入电子商务发展先进国家行列。笔者将我国网络零售商业的发展大致划分为以下四个阶段:

第一,萌芽与孕育阶段(1997—2001 年)。我国第一批网络零售企业的萌芽始于 1997 至 1999 年,互联网概念的导入使一批开拓者意识到了网络零售商业与电子商务的巨大发展潜力,先后涌现出了美商网、中国化工网、阿里巴巴等一大批知名电子商务网站。1999 年 5 月王峻涛创办的"8848"网站和 1999 年 8 月邵亦波创办的"易趣网"开启了国内 B2C 和 C2C 电子商务的先河。1999 年 9 月,马云带领 18 位创始人在杭州创立阿里巴巴集团,并相继推出英文全球批发贸易市场与中国交易市场网站;同年 11 月,"卓越网"和"当当网"的创立进一步在国内掀起 B2C 电子商务发展热潮。但是,这些新兴的网络零售与电子商务企

---

① 学术界一般认为中国学术网(CANET)是我国第一个互联网络,也有人主张应为 1989 年建成的中国科学技术网(CNNET)。

业伴随互联网泡沫均相继步入痛苦的孕育期,大都惨淡经营。

第二,起飞与快速发展阶段(2002—2007 年)。经历艰难的萌芽与孕育阶段之后,多数网络零售网站开始实现营业收支平衡。2002 年 12 月,阿里巴巴集团首次实现全年正现金流入。互联网基础设施的改进和制度环境的优化,以及消费观念的改变给网络零售与电子商务发展注入了前所未有的活力,网络零售平台数量大幅度上升。2003 年 5 月,阿里巴巴集团创建淘宝网开始涉足 C2C 领域,同年 6 月,eBay 全盘并购易趣网。2004 年 8 月,亚马逊收购卓越网并更名为卓越亚马逊。2004 年 12 月,阿里巴巴创建第三方网上支付平台——支付宝。2005 年 9 月,腾讯创立"拍拍网",2007 年 8 月,京东商城注入巨额资金开拓家电 3C 网购市场,国内网络零售领域竞争更加激烈。企业并购、风险投资和第三方支付平台的建立客观上扩大了电子商务企业的规模,削减了交易成本,网络零售与电子商务得以快速发展。

第三,转型与升级阶段(2008—2010 年)。这一时期,全球金融危机导致我国外贸企业发展环境日趋恶化,出口需求大幅下滑。在政府刺激国内需求的政策引导下,京东商城、当当网、卓越亚马逊、新蛋网等电子商务企业将目光转向国内市场,纷纷投资 C2C 与 B2C 领域。尤其是广阔的市场前景吸引苏宁、国美、好利来、沃尔玛等传统品牌企业也纷纷开拓网上零售渠道,进入网络零售领域"开疆拓土",积极实现经营模式转型,市场竞争度逐步提升。同时,主导电子商务企业也采取多种措施优化资源配置,逐步提升零售与网络服务水平。2008年 4 月,淘宝网创立专注于服务第三方品牌及零售商的淘宝商城;2008 年 5 月,易趣网宣称其用户可以终身免费开店。同年,大量专业网络购物平台快速兴起。2009 年 9 月 10 日,阿里巴巴成立阿里云计算;2010 年 3 月,阿里巴巴中国交易市场更名为"1688",并推出团购网站聚划算;2010 年 4 月,阿里巴巴正式推出全球速卖通,从此中国出口商可以直接与全球消费者开展跨境电子交易;2010 年 8 月,阿里巴巴向市场推出手机淘宝客户端。2011 年 6 月 16 日,阿里巴巴淘宝网一拆为三:一淘网、淘宝网和淘宝商城,同年 10 月,聚划算从淘宝网拆分出来,成为独立平台;2012 年 1 月 11 日,淘宝商城正式更名为"天猫",凸显平台定位。

第四,创新与扩张、调整阶段(2012 年至今)。自 2012 年开始,我国网络零售业发展步入高速扩张阶段,该年网络零售交易额高达 13205 亿元,同比增长64.7%。这一阶段网络零售发展的典型特征就是主导网络零售商大举"攻城略地",加快资本重组。譬如,同年 7 月 23 日,阿里巴巴将原有子公司调整为淘宝、一淘、天猫、聚划算、阿里国际业务、阿里小企业业务和阿里云共七个事业群;从 2014 年 2 月开始,国内消费者可以从天猫平台直接购买国际品牌商品;

2014年7月,阿里巴巴与银泰成立合资企业,努力拓展O2O业务;2014年9月19日,阿里巴巴在纽约证券交易所正式挂牌上市;2014年10月,阿里巴巴关联企业蚂蚁金融服务集团正式成立,并于2015年2月完成与阿里巴巴重组,进而成为支付宝的母公司;2015年5月14日,阿里巴巴开始对知名快递企业圆通快递进行战略投资;2015年6月4日,阿里巴巴投资12亿元人民币参股第一财经力图拓展数据服务业务;2015年6月23日,阿里巴巴与蚂蚁金融服务集团合资成立生活服务平台——"口碑网";2015年7月8日,阿里巴巴进一步投资打造奢侈品闪购电商平台——"魅力惠";2015年7月20日,阿里巴巴集团与联合利华签署战略合作协议;2015年7月29日,阿里巴巴对阿里云增资60亿元人民币加强云计算、大数据基础和技术研发;2015年8月—2015年9月,阿里巴巴先后与苏宁云商集团股份有限公司、美国百货零售巨头梅西百货、全球领先的零售贸易集团麦德龙达成战略合作协议,允许梅西百货、麦德龙官方旗舰店入驻天猫国际;2015年9月24日,阿里巴巴启动"杭州+北京"双中心战略,以北京为大本营高强度拓展北方市场;2015年11月11日,阿里巴巴"双11购物狂欢节"当天交易量达到912.17亿元人民币;2015年12月2日,中国五矿集团与阿里巴巴集团双方旗下企业正式签约共同打造钢铁交易B2B平台与金属交易生态圈;2016年2月17日,阿里巴巴与国家发展和改革委员会签署"结合返乡创业试点发展农村电商战略合作协议",力图开拓农村电子商务市场;2017年2月20日,阿里巴巴与拥有3300家门店的上海著名大型线下零售企业百联集团签署协议合力打造新零售;2017年2月28日,阿里巴巴、蚂蚁金服与重庆市政府签订三方战略合作协议,谋求在云计算、大数据、电子商务、智慧物流、新型智慧城市、普惠金融等领域加强合作共赢。据统计,2017年,我国实现网络零售交易额达71751亿元,较2016年同比增长39.17%,占社会消费品零售总额的19.6%[①]。2020年以来,网络零售规制日趋健全完善,蚂蚁金服上市经历较大挫折,阿里巴巴不断调整市场布局,流通产业发展进入新的发展阶段,网络零售增长速度有所放缓,但仍呈现较大规模,2022年,全国电子商务交易额达到43.83万亿元,其中实物商品网络零售额达11.96万亿元,占社会消费品零售总额的27.2%[②]。

---

① 中国电子商务研究中心.2017年度中国网络零售市场数据监测报告[EB/OL].(2018-06-13)[2024-01-01].http://www.100ec.cn.

② 国家统计局.中华人民共和国2022年国民经济和社会发展统计公报[EB/OL].(2023-03-28)[2024-01-01].http://news.sina.com.cn.

第四节 从网络零售业洞察流通市场结构变动

一、网络零售商竞争优势

其一,业务运营不再局限于时空条件,企业边界不断扩大。传统零售商的行为通常在营业时间和营业空间上受自然时区、生理极限和地理距离的影响,一般与消费者的生活起居、活动空间相匹配,经营绩效受商圈的影响较大。然而,网络零售商的构建、运营与衍生均以互联网为基础,营业时间不再受日出日落、季节更替和消费者生活习惯等因素的制约,网民在工作和饮食起居之外的任何时间都可以通过网络零售商网站实现交易磋商和购物;如果不考虑国境和关境的限制,营业空间几乎不受地理范围限制,随网络的延伸而扩展,几乎都可以面向全球市场;就具体购物地点而言,不再局限于有形的店铺,在起居地、工作场所其至交通工具上均可以实现购物。换句话说,网络零售商可以在全球范围内、全天候、不间断地满足消费者的需求。

其二,商品和服务信息更加对称,有利于为顾客降低交易成本、机会成本或沉没成本。传统零售商主要凭借广告、营业推广、公共关系、实物展示等途径或手段向顾客传递商品和服务信息,但由于受时间和空间条件的制约,顾客对产品的品质缺乏全面了解,尤其是不便于和同类、同档次商品予以纵横向比较,从而诱致顾客承担较高的交易成本、机会成本或沉没成本。另外,传统信息沟通渠道固然允许信息发送者与接受者之间进行一对多对话,但沟通过程通常受到时间、参与者的反应速度等的限制。相反,基于互联网的沟通具有较强的交互性,网络零售商可以借助互联网平台和即时网络通信工具的媒介优势,系统展示目标产品的外观、性能、品质参数、技术参数、内部构造等以及财务信息、公司信息,尤其是顾客可以通过搜索引擎进行海量搜索,全面比对商品价格、品质和服务差异,避免了很多信息不对称现象的发生,使购物行为更加趋于理性,进而促使购物成本显著下降。

其三,企业投资、运营和物流成本大幅下降,交互式零售有利于更好创造顾客价值。传统零售商开设店铺不仅需要支付店面装潢设计、商业设施配套等前期投资成本,而且还需承担大量物流费用,因为商品一般必须经过生产商、经销商(或代理商)、批发商、零售商等多道环节才能最终到达顾客。而网络零售商一般呈现"供应商—网络零售商—顾客"的供应链,库存成本大幅降低,主导优势企业甚至可以实现"零库存",对消费者需求的反应速度显著提升。值得强调的是,网络零售商可以运用大数据、云计算、人工智能技术对客户资源予以优化管理,快速加工、处理商品和服务信息,及时调整产品组合,从而为顾客创造更高价值(何大安和李怀政,2022)。

二、网络零售的逻辑

互联网的兴起和嵌入促使世界经济发生了前所未有的变化,其中最具创造性的变革在于它为人类提供了高效而快捷的数据交换、信息交流与商品(服务)交易渠道或平台。基于互联网这一独特平台,一家成立不久的新企业如果能够保证其产品、价格、场景、渠道等营销组合具有足够的吸引力,就很有可能和那些成立时间较早、市场占有率较高的同类主导企业一样,通过互联网拓展前所未有的新业务,吸引大量新顾客,进而获取丰厚利润。这在传统经济中几乎难以想象。网络零售领域早期的经验或数据似乎有力证实了这一新的经济逻辑,譬如,1995 年,成立不久的亚马逊(Amazon)公司在竞争十分激烈的图书零售市场异军突起,并迅速占据较高市场份额,呈现出赶超传统主导图书零售企业的强劲势头,进而在短短数年内一跃成为全球著名大型网络零售商。这样的现象在很多互联网行业几乎屡见不鲜,之所以如此,理论层面上有理由认为其根本原因主要源于互联网能够促使企业面对一个几乎信息对称的完全竞争市场。但是,也有研究通过 7200 万次以上的访问流调查,证实曾经在一段时间内 80%的网站访问量集中流向了 0.5%的大型网络平台①。同时,国内外均有一些经验支持电子商务市场的非完全竞争性,譬如,亚马逊网站多年占有网络图书零售行业总销售量一半以上;2011 至 2016 年期间"天猫商城"年均占据中国 B2C市场 54.6%份额。

同时,尽管消费者可以运用免费的网络购物插件或比价软件实时浏览不同网络零售平台对同种商品的定价,然而即便是需求价格弹性很小的同品牌、同类型、同档次、同品质的商品仍然存在价格差异,这和实体零售业的情形几乎没有什么明显的差别。客观地说,这种倾向和人们对网络零售市场的固有认知存在较大的背离。一般情况下,消费者认为线上商品的价格是较为透明的,即不同厂商的报价或要约是基本一致的,因为网络零售市场相对于传统有形市场而言更接近于信息对称和完全竞争。即使在今天,这种认知在一定范围内或在个别细分市场发育的初期依然是符合实际的。但是,随着双边市场逐步深入发展,市场集中度逐步提升,市场势力较强的网络零售商可以通过创新营销组合、

---

① Network Wizards, Internet Domain Survey,2000.

搜索排名等方式干扰或麻痹消费者的认知,弱化消费者理性,诱导平台访问流或顾客触点更多聚集于本企业,进而实现"暗度陈仓"式价格支配或价值链纵向约束与控制。因此,网络零售的逻辑在于:一方面,互联网平台功能使市场渐趋完全竞争;另一方面,大型或主导互联网平台型企业可能基于独特的双边市场获取市场势力,甚或占据垄断或支配地位,进而恶化市场竞争结构。

三、大型网络零售商的服务创新

众所周知,和传统零售商相比,网络零售商的顾客流动性很强、忠诚度较低,他们可以在不同网络平台间随意切换。如果老顾客[①]能够持续保持忠诚,那么 B2C 平台型零售商就不愿支付更高成本去吸引新顾客。而对于那些正处于提升品牌识别度和知名度阶段的新进入网络零售商,吸引新顾客则十分重要。目前,网络零售商吸引新顾客的主要策略是运用各种网络促销手段引导新顾客访问网站,并尽量促使他们注册账号并实现消费。新注册顾客如果能持续消费,久而久之就逐渐转变为老顾客,但是留住老顾客比吸引新顾客更加艰难,这一点和传统零售相比几乎没有本质区别。

一般而言,大型网络零售商吸引并维护顾客的主要途径有如下几种:其一,提供富有吸引力的折扣、优惠来引导网络消费者非常欣喜地访问网站并完成消费。有关网络零售的折扣、优惠信息往往被制作成极具渲染力的广告插入网页中,消费者有意或无意地点击这些通过广告图片绑定的超链接将会进入网络零售网站,一个顾客一旦完成注册和首次购物体验,很大概率他(她)不久将再次访问该网站并有很大可能实现第二次甚至更多次消费,进而成为潜在的或实际的活跃用户。其二,向活跃用户提供高质量的会员服务,即通过向活跃用户即时提供销售信息,采取"等级制""积分返现"等手段,促使他们不断提高消费忠诚度。其三,努力提高网络零售商(平台)知名度。现实中,拥有较高知名度的网络零售商在吸引新顾客方面往往处于优势地位,新顾客往往本能地相信高知名度零售商所售商品的质量和服务质量更佳。大量经验显示,新的网购者将更有可能访问天猫、京东、亚马逊等知名网络零售平台,而放弃选择一些小众网络零售网站。其四,网络零售商还可以通过专业导购网站、折扣信息网站等网络中介机构,以支付费用的方式与这些机构开展合作,制定极其周全的促销策略以吸引和维护顾客。实际上,很多大型网络零售商会在同一时间内多管齐下,采取多种吸引顾客的措施,即将前文述及的几种策略混合采用,从而保障持续发展或实现超额利润。

---

① 这里的"老顾客"是指已经在网络零售企业注册并有消费历史记录的顾客。

四、零售代理商与 B2C 网络零售商的合作机制

(一)一种新型零售代理商

在网络零售市场上,零售代理商的作用不可忽视。通常情况下,厂家或供货商为了促进销售,就会千方百计提高零售代理商的积极性。近年来,B2C 市场快速兴起一种新型零售代理商——返利网①。作为 B2C 网络零售平台的代理商,返利网一般不直接进行商品销售,而主要负责对多家 B2C 网络零售平台的折扣信息进行聚类整合,为网络消费者提供导购服务,最终交易仍然是在相应 B2C 网络零售平台上完成。一旦网络消费者在具有零售代理商性质的返利网注册,通过该网站购物时就可以享受实际上由各家 B2C 网络零售平台提供的折扣和优惠。这些折扣和优惠通常按商品类目制定,相同类目折扣和优惠幅度一致,各类目间则存在显著差异。譬如,根据知名零售代理商给惠网提供的折扣信息,在当当网购买服饰、电器类商品可以分别获得 5%、3% 的返利,换句话说,在返利网给惠网注册并购买当当网提供的相应商品即可获得一定折扣,这种折扣率也称为返利点。

(二)返利网的运营机理

伴随在返利网注册的用户越来越多,返利网逐渐成为各家 B2C 网络零售平台的重要合作伙伴。返利网的优势在于它可以为 B2C 网络零售商提供规模可观的顾客源,有助于 B2C 网络零售商节约一部分发现新客户的成本。然而,由于需要返利,网络零售商也可能因此损失一部分利润空间。返利网的收入来自何处呢?他们给予网络消费者的"返利"实质上是由他们的上游网络零售商(平台)提供的,因为返利网在 B2C 网络零售平台运营过程中承担了重要的促销代理角色。简而言之,返利网的收入源自网络零售商的生产者剩余。

设网络零售商的总成本 C 是销售量 q 的函数,即 $C=C(q)$,如果总成本变动,那么网络零售商的边际成本 MC② 的积分必然也会发生变动,进而最终导致网络零售商的生产者剩余 S 发生变化。

$$S = \int (P - MC)\mathrm{d}q = \pi(q) - C_f \qquad (1\text{-}1)$$

其中,P 代表商品的价格,q 为销售量,π 代表利润,C_f 代表固定成本。

网络零售商与返利网的合作主要源于两种动因。其一,网络零售商愿意拿

---

① 返利是一种常见的商业行为,是指厂家或供货商基于既定市场、既定时间内实现的销售绩效,给予零售代理商一定百分比或千分比的奖励。

② 这里 $MC = C'(q)$。

出一部分生产者剩余和零售代理商即返利网以及消费者分享。因为网络零售商和返利网的合作往往降低了自己的营销成本，导致留存的生产者剩余增加。其二，网络零售商为了争取对价格较为敏感的客户，自愿牺牲一部分利润以提高折扣的幅度，从而进一步扩大市场份额。

(三)大型 B2C 网络零售商获取市场势力的逻辑

正如前文所述，优质顾客资源是获取市场势力的重要前提，因此大型 B2C 网络零售平台能否获取市场势力关键取决于客户因素。客观上，返利网对于大型 B2C 网络零售商(平台)的吸引力相对较小，但对刚进入该领域的中小型网络零售商非常有吸引力，因为返利网在一定条件下可以提供较大规模的潜在客户资源。即便如此，稳定、优质的顾客资源对于大型 B2C 网络零售商(平台)依然重要。

鉴于此，假定某大型 B2C 网络零售商通过各种渠道吸引到的顾客总数量为 G，且 G 由两部分组成，即：

$$G = G_n + G_m \tag{1-2}$$

式中，G_n 代表大型 B2C 网络零售商从返利网吸引的顾客数量，G_m 代表其从其他渠道吸引的顾客数量。如果一家 B2C 网络零售企业已经占有较大的市场份额，那么其当前的顾客数量主要为 G_m，因为其可以通过自己较高的知名度吸引顾客，而不太需要通过返利网的高折扣率吸引顾客。相反，一家新进入的中小型 B2C 网络零售商则难以和大型网络零售商相对抗，其通常会侧重通过返利网吸引新的顾客群体。

另外，值得关注的是，返利网上不同大型 B2C 网络零售商对于同一个商品类目的商品往往提供不同的折扣率。假设 B2C 网络零售市场是一个完全竞争的市场，不同网络零售商公布的相同类目商品的折扣率应该相差无几或一致。然而，事实上不同大型 B2C 网络零售商提供的折扣率不仅不相同，甚至相差甚远，这在一定程度上可以说明 B2C 网络零售市场是一个不完全竞争市场，部分大型 B2C 网络零售商抑或获取市场势力。换一个角度分析，如果大型 B2C 网络零售商为了扩大顾客总规模，将主要从非返利网渠道来获取，而新进的中小型网络零售商则会选择从返利网渠道获取新增顾客。因此，大型 B2C 网络零售商倾向吸引忠诚度高、价格敏感度较低的顾客，从而可以保持较低的折扣率；而中小型 B2C 网络零售企业为了占有市场份额，提高知名度，经常热衷于吸引价格敏感度高、流动性较强的顾客。基于上述逻辑，可以断定，如果一家大型 B2C 网络零售商在返利网上展示的折扣率或优惠率越低，这家网络零售商往往不倾向于使用较高折扣率来吸引新顾客，那么该零售商就会拥有垄断势力或市场势力较大；相反，如果一家网络零售商提供的折扣率越高，意味着这家网络零售商吸引顾客的其他渠道较少,那么其市场势力就较小或者难以获取市场势力。

五、大型 B2C 网络零售商市场势力的形成

(一)有关市场势力的经济学分析

尽管前文曾经述及市场势力是个不断发展的概念,对其理解可有四个维度。但既有研究的基础逻辑均难以舍弃较为经典的"勒纳指数"(也称勒纳垄断势力指数)。它通过对价格与边际成本偏离程度的度量,反映市场中垄断力量的强弱。可用公式表示为:

$$L = \frac{P - \mathrm{MC}}{P} \tag{1-3}$$

由于企业的 MC 值较难测度,可对上式进行如下推导:

由企业利润函数

$$\pi(q) = pq - C(q) = \mathrm{TR} - C(q) \tag{1-4}$$

对 q 求导数可得:

$$\pi'(q) = \mathrm{MR}(q) - \mathrm{MC}(q) \tag{1-5}$$

由于 MR 递减,故 π 取最大值的条件为

$$\pi'(q) = \mathrm{MR}(q) - \mathrm{MC}(q) = 0$$

即

$$\mathrm{MR} = \mathrm{MC}$$

又由于 $\mathrm{TR} = p(q) \times q$,$p$ 为 q 的函数,可得:

$$\mathrm{MR}(q) = \frac{\mathrm{d}(p(q) \times q)}{\mathrm{d}q} = p(q) + q\,\frac{\mathrm{d}p(q)}{\mathrm{d}q} = p(q)\left[1 + \frac{\mathrm{d}p(q)}{\mathrm{d}q} \times \frac{q}{p(q)}\right]$$

$$= p(q)\left[1 - \frac{1}{|\varepsilon|}\right] \tag{1-6}$$

其中,ε 为企业面对的需求价格弹性。

由式(1-3)可得

$$\mathrm{MC} = P - L \times P = P(1 - L) \tag{1-7}$$

又因为企业定价满足条件

$$\mathrm{MR} = \mathrm{MC}$$

则将式(1-7)代入式(1-6)可得:

$$L = \frac{1}{|\varepsilon|} \tag{1-8}$$

由式(1-8)可见,一个企业的市场势力与其面对的需求价格弹性的绝对值互为倒数,即存在反向关系:一个企业面对的需求价格弹性越大,则市场势力越小;而一个企业面对的需求价格弹性越小,则市场势力越大。值得注意的是,富

有弹性情况下,需求价格弹性与总收益之间的关系如下:如果某企业面对的需求是富有弹性的,那么该企业商品的价格下降时,需求量(销售量)增加的比率将大于价格下降的比率,销售者的总收益会增加;商品的价格上升时,需求量(销售量)减少的比率大于价格上升的比率,销售者的总收益会减少。同理可得,缺乏弹性时,需求价格弹性与总收益之间的关系会发生如下变化:如果某企业面对的需求是缺乏弹性的,那么企业商品价格下降时,需求量增加的比率小于价格下降的比率,销售者的总收益会减少;商品价格上升时,需求量减少的比率小于价格上升的比率,销售者的总收益会增加。

(二)大型 B2C 网络零售商市场势力的形成机理

大型网络零售商通常拥有较大数量的消费者群体,且占有较高市场份额,这主要取决于能否持续保障现有顾客不流失,并不断吸引新顾客。在某种程度上,是否持续拥有优质顾客资源对大型网络零售商能否获取市场势力至关重要。鉴于此,大型 B2C 网络零售商市场势力的形成机理可以梳理如下:首先,大型 B2C 网络零售商由于先天优势或规模效应导致吸引顾客的渠道多元化、品牌知名度高、营销策略复合化;其次,由于顾客忠诚度高、顾客规模庞大、产品价格优势的影响,大型 B2C 网络零售商从其他渠道吸引的顾客数量大大超越从返利网吸引的顾客数量,从而当商品价格发生变化时,顾客群体仍然较为稳定,即其面对的需求价格弹性较小;再次,由于需求价格弹性较小,大型 B2C 网络零售商往往倾向提供较低的折扣率或优惠率,但仍然能够占有较大市场份额,进而获取一定市场势力。由以上分析不难发现:商品价格折扣率或优惠率这一指标恰好可以反映网络零售商品定价的高低,折扣率越高,则商品定价越低,而折扣率越低,商品定价则越高。换言之,市场势力较大的大型 B2C 网络零售商面对的需求价格弹性较小,折扣率较低,产品价格偏高;市场势力较小的 B2C 网络零售商面对的需求价格弹性较大,折扣率较高,产品价格偏低。

第五节　数字流通的几个视点

流通产业与数字技术融合发展已经成为流通产业现代化的重要组成部分,也是提升流通产业国际竞争力的重要途径。但中国数字流通的发展仍面临诸多挑战,笔者认为有几个视点值得思考。

其一,尽管基于大数据、云计算、区块链、人工智能等数字技术所构建的新型流通平台或渠道有助于大幅降低交易成本、消解信息不对称,但在特定情况下,数字流通资源的配置仍然存在市场失灵或政府失灵。换言之,数字流通市场具有双边或三边性质,市场失灵或政府失灵的矫正有时比传统市场更为复杂,比如网络欺诈、信息泄露等问题。鉴于这种复杂性,一方面,既有的流通理论研究较多集中于对流通数字化的功能和优势、数字流通模式、数字流通比较优势的阐释和探索,较少关注数字流通竞争秩序和市场结构;另一方面,主流流通理论主要聚焦数字流通业态发展动因与外部正效应,疏于考察数字流通的负外部性或外溢负效应;再者,传统理论较多支持流通企业难以获取国际竞争力,但一些经验性的事实和理论倾向存在一定程度的背离。因此,将流通产业国际竞争力置于市场一体化进程中予以考察或许是一种颇具探索价值的尝试。

其二,流通产业数字化转型无疑有利于提升流通效率、促进市场一体化,通常具有便捷性、交互性、个性化等优势,但也正是这些优势客观上诱致了数字化流通平台或企业基于算法与数字技术实行了显性或隐性的价格歧视或"敲竹杠",从而,有必要加快健全、完善数字流通产业规制及相关制度安排。值得关注的是,消费者们往往基于网络购物、跨境电商、即时电商的相关优势而错误地认为在线商品或服务的性价比一般都高于线下商品或服务,或者误以为自己只要在网络平台上货比三家似乎永远就不会吃亏。而且,随着线上消费频度上升和网络购物场景的刺激,消费者们往往不像在实体商店一样讨价还价,经常较为被动地接受价格,事实上平台或商家有时已经趁机提高了价格或降低了商品或服务的品质,即商品或服务的性价比已经大打折扣,但消费者却全然没有察觉。尽管有些线上平台设置有免费的交互式交易磋商工具(插件),但随着时间的推移和在线消费习惯的形成,在线消费者经常主动放弃了询价和还价等磋商环节。这些不认真关注流通数字化情境下商品质量变化的消费者通常是相关平台或网店的常客,不过,他们之所以如此被"套牢",往往曾经在该网络店铺购买过非常物美价廉的商品。以往超低价的购物经验无意中侵蚀了原本较为强烈的交易磋商意识,进而即便遭遇商家不完全履行交易契约的行为,譬如实际收到商品存在缺斤少两、包装破损、品质不良、以次充好甚至假冒伪劣的现象,也不会提出正常诉求。事实上,能够经常以超低价格招揽顾客的网络零售商、批发商大多为市场势力较强的大型数字化流通企业。从而,笔者力图在一定程度上为我国相关部门健全完善数字流通规制体系提供些许理论支持和参考建议。

其三,数字流通是基于数字技术和数字化渠道的商品或服务乃至智慧成果的交换行为,旨在规避资源的稀缺性,缓释生产和消费之间的矛盾,增进各自福利。主流经济学分析架构一般注重经济效率,相对忽视社会公平。因此,即便数字流通存在负外部性或有损社会公平,抑或缺乏社会包容性,但如果交易行为本身对于交易双方是平等互利、意思自治的,且参与人遵循了相关法律与交易规则,那么这种交易也就不应遭受非议。大量历史事实显示,人类在早期的商品交换活动中对社会公平及制度包容性没有给予足够的关注和重视,伴随人口与各类交易规模的扩大、交易方式与交易结构的嬗变,交易的社会公平问题逐渐步入经济学研究的视野。数字流通持续健康发展的关键在于寻求或创建一种新的市场机制,一方面,该机制能在社会经济资源的边界约束下优化资源配置;另一方面,该机制不仅有利于促进网络交易与数字流通效率提升,而且有助于维护社会公平。究其原因,市场也是社会的建构,理解经济变革必须考虑经济所嵌入的社会背景。因此,对市场一体化中流通产业国际竞争力的考察,其实暗含着流通产业国际竞争力的提升不能仅仅考虑经济成本因素,必须审视社会选择及消费者权益、公共道德等建构因素,尤其是对其社会属性的充分关注。

客观地说,基于上述三个视点的研究均是一个有着极其复杂内容的过程,本书试图从侧面对一些具体问题予以理论与实证分析,譬如互联网渗透对中国零售发展的影响? 电子商务具有何种市场一体化与全球价值链嵌入效应? 劳动力市场分割对出口国内附加值率的影响怎样? 人工智能渗透对出口韧性有何影响? 市场一体化对流通产业国际竞争力的影响如何? 数字化转型如何赋能国有流通企业国际竞争力提升? 进而勾勒一个理论联系实际的分析架构。显然,这个架构是粗线条的,有关中国流通产业国际竞争力更加深入的分析尚待在后续研究中进一步完善。

第二章 互联网渗透与中国网络零售发展①

一些特征事实显示,中国网络零售业可持续发展日趋受制于互联网渗透水平以及物流效率,而现代物流效率的提升又和互联网的应用息息相关。本章基于时间序列数据构建 VAR 模型,针对互联网渗透水平、物流效率对网络零售的影响进行了脉冲响应分析和方差分解;同时,采用工具变量法②对网络零售发展的动因进行两阶段最小二乘法(2SLS)估计。结果表明,网络零售对互联网渗透水平的脉冲响应较之物流效率更为敏感,互联网渗透、现代物流发展、人均收入与人口增长水平的变化显著影响了网络零售规模的变动。因此,政府有必要加强网络基础设施建设,提高互联网渗透率和网络零售技术研发水平,完善电子商务物流与配送体系,优化网络零售规制体系及其相关制度安排。

第一节 关联研究进展

现代零售业对于国民经济和社会发展具有较强的先导性,其发展水平和现代化程度日益影响一国参与国际分工的广度和深度。近年来,伴随"国内贸易流通体制改革"逐步深化、"网络强国"战略和"互联网+"行动计划付诸实施,我国网络零售业③逐渐呈现蓬勃发展势头,且正将对零售业结构优化与传统零售企业转型升级产生极其深远的影响。从世界主要发达国家流通产业发展经验

---

① 本章第1—3节主要内容引自于笔者已发表论文,(李怀政,2018),此文被中国人民大学复印报刊资料《贸易经济(双月刊)》2018年第6期全文转载,部分内容有删节;第4节部分内容散见于笔者已出版专著(李怀政,2019)。

② 自 Reiersol(1945)首次提出"工具变量"概念之后,工具变量估计逐渐受到计量经济学家广泛关注。

③ 网络零售是以信息技术为基础、以互联网为媒介的商品或服务的零星交易活动或分销模式,目前主要涵盖 B2C 和 C2C 两种形式。

来看,网络零售业的可持续发展往往受制于互联网渗透水平[①]和物流系统功能的充分发挥。就此而言,我国网络零售业发展正面临严峻挑战,一方面,现有互联网渗透水平制约网络零售业纵深发展,网络零售信息技术与零售管理水平亟待进一步提升;另一方面,我国物流效率较低,物流成本占 GDP 比重高达 20%,远远超出欧洲、美国、日本等发达经济体乃至世界 5% 的平均水平。

事实上,自 20 世纪 90 年代中后期以来,B2C、C2C 等网络零售业态的兴起及其发展一直受到经济学家的广泛关注。国内外关于网络零售的学术观点主要集中于以下三个方面。

其一,互联网优势促进了网络零售的兴起与发展。一些学者发现消费者之所以选择网络购物的原因在于网上花费更低,消费者偏爱网络购物的主要原因在于其便利性(Hardesty and Suter,2005);另一些学者认为互联网有助于打破信息不对称的障碍(Fahy,2005;Rezabakhsh et al.,2006)、缩短了双方间的地理距离(Hortasu et al.,2009),同时,移动通信设备和网络技术有利于消费者与零售商建立联系(Shankar et al.,2010;闫星宇,2011;Cao et al.,2012);还有学者主张互联网宽带接入用户的数量是影响网络零售发展的关键因子(万琴,2014),电商企业可凭借数据优势实现快速扩张(杜丹清,2015)。

其二,消费者偏好及企业行为选择是影响网络零售不可忽视的因素。一些学者认为网络零售商服务质量影响消费者网络购物情绪(Kolesar and Galbraith,2000;Wolfinbarger and Gilly,2003),消费者感知产品或服务风险的能力、网络零售商运营环境是影响消费者进行网络购物的主要因素(Lee and Tan,2003);另一些学者发现网络零售企业改进网店布局及网站设计,有利于收集网络消费者信息、提高购物愉悦程度(Yun and Linda,2007),有用性和便捷性对消费者选择网络购物有积极影响(Liao and shi,2009),消费者在网络环境中不能获得产品完全信息且囿于资金安全,进而对网络零售商心存疑虑(潘煜和张星,2010),网络零售中顾客价值影响网络零售商店铺的构建(赵卫宏,2010);也有学者主张是否选择网购受到性别差异的影响(Chandrashekaran,2012),零售企业可以通过消费者信任实现实体和网络零售的协同发展(王国顺和杨晨,2014)。

其三,网络零售业发展亟待转型升级、优化市场结构。一些学者分析了网

[①] 笔者构建了互联网渗透指数(IPI)用以表征互联网渗透水平,其意是指互联网渗透社会经济生活的广度和深度。该指标有别于互联网渗透率(Internet Population Penetration),也有文献将互联网渗透率称为互联网普及率或互联网覆盖率,一般用网民数量与总人口数量之比来表示,此概念较早出现于 20 世纪 90 年代中后期拥有“互联网女皇”之称的玛丽·米克尔(Mary Meeker)主持发布的互联网趋势报告。

络零售面临的设施、技术、信用等问题,并提出了相应的解决策略(张庆亮和何文君,2000;Grewal,2004);另一些学者将网络零售服务质量、诚信水平及网民规模引入 Hotelling 线性城市模型,发现网络零售商的进入增进了零售行业市场绩效(张赞和凌超,2011),提出应提高传统零售和网络零售的资源共享率以促进二者协同发展(王文顺和何芳菲,2013;刘文纲和郭立海,2013);还有学者指出应加速线上线下零售的融合以打造便捷的网络购物平台(郭馨梅和张健丽,2014),面对互联网时代的"脱媒"冲击,企业有必要通过流通环节分工调整与协同机制创新实现转型升级(谢莉娟,2015)。

综上所述,学术界较多从互联网优势、消费者偏好和零售商行为等维度探讨网络零售相关业态的兴起与变迁,但有关网络零售动因的研究较多限于局部的描述性分析,缺乏理论与实证相结合的系统性研究。

第二节　网络零售交易成本及四要素嵌套 CES 生产函数

一、前提假设

在进行数理分析之前,笔者提出如下五个前提假设:(1)互联网的信息承载量有限,网络零售企业在运营过程中会形成引致网络拥堵的商业垃圾信息及违约服务等非期望产出;(2)网络零售企业行为选择与电子商务税率和商业垃圾信息供给权交易价格[①]相关,而且,电子商务税率和商业垃圾信息供给权价格越高,网络零售企业遵从互联网产业规制的意愿越弱;(3)网络零售企业接受互联网产业规制的意愿与政府监管力度正相关,且不存在固定罚款;(4)网络零售企业治理商业垃圾信息及服务技术水平不变,不存在商业技术进步;(5)征收电子商务税存在完全信息,互联网交易市场是完全竞争的。

二、网络零售企业交易成本生成机理

假定一个经济体中网络零售企业 $i(i \in n)$ 的商业垃圾信息量为 e_i($e_i^\triangledown \leqslant e_i \leqslant e_i^\triangle$),$e_i^\triangledown$ 为严格的互联网产业规制下的网络零售企业垃圾信息量,$e_i^\triangle$ 为宽松的互联网产业规制下的网络零售企业垃圾信息量。假设网络零售企业 i 的商业垃圾信息治理成本 c_{r_i} 和违约服务成本 c_{d_i} 是商业垃圾信息量 e_i 的函数,即有 $c_{r_i}(e_i)$、$c_{d_i}(e_i)$;商业垃圾信息供给权价格为 p_e;所有网络零售企业商业垃圾信

---

① 商业垃圾信息供给权交易实质上是网络内容服务(ICP)许可证(牌照)交易。

息总量为 $E^\oplus$，政府管理部门分配给众多网络零售企业的商业垃圾信息产生总量 $H^\oplus \leqslant E^\oplus$；网络零售企业 i 拥有的商业垃圾信息供给权数量为 h_i，其中，网络零售企业 i 从政府获得的初始商业垃圾信息供给权数量为 h_i^*，且 $h_i^* \geqslant 0, h_i \geqslant 0$，当 $h_i^* \geqslant h_i$ 时，网络零售企业 i 可以出售商业垃圾信息供给权，相反，意味着网络零售企业 i 需要从其他网络零售企业那里购买新的商业垃圾信息供给权（数量为 $h_i - h_i^*$），购买成本为 $p_e \times (h_i - h_i^*)$，此时，网络零售企业接受互联网产业规制的意愿存在显著的不确定性。

如果互联网产业规制较为严厉，网络零售企业 i 严格遵照网络交易规则进行的垃圾信息量就会小于或等于其商业垃圾信息供给权的拥有量[①]，即 $e_i \leqslant h_i$。否则，就意味着网络零售企业 i 可能会选择销售假冒伪劣商品等机会主义行为，设违规经营导致的商业垃圾信息量为 w_i，则 $w_i = e_i - h_i \geqslant 0$。如果政府或规制者一旦发现网络零售企业 i 有机会主义或败德行为倾向，通常会对企业进行相应惩罚或没收相关财产，由于笔者假定不存在固定罚款，则其罚款函数为 $f_i(w_i)$，与 w_i 正相关。引入外生变量——政府监管水平 λ，此时，网络零售企业面临的惩罚函数为 $\lambda f_i(w_i)$。因此，当网络零售企业倾向于接受互联网产业规制时，网络零售企业的交易成本主要包括：商业垃圾信息治理成本、违约成本、购买商业垃圾信息供给权（网络内容）的成本和受政府罚款的成本。

三、网络零售企业交易成本最优化及其决定

基于前文述及网络零售企业交易成本的结构，在互联网产业规制下，网络零售企业 i 需要进行决策的变量主要在于商业垃圾信息量 e_i 和其拥有的商业垃圾信息供给权数量 h_i。考虑网络零售企业 i 交易成本的最优化问题，首先建立成本最小化函数：

$$\sum_{e_i, h_i} \min[c_{r_i}(e_i) + c_{d_i}(e_i) + p_e(h_i - h_i^*) + \lambda f_i(w_i)]$$
$$\text{s. t.} \quad w_i = e_i - h_i \geqslant 0; h_i \geqslant 0; e_i \geqslant 0 \tag{2-1}$$

运用拉格朗日法求极值的方法构建拉格朗日函数为：

$$L = c_{r_i}(e_i) + c_{d_i}(e_i) + p_e(h_i - h_i^*) + \lambda f_i(w_i) - ae_i - \beta h_i \tag{2-2}$$

其中，$\alpha \geqslant 0, \beta \geqslant 0$。

假设式(2-1)中的目标函数是严格凸的，而且，不等式的约束条件是线性的，其库恩-塔克一阶条件为：

$$c'_{r_i}(e_i) + c'_{d_i}(e_i) + \lambda f_i(w_i) - \alpha = 0 \tag{2-3}$$

---

① 一般情况下，电子商务企业为了规避处罚，总是力求使其商业垃圾信息数量小于或者等于其拥有的商业垃圾信息供给权数量。

$$p_e - \lambda f_i(w_i) - \beta = 0 \qquad (2\text{-}4)$$

$$\alpha e_i = 0; \alpha \geqslant 0; e_i \geqslant 0 \qquad (2\text{-}5)$$

$$\beta h_i = 0; \beta \geqslant 0; h_i \geqslant 0 \qquad (2\text{-}6)$$

因为 $e_i \geqslant 0, h_i \geqslant 0$，则 $\beta = 0, \alpha = 0$。从而，可进一步将式(2-3)和式(2-4)两边相加可得：

$$c'_{r_i}(e_i) + c'_{d_i}(e_i) + p_e = 0 \qquad (2\text{-}7)$$

这就意味着，网络零售企业的行为决策只与商业垃圾信息供给权交易的价格 p_e 有关，而与政府监管水平及策略无关。考虑到 $\beta = 0$，从式(2-4)可知 $p_e = \lambda f'_i(w_i)$，该等式暗含的经济学逻辑为：网络零售企业遵照互联网产业规制的临界点是商业垃圾信息供给权的价格 p_e 等于边际罚款的金额。同时，不难发现政府监管水平 $\lambda = \dfrac{p_e}{f'_i(w_i)}$。如将违规经营造成的垃圾信息量 w_i 为零看作企业违规临界点，那么网络零售企业接受互联网产业规制的均衡条件为 $\lambda = \dfrac{p_e}{f'_i(0)}$。进而，可以看出：如果 $\lambda \geqslant \dfrac{p_e}{f'_i(0)}$ 时，接受互联网产业规制是网络零售企业的最优行为选择；如果 $\lambda \leqslant \dfrac{p_e}{f'_i(0)}$ 时，网络零售企业倾向于选择违规经营，且其最优的商业垃圾信息产生量 $\overline{w_i} = \int f\left(\dfrac{p_e}{\lambda}\right) \mathrm{d}w_j$。

鉴于上述逻辑，不难发现，如果不考虑政府监管与零售策略的差异，影响网络零售发展的根本动因在于网络内容服务(ICP)许可证交易价格，而该许可证市场价格的高低通常取决于平台经济发展阶段、IT 产业发达程度、互联网渗透水平、物流效率、需求水平、消费者偏好等多重因素，其中互联网渗透水平与物流效率至关重要。

四、CES 生产函数的一般形式

阿罗等(Arrow et al.，1961)提出 CES 函数的基本形式为：

$$Y = A[\lambda K^{-\rho} + (1-\lambda)L^{-\rho}]^{-\frac{1}{\rho}} \qquad (2\text{-}8)$$

其中，Y 表示总产出，$A(A>0)$ 表示效率系数，K、L 分别表示资本和劳动力投入，λ 为资本 K 的份额参数，且满足 $\lambda \in (0,1)$，ρ 为要素替代弹性参数。

将式(2-8)两边取对数，并作泰勒级数展开，整理后得到：

$$\ln Y = \ln A + \lambda \ln K + (1-\lambda)\ln L - \frac{1}{2}\rho\lambda(1-\lambda)\left[\ln\left(\frac{K}{L}\right)\right]^2 \qquad (2\text{-}9)$$

由此可见，转换后的 CES 函数会根据 ρ 值的不同而表现出不同的性质，与 CD 函数相比拟合能力更强且更符合实际情况。

五、扩展的四要素嵌套 CES 生产函数推导

克莱因等(Klein et al.,2000)曾在 CES 函数的基础上将人力要素分为白领和蓝领工人两部分来研究 IT 投入对美国企业规模报酬的作用,这启示笔者在研究网络零售的影响因素时,将资本投入中促进互联网渗透的技术资本和人力投入中加强物流效率的那一部分分离出来。由于笔者侧重研究互联网渗透水平和物流效率对网络零售的作用,同时鉴于王贻志等(2006)在采用二级四要素模型和两个二级三要素模型分析 R&D 的投入产出效应的作用差异,拟构建如下的二级四要素模型。

$$Y=A\left\{\lambda\left[aL_E^{-\rho_1}+(1-a)L_I^{-\rho_1}\right]^{-\frac{\rho}{\rho_1}}+(1-\lambda)\left[bK_E^{-\rho_2}+(1-b)K_I^{-\rho_2}\right]^{-\frac{\rho}{\rho_2}}\right\}^{-\frac{m}{\rho}}$$

$$(2-10)$$

其中,Y 为被解释变量,表示网络零售总额;解释变量 K_I、K_E 表示促进互联网渗透的技术资本投入和其他资本投入;解释变量 L_I、L_E 表示加强物流效率的人力投入和其他人力投入;a、b 分别是 L_E、K_E 的份额参数;m 为规模报酬参数,当 $m>1(m=1,m<1)$ 时,表示所研究对象为规模报酬递增(不变,递减)。

模型第一层次为:

$$Y=A\left[\lambda Y_L^{-\rho}+(1-\lambda)Y_K^{-\rho}\right]^{-\frac{m}{\rho}} \qquad (2-11)$$

模型第二层次分别为:

$$Y_L=\left[aL_E^{-\rho_1}+(1-a)L_I^{-\rho_1}\right]^{-\frac{1}{\rho_1}} \qquad (2-12)$$

$$Y_K=\left[bK_E^{-\rho_2}+(1-b)K_I^{-\rho_2}\right]^{-\frac{1}{\rho_2}} \qquad (2-13)$$

参考李子奈的估计方法,将第二层次式(2-12)和式(2-13)分别在 ρ_1、ρ_2 处予以泰勒展开,并代入到第一层次式(2-11)在 $\rho=0$ 处的二级泰勒展开式中,得到:

$$\ln Y=\ln A+m\lambda a\ln L_E+m\lambda(1-a)\ln L_I+m(1-\lambda)b\ln K_E+m(1-\lambda)(1-b)\ln K_I$$
$$+\left[\frac{1}{2}\rho_1 m\lambda a(1-a)+\frac{1}{2}\rho m\lambda(1-\lambda)a^2\right]\left[\ln\left(\frac{L_E}{L_I}\right)\right]^2+\left[\frac{1}{2}\rho_2 m(1-\lambda)b(1-b)\right.$$
$$+\frac{1}{2}\rho m\lambda(1-\lambda)b^2\left]\left[\ln\left(\frac{K_E}{K_I}\right)\right]^2+\frac{1}{2}\rho m\lambda(1-\lambda)\left[\ln\left(\frac{L_I}{K_I}\right)\right]^2-\rho m\lambda(1-\lambda)\cdot\right.$$
$$ab\ln\left(\frac{L_E}{L_I}\right)\ln\left(\frac{K_E}{K_I}\right)+\rho m\lambda(1-\lambda)a\ln\left(\frac{L_E}{L_I}\right)\ln\left(\frac{L_I}{K_I}\right)-\rho m\lambda(1-\lambda)b\ln\left(\frac{K_E}{K_I}\right)\cdot$$
$$\ln\left(\frac{L_I}{K_I}\right)+\frac{1}{2}\rho m\lambda(1-\lambda)\rho_1 a(1-a)\ln\left(\frac{L_I}{K_I}\right)\left[\ln\left(\frac{L_E}{L_I}\right)\right]^2-\frac{1}{2}\rho m\lambda(1-\lambda)\cdot$$
$$\rho_2 ab(1-b)\ln\left(\frac{L_I}{K_I}\right)\left[\ln\left(\frac{K_E}{K_I}\right)\right]^2-\frac{1}{4}\rho m\lambda(1-\lambda)a(1-a)b(1-b)\left[\ln\left(\frac{L_E}{L_I}\right)\right]^2\cdot$$
$$\left[\ln\left(\frac{K_E}{K_I}\right)\right]^2-\frac{1}{2}\rho m\lambda(1-\lambda)\rho_2 ab(1-b)\ln\left(\frac{L_E}{L_I}\right)\left[\ln\left(\frac{K_E}{K_I}\right)\right]^2-\frac{1}{2}\rho m\lambda(1-\lambda)\cdot$$

$$\rho_1 ba(1-a)\ln\left(\frac{K_E}{K_I}\right)\left[\ln\left(\frac{L_E}{L_I}\right)\right]^2 + \frac{1}{2}\rho m\lambda(1-\lambda)\rho_1 a^2(1-a)\left[\ln\left(\frac{L_E}{L_I}\right)\right]^3 +$$

$$\frac{1}{2}\rho m\lambda(1-\lambda)\rho_2 b^2(1-b)\left[\ln\left(\frac{K_E}{K_I}\right)\right]^3 + \frac{1}{8}\rho m\lambda(1-\lambda)\rho_1^2 a^2(1-a)^2\left[\ln\left(\frac{L_E}{L_I}\right)\right]^4 +$$

$$+\frac{1}{8}\rho m\lambda(1-\lambda)\rho_2^2 b^2(1-b)^2\left[\ln\left(\frac{K_E}{K_I}\right)\right]^4 + \varepsilon \tag{2-14}$$

鉴于本章主要分析互联网渗透水平和物流效率对网络零售的影响,且考虑到上式计算的复杂性和多重共线性的影响,故将方程中与 K_E、L_E 有关项、交互项和高阶项省略。初步得到方程如下:

$$\ln Y = \ln A + m\lambda(1-a)\ln L_I + m(1-\lambda)(1-b)\ln K_I + \varepsilon \tag{2-15}$$

式中,ε 为随机扰动项。通过变量替换,可将式(2-15)表示为:

$$\ln Y = \alpha \ln L_I + \beta \ln K_I + \varepsilon \tag{2-16}$$

第三节 基于 VAR 模型的实证分析

一、变量与数据

在数据选择方面,由于实证研究涉及网络零售总额、互联网渗透指数、物流强度①三个时间序列变量,分别记为 ORS、IPI、LOD,其中 ORS 为被解释变量,IPI 和 LOD 为解释变量。鉴于直接衡量我国互联网渗透水平和物流效率的统计指标十分缺乏,本章选取网络零售交易额(亿元)表征网络零售发展规模(ORS);基于互联网普及率(%)、光缆线路长度(千米)、IPv4 地址数(万个)、人均国民收入(元)、普通高校在校学生数(万人)进行因子分析,并根据因子得分提取一个主成分,进而构建互联网渗透指数(IPI);以人均国民收入(元)与货物周转量(吨千米)之比的倒数表征物流强度(LOD)。需要说明的是,研究样本仅限于 2001—2016 年中国网络零售交易额,该数据源于历年《中国电子商务市场数据监测报告》②,其他数据均来自历年《中国统计年鉴》。除此之外,在构建模型时,为消除时间序列剧烈波动与异方差的影响,本章分别对三个变量取对数,记为 lnORS、lnIPI、lnLOD。

---

① 物流强度亦称物流密集度,是衡量物流效率的重要经济指标,物流强度越大物流效率越低,此指标为笔者所构建,以货物周转量和交通运输仓储及邮电增加值的商来表征。

② 此报告由中国电子商务研究中心发布,该中心重点跟踪、研究和服务"泛电商"行业,其目标在于进一步深化和扩展电子商务研究。

二、VAR 模型构建及其检验

(一)变量平稳性与因果关系检验

ADF 单位根检验显示所有变量均为一阶单整,即 $I(1)$,可见,所有变量都是平稳的[①],但是具体方向的因果关系尚不明确。为了进一步了解变量间相互影响的机制,在建立向量自回归(vector autoregression,VAR)模型[②]前需对变量进行格兰杰因果检验,结果如表 2-1 所示。

表 2-1　格兰杰因果关系检验结果

滞后长度($q=s$)	格兰杰因果性	F 值	F 的 P 值	结论
1	lnIPI 不是 lnORS 的格兰杰原因	5.056	0.025	拒绝
1	lnLOD 不是 lnORS 的格兰杰原因	0.527	0.468	接受
1	lnORS 不是 lnIPI 的格兰杰原因	0.431	0.512	接受
1	lnLOD 不是 lnIPI 的格兰杰原因	0.106	0.745	接受
1	lnORS 不是 lnLOD 的格兰杰原因	4.019	0.045	拒绝
1	lnIPI 不是 lnLOD 的格兰杰原因	3.314	0.069	接受

由表 2-1 可以发现:(1)在 5% 的显著性水平下,lnIPI 是 lnORS 的格兰杰原因,表明互联网渗透率对网络零售的发展有促进作用;(2)相同显著性水平下,lnORS 是 lnLOD 的格兰杰原因,说明网络零售的发展带动了物流效率的提升,但 lnLOD 不是 lnORS 的格兰杰原因,这与笔者的预期相反。这可能归根于如下三点:一是格兰杰因果检验重在考察一个变量对另一变量是否具有"预测能力";二是相关数据的可得性可能弱化了检验结果;三是我国电子商务物流发展相对滞缓,从而导致其格兰杰因果关系尚未显现。

(二)VAR 模型最优滞后期确定

为保持滞后期和自由度之间的均衡,使模型具有良好的解释能力,笔者应用 Stata 软件,在考虑到五种常用信息准则、VAR 模型拟合度($R^2=0.9933$)、扰动项是否为白噪声、残差是否服从正态分布等因素之后,本章确定 VAR 模型的最优滞后期为 1。

---

① 由于篇幅所限,变量平稳性检验从略,可函索。

② VAR 模型旨在将时间序列系统中每一个内生变量视为所有内生变量滞后值的函数,其基准形式通常为 $y_t = \sum_{i=1}^{k} a_i y_{t-k} + u_t$,其中 y 代表时间序列变量,k 为滞后阶数,t 为样本个数,a_i 为 $k \times k$ 维系数矩阵,u_t 是 k 维扰动列向量。

表 2-2　VAR 模型滞后期选择准则

滞后期	ln$L$	LR	FPE	AIC	SC	HQ
0	3.607	NA	0.001	−0.087	0.050	−0.099
1	50.070	92.925*	9.2E−07*	−5.438*	−4.891*	−5.489*
2	55.594	11.049	1.9E−06	−4.942	−3.983	−5.031

注:"*"表示根据各评价指标分别选择的最优滞后期。

(三)VAR 模型的建立和稳定性检验

根据以上变量单位根检验、因果关系检验以及模型滞后期的确定,同时对式(2-16)进行变量置换,建立 VAR 模型如下:

$$\ln Y = \alpha \ln IPI + \beta \ln LOD + \varepsilon \tag{2-17}$$

式中,Y 代表网络零售总额,α、β 分别表示互联网渗透水平和物流强度对网络零售总额的影响程度,ε 是误差项。

根据 Stata 软件对 VAR 模型参数估计值,可得到以下三个方程式:

$$\ln ORS = 0.5125 \ln ORS(-1) + 1.8146 \ln IPI(-1) +$$
$$0.6041 \ln LOD(-1) - 15.5984 \tag{2-18}$$
$$\ln ORS = 0.0524 \ln ORS(-1) + 0.7125 \ln IPI(-1) +$$
$$0.1095 \ln LOD(-1) + 2.8814 \tag{2-19}$$
$$\ln ORS = 0.0996 \ln ORS(-1) + 0.3704 \ln IPI(-1) +$$
$$0.6270 \ln LOD(-1) + 3.4856 \tag{2-20}$$

需要说明的是,该 VAR 模型全部根的倒数的模均小于 1,即所有根的倒数都落在单位圆内,如图 2-1。显然,滞后一阶的模型是拟合度较高且稳定的。

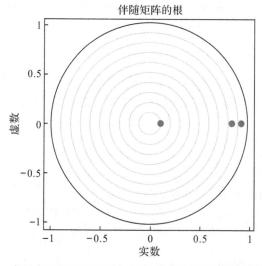

图 2-1　向量自回归(VAR)模型平稳性检验结果(单位圆示意图)

三、协整分析

大多数情况下,一般采取差分方法使非平稳时间序列平稳,但有时差分后的序列会降低模型的解释力,使其失去原有的经济意义。对此利用恩格尔—格兰杰(Engle-Granger)提出的协整理论方法予以解决。故本章采用该方法进行协整分析,检验结果见表 2-3。

表 2-3 协整检验结果

协整个数原假设	特征值	最大特征根检验		特征根迹检验	
		最大特征根统计值	5%显著水平	迹统计量	5%显著水平
0*	0.774	20.821	23.780	31.959*	34.550
至多 1 个	0.549	11.134	16.870	11.138	18.170
至多 2 个	0.001	0.005	3.740	0.005	3.740

注:"*"表示在 5%的显著性水平下拒绝存在 0 个协整方程的原假设。

协整检验结果表明,在 5%的显著性水平上,约翰森(Johansen)检验拒绝了 $r \leqslant 0$ 的原假设(r 表示协整关系的个数),却接受了协整个数至多为 1 的假设,说明变量 lnORS、lnIPI、lnLOD 三个变量之间有长期稳定的均衡关系,进而可以得到如下标准化协整方程。

$$\ln ORS = 3.9137 \ln IPI_t - 2.1459 \ln LOD_t + ecm^{①} \quad (2\text{-}21)$$

从式(2-21)可以看出,在长期情况下,互联网渗透指数每上升一个百分点,网络零售总额就会扩大 3.9137%;物流强度每降低一个百分点,即物流效率每提高一个百分点,网络零售总额就会扩大 2.1459%。

四、脉冲响应与方差分解

(一)脉冲响应函数分析

为了更好地研究 lnORS、lnIPI、lnLOD 之间的动态关系,需在原有的 VAR 模型的基础之上利用脉冲响应函数来说明变量之间的影响冲击程度,图 2-2 和图 2-3 为脉冲响应分析结果。各图清晰地反映出 lnORS 的一个标准差冲击给 lnIPI、lnLOD 带来的效应及其途径。

---

① 式(2-21)中的 ecm 代表均衡误差。

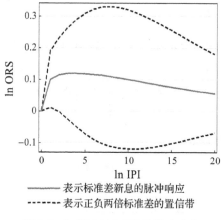

图 2-2　lnORS 对 lnIPI 的脉冲响应　　　　图 2-3　lnORS 对 lnLOD 的脉冲响应

图 2-2 表明无论是短期还是长期,互联网渗透指数对网络零售总额有一个正向响应,短期内冲击更为明显。在第 1 期时,当互联网渗透指数受到外部条件冲击后,网络零售总额没有反应,第 2 期明显增长至 0.1004%,且在前 4 期内均有缓慢增长,直至达到最大值 0.1190%,此后各期呈缓步下降趋势。图 2-3 显示当本期物流强度受外部条件冲击后,网络零售总额在第 1 期尚无反应,第 2 期显著提升为 0.0214%,后期势头不断增强达到最高,而后逐期递减。进一步就我国网络零售总额对互联网渗透指数与物流强度的脉冲响应路径进行比较,一方面可以发现,无论是互联渗透指数还是物流效率都会将其受到的冲击传递至网络零售发展总额,且产生较为正面的促进影响;另一方面,网络零售总额对互联网渗透指数的脉冲响应更为敏感。

(二)方差分解

方差分解是根据分解系统中不同内生变量所作出贡献的差异,从而对各变量的重要程度进行评价。本章构建的 VAR 模型方差分解结果(详见表 2-4)显示,我国网络零售发展规模除了受到来自自身的冲击外,互联网渗透指数变动的贡献率在第 2 期达到 16.3787%,即我国网络零售发展水平预测方差的16.3787% 可以由互联网渗透水平变动来解释,且在第 2 期后各期贡献率有逐年上升的趋势,第 9 期后增幅开始下降;而物流强度变动的贡献率在第 2 期仅为 0.7437%,即我国网络零售发展水平预测方差的 0.7437% 可以由物流强度水平变动率来解释,之后几期都保持较为稳定的增长,但从第 4 期开始呈现出微弱下降趋势,这也进一步验证了上文提到的物流效率滞后于网络零售发展的猜想。相较而言,互联网渗透水平变动的贡献率远远超越物流效率变动的贡献率,即前者对我国网络零售发展水平的影响远大于后者。

表 2-4　lnORS 变量方差分解

预测期	lnORS	lnIPI	lnLOD
0	0	0	0
1	1	0	0
2	0.828776	0.163787	0.007437
3	0.74092	0.250892	0.008187
4	0.688913	0.303717	0.00737
5	0.653262	0.340367	0.006371
6	0.626686	0.367801	0.005514
7	0.605904	0.389244	0.004851
8	0.589175	0.40646	0.004365
9	0.575453	0.420528	0.004019
10	0.564051	0.432167	0.003781
11	0.554491	0.441885	0.003624
12	0.54642	0.450055	0.003525
13	0.539573	0.456959	0.003468
14	0.533741	0.462819	0.003441
15	0.528758	0.467808	0.003434
16	0.524492	0.472068	0.00344
17	0.520831	0.475713	0.003456
18	0.517686	0.478837	0.003477
19	0.514981	0.481518	0.003501
20	0.512653	0.483821	0.003526

注:第 2、3、4 列对应数值表示以 lnORS、lnIPI、lnLOD 为因变量的方程新息各期对预测误差的贡献率。

第四节　基于 2SLS 模型的计量分析

一、研究设计

(一)变量与数据

1.变量选择与处理

为了尽量避免遗漏变量偏差,保证变量外生性,结合数据的可得性,笔者构建面板数据回归模型时主要选取网络零售规模、互联网普及率、电话普及率、物流效率、人均 GDP、在校大学生数、长途光缆线路长度、交通事故死亡人数、人口出生率、人口死亡率、最终消费率和社会消费品零售总额等 12 个变量,分别记为 ER、IP、TE、LE、PG、US、LD、TD、BI、MO、FC、TR。

(1)被解释变量。为了消除样本数据的剧烈波动和异方差的不利影响,笔者对网络零售规模(ER)取对数,记为 lnER,表示网络零售规模变动率[1],并将其作为被解释变量。主流文献通常运用网络零售交易额表征网络零售规模,但是,由于我国对 B2C、C2C 等网络零售交易的规范统计较晚,统计工作所涵盖区域和行业均很不完全,反映网络零售规模的数据可得性很弱,从而难以满足面板数据实证分析的相关要求,故笔者选择快递业务量[2]作为网络零售规模的代理变量指标。因为,大量经验显示快递业务是电子商务的晴雨表,网络零售交易额与快递业务规模存在很强的相关性,在一定程度上,一个国家或地区网络零售市场需求扩大,快递业务量上升;相反,网络零售市场需求减缩,快递业务量下降。

(2)解释变量。①互联网普及率(IP),是指单位人口的上网人数比例,有些文献称之为互联网覆盖率。在居民网络消费偏好既定的情况下,互联网普及率越高,网络零售交易规模越大,相反,互联网普及率越低,网络零售交易规模越小。②物流效率(LE),是指单位货物周转量引起的物流业增加值。此指标为笔者所构建,其原始公式为:物流效率=物流业增加值(亿元)÷货物周转量(亿吨千米)。其中,货物周转量是指一定时期内由各种运输工具运送的货物数量与其相应运输距离的乘积的总和;另外,由于物流全行业增加值缺失,笔者选择交通运输、仓储和邮电业增加值代理物流业增加值。一般而言,在居民网络消费偏好、互联网普及率、电话普及率等因素既定的情况下,物流效率越高,物流成本越低,网络零售规模越大,相反,物流效率越低,物流成本越高,网络零售规模越小。

(3)控制变量。本章控制的影响网络零售发展的其他因素如下:①电话普及率(TE),是指每百人拥有电话(含移动电话)的数量。在居民网络消费偏好、互联网普及率既定的情况下,电话普及率越高,人们参与网络零售交易的渠道更加丰富,有助于进一步扩大网络零售规模。②社会消费品零售总额(TR),是指一个国家或地区一定时期内,各类企业向城乡居民、入境人员以及机关、部

---

① 由中国国家统计局出版的《中国统计年鉴》自 2013 年开始公开发布各地区电子商务采购额(亿元),自 2015 年开始公开发布各地区网上零售额(亿元)数据。这些数据本可以较好地反映网络零售交易规模,但由于时间太短,难以构建面板数据。故笔者选用快递业务量作为代理变量。

② 2006 年及以前快递业务量为邮政特快专递,2007 年起为规模以上(年业务收入 200 万元以上)快递服务企业业务量。

队、社会团体、学校、企事业单位、居委会或村委会等社会集团出售的,用于非生产、非经营的实物商品价值和提供的餐饮服务收入的总额①。社会消费品零售总额是反映国内消费需求、零售市场变动以及经济景气程度的重要指标。③人均GDP(PG),是指按市场价格计算的一个国家或地区全部常住单位在一定时期内人均生产活动的最终成果,即单位人口所创造的最终产品和劳务的价值,通常用GDP与总人口的比值来表征。人均GDP是衡量一个国家或地区经济发展水平的重要指标,一般而言,人均GDP提高有助于提高物质文化生活水平,刺激网络消费能力提升。④普通高等学校在校学生数(US),是指某一时期内通过国家普通高等教育招生考试,招收高中毕业生为主要培养对象,实施高等学历教育的全日制大学、独立设置的学院、独立学院和高等专科学校、高等职业学校等高等教育机构,所拥有的学生总数量②。自电子商务兴起以来,许多大学年青学子始终对网络购物充满浓厚的兴趣和偏好,大学校园作为一个不可忽视的细分市场深受广大电商重视和关注。因而,研究网络零售的影响因素有必要考虑普通高等学校在校学生数这一变量。⑤人口出生率(BI),也称粗出生率,是反映人口出生水平和消费市场潜力的重要指标,其基本含义为一个国家或地区一定时期内出生人数与同期内平均人数(或期中人数)之比。其中,出生人数指活产婴儿,平均人数指期初、期末人口数的平均数,也可用期中人口数代替③。稳定的人口出生率是保证消费需求不断提升的重要保障,人口出生率提升不仅促进母婴消费品电子商务发展而且有利于积累网络零售市场潜力。

(4)工具变量。①长途光缆线路长度(LD),即一个国家或地区一定时期内铺设的长途光缆线路里程数④。它是衡量一个国家或地区光纤通信与网络信息技术产业基础设施发展水平的一项重要指标。客观上说,健全完善的光纤通信技术基础设施为互联网相关产业的发展提供了良好的外部支撑条件,对网络零售的发展也具有十分积极的促进作用。②交通事故死亡人数(TD),是指一个国家或地区一定时期内各类交通事故发生后七天内死亡的人数总量,主要包括公路交通事故死亡人数。由于统计标准和口径不一致,我国交通运输管理部门

---

①　个人涵盖城乡居民和入境人员,社会集团涵盖机关、部队、社会团体、学校、企事业单位以及居委会或村委会等。

②　参见中国国家统计局网站"统计数据指标解释"(http://www.stats.gov.cn/tjsj/zb-js/)。

③　2010年数据为当年人口普查推算数,其余年份数据为年度人口抽样调查推算数,总人口中包含现役军人。

④　长途光缆是由玻璃或塑料制成的光导纤维构成缆心,外包覆护套或外护层,用以实现光信号传输的一种长距离通信线缆。

和卫生管理部门分别统计的交通事故死亡人数存在很大悬殊。笔者采取的是《中国统计年鉴》数据。该指标用以表征交通安全管理水平与运输质量,与网络零售等电子商务活动的发展存在一定外生性关联。③人口死亡率(MO),又称粗死亡率,是指在一定时期内一个国家或地区的死亡人数与同期内平均人数(或期中人数)之比。作为一个综合性指标,人口死亡率能够反映国民经济发展质量、城乡居民生活水平、社会治理现代化水平的高低。从短期来看,该指标对网络零售等电子商务活动没有直接影响,但从长期而言,人口死亡率基于社会福利水平传导机制对网络零售的发展也会产生一定间接影响。④最终消费率(FC),是指一个国家或地区一定时期的最终消费占同期 GDP 的比率,即居民个人消费和社会消费的总额与 GDP 之比。最终消费率通常用以反映最终生产成果用于最终消费的比重,是衡量国民支出结构的重要指标。伴随电子商务的快速发展,网络购物支出已经逐步成为居民消费支出的主要组成部分。因此,研究网络零售问题有必要考虑最终消费率。

2.变量含义及其回归系数预期

为了更好地检验模型的解释力与科学性,在计量分析之前,有必要对所有自变量的经济含义、预期回归系数方向及其逻辑依据进行界定和分析,具体情况如表 2-5 所示。

表 2-5　变量含义、系数方向预期及其逻辑依据

变量性质	变量名称	符号	单位	经济含义	系数方向预期及其逻辑依据
解释变量	互联网普及率	IP	％	上网人数占总人口的比重	"+",互联网普及率与网络零售效率同向变化
	物流效率	LE	元/吨千米	物流要素投入产出率	"+",物流效率与网络零售效率同向变化
控制变量	电话普及率	TE	部/百人	每百人拥有电话的数量	"+",电话普及率与网络零售效率同向变化
	社会消费品零售总额	TR	亿元	消费需求能力	"+",社会消费品零售总额与网络零售规模同向变化
	人均 GDP	PG	元	人均最终产品和劳务的价值	"+",人均 GDP 与网络消费需求同向变化
	普通高等学校在校学生数	US	万人	网络零售重要对象规模	"+",普通高等学校在校学生数与网络消费需求同向变化
	人口出生率	BI	‰	消费需求促进力量	"+",人口出生率与网络消费需求同向变化

变量性质	变量名称	符号	单位	经济含义	系数方向预期及其逻辑依据
工具变量	长途光缆线路长度	LD	万千米	信息技术基础设施水平	"＋",长途光缆线路长度与信息技术基础设施水平同向变化
	交通事故死亡人数	TD	人	运输质量安全水平	"－",交通事故死亡人数与运输质量安全水平反向变化
	人口死亡率	MO	‰	消费需求抑制力量	"－",人口死亡率与网络消费需求反向变化
	最终消费率	FC	%	最终消费倾向	"＋",最终消费率上升,网络购物支出增加

3.数据说明

面板数据能在一定程度上解决遗漏变量(个体异质性)问题[1],而且具备针对个体动态行为予以建模的优点。鉴于此,笔者基于 2001—2015 年中国 31 个省级行政区[2]的 12 个社会经济指标构建面板数据库。相关数据说明如下:(1)网络零售规模的代理指标快递业务量数据源于 2001—2015 年《中国统计年鉴》;(2)2001 年互联网普及率数据基于《中国统计年鉴》当年所载互联网上网户数与各地区家庭户数计算所得,2002—2015 年互联网普及率数据主要源于《中国统计年鉴》,为各地区互联网上网人数占人口总数的百分比,个别数据源于《中国互联网产业发展年鉴》和《中国电子商务年鉴》;(3)2001—2009 年电话普及率数据为笔者根据公式"电话普及率＝(固定电话年末用户＋移动电话年末用户)/各省年末常住人口×100"计算所得,2010—2015 年数据取自于《中国统计年鉴》;(4)用于构建物流效率指标的 2001—2015 年交通运输、仓储和邮电业增加值及货物周转量数据源于《中国统计年鉴》和《中国物流年鉴》;(5)社会消费品零售总额、人均 GDP、普通高等学校在校学生数、人口出生率、长途光缆线路长度、交通事故死亡人数、人口死亡率、最终消费率等指标数据主要源于《中国统计年鉴》,部分数据源于《中国工业经济统计年鉴》。

---

① 陈强.高级计量经济学及 Stata 应用[M].2 版.北京:高等教育出版社,2014:287.

② 这里的 31 个省级行政区分别为:北京市、天津市、河北省、山西省、内蒙古自治区、辽宁省、吉林省、黑龙江省、上海市、江苏省、浙江省、安徽省、福建省、江西省、山东省、河南省、湖北省、湖南省、广东省、广西壮族自治区、海南省、重庆市、四川省、贵州省、云南省、西藏自治区、陕西省、甘肃省、青海省、宁夏回族自治区、新疆维吾尔自治区,由于数据可得性影响,不包括台湾省、香港特别行政区和澳门特别行政区。

(二)2SLS 模型构建

从前文内生解释变量检验和工具变量有效性检验的结果,可以得出社会消费品零售总额是网络零售规模变动的内生解释变量,同时发现两个有效的工具变量:长途光缆线路长度和交通事故死亡人数,而且不存在弱工具变量问题。基于此,笔者以全国 31 个省级行政区为研究对象,实证分析网络零售规模变动的影响因素,研究的样本区间限于 2001 年至 2015 年。构建如下基准模型:

$$Y = X\beta + \mu \qquad (2-22)$$

式中,Y 代表网络零售规模变动率的矢量,X 为解释变量矩阵,可描述为(X_1,X_2),$\mu = C_i + \varepsilon_{it}$,由两部分组成,其中 C_i 表示没有观测到的特征值,ε_{it} 表示随机扰动项。解释变量矩阵 X 分为外生变量束 X_1 以及内生变量束 X_2,其中 X_1 包括外生变量互联网普及率(IP)、物流效率(LE)、人均 GDP(PG)、人口出生率(BI),X_2 包括内生解释变量社会消费品零售总额(TR)。长途光缆线路长度(LD)和交通事故死亡人数(TD)为 X_2 的工具变量。具体的一阶段和二阶段计量经济模型为:

$$TR_{it} = \alpha_0 + \alpha_1 LD_{it} + \alpha_2 TD_{it} + \mu_{it} \quad (i=1,2,\cdots,N; t=1,2,\cdots,3,T) \qquad (2-23)$$

$$\ln ER_{it} = \beta_0 + \beta_1 IP_{it} + \beta_2 LE_{it} + \beta_3 PG_{it} + \beta_4 BI_{it} + \beta_5 \hat{TR}_{it} + \mu_{it}$$
$$(i=1,2,\cdots,N; t=1,2,\cdots,T) \qquad (2-24)$$

式中,TR_{it} 表示 i 省份 t 年社会消费品零售总额;LD_{it} 表示 i 省份 t 年长途光缆线路长度;TD_{it} 表示 i 省份 t 年交通事故死亡人数;$\ln ER_{it}$ 表示 i 省份 t 年网络零售规模变动率;IP_{it} 表示 i 省份 t 年互联网普及率;LE_{it} 表示 i 省份 t 年物流效率;PG_{it} 表示 i 省份 t 年人均 GDP;BI_{it} 表示 i 省份 t 年人口出生率;TR_{it} 表示 i 省份 t 年社会消费品零售总额;α_0、β_0 为截距,表示解释变量以外的其他因素对被解释变量的影响;α_1、α_2、β_1、β_2、β_3、β_4、β_5 为相应变量的系数;μ_{it} 为随机扰动项。

二、工具变量有效性检验

使用工具变量法解决模型的内生性问题,必须对工具变量进行有效性检验。如果工具变量不有效,则可能导致估计不一致,或估计量的方差过大[1]。一个有效的工具变量通常必须满足外生性(正交性)和相关性两个条件,前者是指工具变量与扰动项不相关,后者是指工具变量与内生解释变量相关[2]。为此,分

---

① 陈强.高级计量经济学及 Stata 应用[M].2 版.北京:高等教育出版社,2014:141.

② 陈强.高级计量经济学及 Stata 应用[M].2 版.北京:高等教育出版社,2014:136.

别通过过度识别检验①、弱工具变量②检验分别考察外生性和相关性。

（一）过度识别检验

笔者首先引入长途光缆线路长度（LD）、交通事故死亡人数（TD）、人口死亡率（MO）、最终消费率（FC）四个变量作为内生解释变量的工具变量，再剔除人口死亡率（MO）、最终消费率（FC）仅保存长途光缆线路长度（LD）、交通事故死亡人数（TD）作为工具变量，分两次进行过度识别检验，结果如表2-6所示。

表2-6　工具变量过度识别检验结果

原假设（H_0）	变量	卡方统计值	伴随概率	检验结果
所有工具变量均外生	LD,TD,MO,FC	52.1928	0.0000	拒绝原假设
	LD,TD	1.13708	0.2863	接受原假设

从上表结果可以发现，包含全部工具变量的过度识别检验卡方统计值为52.1928（P值为0.0000），从而强烈拒绝了"所有工具变量均外生"的原假设，这表明其中部分工具变量不合格，不具备外生性。

由于人口死亡率（MO）、最终消费率（FC）不是外生的，因为其服从卡方分布的C统计量③为50.946（P值为0.0000），强烈拒绝了"满足外生性"的原假设。所以，笔者剔除人口死亡率（MO）、最终消费率（FC），仅针对长途光缆线路长度（LD）、交通事故死亡人数（TD）再次进行过度识别检验，表2-6显示卡方统计值为1.13708（0.2863），其结果接受了原假设，通过了外生性检验。

（二）弱工具变量检验

弱工具变量意味着工具变量中仅包含很少与内生解释变量相关的信息，利用这部分信息进行的工具变量法估计结果就不准确，即使样本容量很大也很难收敛到真实的参数值④。据此，尼尔森和施塔茨（Nelson and Startz,1990）研究证实"弱工具变量"会导致 IV 估计量的方差在有限样本下存在严重偏误；施泰格和斯托克（Staiger and Stock,1997）比较系统地研究了"弱工具变量"问题，提出了"弱工具变量"的渐进理论。

---

① 作为一种矩估计，根据是否满足阶条件工具变量法可分为工具变量个数小于、等于和大于内生解释变量个数三种情况，分别被称为不可识别、恰好识别和过度识别。此处，工具变量个数显然大于内生解释变量个数，故需要进行过度识别检验。

② 如果工具变量与内生变量的相关性很弱，一般就被称为存在"弱工具变量问题"。

③ C统计量，也称为"GMM距离（GMM distance）"统计量或"Sargan差"（difference-in-Sargan）统计量，因为它其实是两个 GMM 估计的 Sargan-Hansen 统计量之差。

④ 陈强.高级计量经济学及 Stata 应用[M].2 版.北京：高等教育出版社,2014:142.

一般情况下，判断是否存在弱工具变量可以通过"偏测定系数（partial R^2）或 Shea's 偏测定系数"[1]、"F 拇指规则（rule of thumb）或最小特征值统计量（minimum eigenvalue statistic）"[2]、"Cragg-Donald Wald F 统计量"和"Kleibergen-Paap Wald rk F 统计量"[3]等四种方法来检验。由于回归模型只有一个内生解释变量，故没有必要考察 Shea's 偏测定系数和最小特征值统计量的大小。为了使弱工具变量检验更为可靠和稳健，笔者采取 F 拇指规则、Cragg-Donald Wald F 统计量、Kleibergen-Paap Wald rk F 统计量对弱工具变量问题予以联合检验，具体结果如表 2-7 所示。

表 2-7　弱工具变量检验

原假设	方法 1		方法 2		方法 3		结果
存在弱工具变量	F 统计值	P 值	Cragg-Donald Wald F 统计值	临界值（10%）	Kleibergen-Paap Wald rk F 统计值	临界值（10%）	拒绝原假设
	110.973	0.0000	78.963	19.93	110.973	19.93	

在两阶段最小二乘法（2SLS）回归估计中，由于第一阶段的 F 统计量随着样本容量的增大而趋于无穷，因此，较低的 F 值说明该工具变量不足以解释内生变量，传统的渐近理论不再合适[4]。不难发现，虽然经修正的 Shea's 偏测定系数只有 0.2483，但 F 统计量大于 10，依据经验规则，可拒绝"存在弱工具变量"的原假设；同时，Cragg-Donald Wald F 统计值、Kleibergen-Paap Wald rk F 统计值分别为 78.963、110.973，均大于 10% 偏误下的临界值 19.93，也都拒绝了原假设。从而，笔者有理由认为回归模型不存在弱工具变量。

三、基于 2SLS 的基准回归

（一）2SLS 回归与稳健性检验

基于上述模型，笔者采用 Stata17.0 软件对网络零售发展的动因进行了 2SLS 回归分析，经整理，有关系数估计值等结果如表 2-8 模型 Ⅳ 所示。显而易

---

① 偏测定系数（partial R^2）旨在滤去内生解释变量影响，一般适用于单个内生解释变量。Shea(1997)将其推广到多个内生变量的情形，一般称之为"Shea's partial R^2"。

② 拇指规则也称经验规则或大拇指规则；最小特征值统计量（minimum eigenvalue statistic）一般仅适用于多个内生解释产量模型弱工具变量检验（Stock and Yogo，2005）。

③ Cragg-Donald Wald F 统计量假设扰动项为独立同方差（iid），Kleibergen-Paap Wald rk F 统计量不作此假设，两者临界值均源于 Stock 和 Yogo(2005)研究成果。

④ 传统的渐近理论一般假定简化型方程中工具变量的系数矩阵是固定且非零的，参见：胡毅.GMM 估计矩条件的选取方法及其应用[M].北京：经济科学出版社，2016：10-11.

见,互联网普及率、物流效率、人均 GDP、人口出生率、社会消费品零售总额都在 1% 的置信水平上显著促进网络零售的发展。

值得重点讨论的是,在球型扰动项的假定下,固然 2SLS 是最有效率的[①],但如果随机扰动项存在异方差或自相关,广义矩估计(Generalized Method of Moments,GMM)通常比 2SLS 估计更加有效[②]。也就是说,基于模型Ⅳ的系数估计值可能是有偏的,为了验证 2SLS 估计是否稳健,分别使用对弱工具变量更不敏感的有限信息最大似然法(LIML)[③]、广义矩估计(GMM)与迭代广义矩估计(iterative GMM)进一步予以估计。表 2-8 所报告的回归结果显示,基于 LIML、GMM 和迭代 GMM 三种不同方法的系数估计值与 2SLS 估计相差无几,可见 2SLS 估计的结果较为稳健,也确实不存在弱工具变量问题,所构建的模型富有解释力。

表 2-8　2SLS 回归估计及稳健性检验

序号	模型Ⅳ	模型Ⅴ	模型Ⅵ	模型Ⅶ
估计方法	两阶段最小二乘法(2SLS)	有限信息最大似然法(LIML)	广义矩估计(GMM)	迭代广义矩估计(IGMM)
变量	lnER	lnER	lnER	lnER
IP	0.34779*** (3.0279)	0.34771*** (3.0210)	0.32022*** (2.8396)	0.31874*** (2.8253)
LE	0.40701*** (3.6544)	0.41240*** (3.6708)	0.38584*** (3.5440)	0.38495*** (3.5372)
PG	0.76710*** (4.7385)	0.76935*** (4.7427)	0.79450*** (4.9375)	0.79642*** (4.9481)
BI	0.75695*** (4.4932)	0.75425*** (4.4604)	0.80633*** (4.9577)	0.80821*** (4.9680)
TR	0.59030*** (4.5274)	0.58416*** (4.4403)	0.61153*** (4.7705)	0.61242*** (4.7791)

---

① 陈强.高级计量经济学及 Stata 应用[M].2 版.北京:高等教育出版社,2014:140.

② 1982 年美国经济学家拉尔斯·彼得·汉森(Lars Peter Hansen)首次将广义矩估计(GMM)引入计量经济学,并因此获得 2013 年诺贝尔经济学奖。由于 GMM 估计允许扰动项存在异方差和序列相关,所以其参数估计量比其他方法一般更有效。

③ 计量经济学家一般认为,如果存在弱工具变量,LIML 估计有效性可能优于 2SLS。

续表

序号	模型 Ⅳ	模型 Ⅴ	模型 Ⅵ	模型 Ⅶ
常数项	−8.23354*** (−3.9426)	−8.23279*** (−3.9344)	−8.72131*** (−4.2329)	−8.74952*** (−4.2444)
样本容量	465	465	465	465
测定系数(R^2)	0.900	0.899	0.901	0.901
修正测定系数 (Adj-R^2)	0.898	0.898	0.900	0.900

注：***、** 和 * 分别为 1%、5% 和 10% 的显著性水平,回归系数下方括号内的数值为相应的 t 统计值。全书同此。

(二)计量结果分析与讨论

为了系统研究我国网络零售发展的根本动因,本章选取省际面板数据,逐步发现内生解释变量和有效工具变量,渐次运用混合普通最小二乘法(POLS)、两阶段最小二乘法(2SLS)等不同方法进行了回归估计,并基于有限信息最大似然法、广义矩估计、迭代广义矩估计进行稳健性检验。基于表 2-8 的回归结果,笔者对计量分析予以小结如下:

其一,面板数据 2SLS 回归模型具有较好的解释力,模型拟合度较高,调整后的测定系数(Adj-R^2)达到 0.898,所有系数估计值均很显著,且均通过了稳健性检验。所有变量的变化方向均符合最初预期,模型所蕴含的经济含义与逻辑较为明晰,基本符合经济发展事实。

其二,回归估计模型存在比较明显的内生性问题。换句话说,即网络零售的发展和社会消费能力之间存在双向因果关系:一方面,消费能力是扩大网络零售规模的必要条件,没有消费能力的提升,网络零售的发展就失去经济基础;另一方面,网络零售发展引致的一系列新型零售模式、零售渠道或零售业态也促进了消费能力特别是潜在能力的提升。尽管引入社会消费品零售额作为消费能力的代理变量,但仍然难以完全消除测量误差,从而在一定程度上弱化了回归估计的渐近效率。

其三,为了避免过多矩条件引致回归估计的小样本偏误①,设法舍弃了疑似工具变量,成功发现了长途光缆线路长度和交通事故死亡人数等两个较具科学性的工具变量,并基于 2SLS 模型应用工具变量法合理解决了内生性问题。这意味着,长途光缆线路长度和交通事故死亡人数通过社会消费品零售额这一唯

---

① 当工具变量个数逐渐增多时,工具变量与内生变量之间的相关性会随着工具变量数目的增多而逐渐下降(胡毅,2016)。

一渠道对网络零售规模的变动产生了间接的积极影响。换句话说,互联网基础设施开发水平和交通运输安全水平通过影响消费能力从而影响网络零售的发展。

第五节　关于网络零售的若干建议

基于前文分析,可得出如下结论:其一,从长期来看,我国网络零售业发展与互联网渗透水平、物流效率之间存在较为稳定的均衡关系。互联网渗透水平的提高显著地促进了网络零售增长,而物流效率对于网络零售发展产生的积极影响尚未充分显现。其二,从动态影响角度看,无论是互联网渗透水平还是物流效率,都会将其所受到的外部冲击传递至网络零售系统,进而产生积极的促进作用;但是,网络零售的发展对互联网渗透水平的脉冲响应较之物流效率更为敏感。其三,互联网渗透水平的贡献率远远超过物流效率的贡献率,前者对网络零售发展的影响较之后者更为显著。从目前来看,互联网渗透水平是推动网络零售发展的重要因素,电子商务物流的发展仍有巨大空间。其四,在消费能力有限约束下,互联网普及率、物流效率、人均 GDP、人口出生率等因素的耦合机制与交互作用显著驱动了我国网络零售业的蓬勃发展,互联网渗透、现代物流发展、人均收入乃至人口增长水平的变化可以稳健地解释网络零售规模的变动。同时,互联网基础设施与交通运输安全因素通过消费能力对网络零售产生了不可忽视的作用。结合上述结论,聚焦中国网络零售业高质量发展,笔者试图提出如下政策建议。

第一,进一步加强零售业网络基础设施建设。电子商务的可持续发展通常必须基于优越的网络条件,伴随网络通信技术进步,我国电子商务交易规模不断扩大,第三方支付比重大幅提升,网络零售业逐渐呈现良好的增长势头,但与流通强国相比,网络基础设施条件仍然存在较大差距。不难看出,虽然我国互联网基础设施发展水平已经显著提高,但在国际上仍处于劣势地位。从长期而言,一方面,我国有必要继续加大互联网基础设施建设投入,提高网络传输效率,提升网络服务水平;另一方面,继续加强对信息技术产业的支持,努力健全与网络零售相关的互联网基础设施开发体系,从而大力降低交易成本、改善交易效率、提升零售服务国际竞争力。

第二,进一步提高互联网渗透率和网络零售技术研发水平。一般而言,网络渗透率越高,网络零售发展的前景越广阔。我国互联网普及率正大幅度提高,但网络零售优势的充分发挥不仅取决于网络普及水平,更取决于互联网渗透水平的高低。当务之急,我国必须努力挖掘互联网潜力,提升互联网渗透水平,优化网络零售消费结构,提升网络零售消费质量。另外,政府部门应当从安全认证、数据监测、电子支付、物流追踪等多个层面引导和鼓励企业,以市场需求为导向加强网络零售技术自主创新,从而促进网络零售业可持续发展。

第三,加快完善电子商务物流与配送体系,逐步提升网络零售绩效。相关经验表明,网络零售的健康发展必须依托较为发达的交通运输体系和高效的物流配送系统。毋庸置疑,公路与铁路运输基础环境的改善为物流配送注入了巨大活力。近年来,我国网络零售业交易规模的扩大不仅源于网络信息技术的风口效应,同时也受益于逐步改进的交通运输条件。另外,现代电子商务和网络零售的持续发展还离不开高效的物流配送系统。目前,我国网络零售发展的支撑环境日趋改善,庞大的消费需求蕴涵着巨大的网络零售发展潜力,但物流效率在一定程度上制约了网络零售的可持续发展。因此,各级政府与物流管理部门有必要强化网络零售规制,优化网络零售业营商环境,提升网络零售供应链集成水平,合理应用区块链技术深入挖掘互联网与物联网潜能,进而促进网络零售业物流体系向网络化、数字化、智慧化与智能化方向健康发展,促使网络零售逐步发展成为实体经济体系分销渠道转型升级的重要途径。

第四,逐步优化网络零售规制体系与相关制度安排。互联网交易的虚拟性、交互性可能会衍生信用风险、网络风险、道德风险,从而扰乱商品流通市场秩序、恶化市场竞争结构,交易成本大幅上升,给监管部门带来一定困难。因此政府部门和相关机构有必要尽快完善网络零售规制体系,营造良好的网络交易环境。首先,构建一套适应网络零售发展,涵盖网络信息安全、金融监管、税收监管、电子支付、知识产权保护、贸易争端等的法制体系,规范网络零售商及利益相关者行为;其次,在加强国内网络零售规制的同时,应积极鼓励开展国际间的互联网交易机制磋商与合作,占据跨境电子商务规则制高点,谋求数字贸易话语权,力争为我国网络零售商嵌入全球价值链和全球供应网络提供坚实基础和有力保障。

第三章　电子商务与中国商品市场分割[1]

电子商务通过降低交易成本、促进落后地区参与分工,对商品市场分割产生了显著的影响。本章试图构建一个简单的电子商务的商品市场整合效应理论框架,并运用系统广义矩估计(SGMM)检验了理论假说。研究发现:电子商务发展水平的提升有助于抑制中国国内商品市场分割,进而促进商品市场整合;电子商务的商品市场整合效应具有明显的空间异质性和时间异质性,东部地区相对较弱,中部地区并不显著,西部地区相对较强;金融危机发生前,电子商务发展对商品市场分割的影响并不显著,金融危机的冲击可能在一定程度上强化了电子商务的商品市场整合效应。因而,有必要加强电子商务基础设施战略互信机制,提高电子商务信息技术投入效率,完善电子商务规制。

第一节　缘　起

随着区域经济一体化与现代化进程加快,中国商品市场不断呈现整合趋势,但由于财政分权和地方政府行政干预等因素所诱致的商品市场分割依然存在。高度整合的国内市场有利于形成充分竞争的市场环境和发挥超大规模市场优势。因此,打破区域贸易壁垒,消除商品市场分割十分必要。在一定程度上,以互联网和大数据技术为基础的电子商务有利于弱化时空边界、节约交易成本,为跨越贸易壁垒和消除商品市场分割提供了可能。根据国家统计局数据显示,2022 年,中国电子商务交易额高达 43.83 万亿元[2],按可比口径计算,比上年增长 3.5%,位居世界前列。伴随数字经济深入发展,电子商务业态与商业模式不断迭代创新,即时电商、直播电商等新型电子商务快速兴起,电子商务与传统产业融合进一步加快了全国商品市场的整合。但是,一些特征事实显示电子商务发展抑或诱致市场碎片化风险,从而加剧市场分割,不利于统一大市场

---

[1]　研究生詹娜在本章数据搜集及计量分析等方面承担了些许研究工作,笔者对部分内容进行了删节、修改与进一步完善。

[2]　中国国家统计局. 中华人民共和国 2022 年国民经济和社会发展统计公报[EB/OL]. (2023-02-28)[2024-01-01]. http://www.stats.gov.cn/sj/zxfb/202302.

的形成和区域经济协调发展。电子商务是加剧了商品市场分割还是促进了商品市场的整合？经济学家要准确回答这一问题存在一定困难，这如同一块硬币的正反面。

学术界对中国商品市场分割动因的早期研究多聚焦于政府因素，主要涵盖地方保护主义（白重恩等，2004）、财政分权（范子英、张军，2010）、国有化程度（刘瑞明，2012）、政府官员晋升机制（付强和乔岳，2011）、司法独立（陈刚和李树，2013）等因素导致的市场分割。随着中国电子商务的迅速发展，电子商务的市场分割或一体化效应受到学者们的广泛关注。现有的研究主要呈现两种思路，一是基于交易成本理论分析电子商务对交易成本的影响，进而研究电子商务对市场一体化的影响。一方面，电子商务具有降低搜寻成本、运输成本的作用（Brown and Goolsbee，2000；王钟庄，2007；罗珉，2015；陈伟，2016），这可能会有助于促进一体化市场的进程；另一方面，文化距离、制度距离也可能导致交易成本上升的风险（Ellison et al.，2006；李元旭和罗佳，2017；Duch-Brown et al，2017），从而不利于市场整合（谢莉娟和张昊，2015）。二是运用引力模型研究电子商务对边界效应的影响（Martens and Turlea，2012；李秦等，2014），对线上贸易和线下贸易予以比较分析，进而解释电子商务影响市场一体化的逻辑。基于上述分析可以发现，关于市场分割成因、电子商务微观效应的研究颇多，但从电子商务维度对商品市场分割的研究，尤其是理论分析与实证分析相结合的研究较为有限。

第二节　电子商务与商品市场分割的数理分析

笔者借鉴两期模型（陆铭等，2004；范子英和张军，2010；范欣等，2017），试图将电子商务引入地方政府的分工决策中，运用跨期分工决策模型就电子商务对国内商品市场分割的影响进行数理推导。

一、基于跨期选择的理论假说

在一定程度上，国内商品市场分割的实质是各地区游离于区域分工体系之外独自进行商品生产和消费的客观体现（陆铭等，2004）。当一个地区实现了跨期最优选择，现期决策与未来决策的组合往往能够实现效用最大化。基于跨期选择理论的基本思想，跨期选择意味着各地区的行为策略不是基于同一时期，而是基于多个时期考虑下的行为抉择。一般而言，发达地区凭借其在知识技术密集型产业上的比较优势，创新能力较强，技术进步较快，进而在区域分工中获取市场势力，在利益分配中占据优势地位；落后地区在高新技术产业上缺乏比较优势，创新能力较弱，技术进步较慢，进而难以融入区域分工体系，因此往往会失去现期分工的收益,但却会因此提升自身在区域未来分工收益分配中的谈判"筹码",并进一步实施战略性市场分割。不难理解,在特定条件下,落后地区的这种行为策略虽然短期内对自身有利,但通常会损失资源配置效率、减少社会总福利,进而加剧国内商品市场分割。由于电子商务在一定程度上有利于降低交易成本,促进落后地区参与区域分工,因此,提升电子商务水平可能会促使落后地区放弃市场分割策略,推进商品市场整合。鉴于此,可提出如下理论假说。

理论假说 1:电子商务发展有助于促进落后地区参与区域分工。

理论假说 2:电子商务发展水平的提升有助于抑制国内商品市场分割。

二、跨期分工决策模型

假设某国有两个地区、两个部门,两个地区分别为经济相对发达地区 Ⅰ 和经济相对落后地区 Ⅱ,两个部门分别为较高技术生产部门 g 和较低技术生产部门 d,"干中学"效应仅存在于 g 部门。为简化模型,笔者假设两个地区的即期效用函数是一致的,即 $U = C^g + C^{d①}$,其中,C^g 和 C^d 分别表示对高技术商品的消费和对低技术商品的消费。假设只考虑劳动力要素的投入,并将其标准化为 1。由于笔者仅研究电子商务与商品市场分割,所以假设劳动力要素不存在跨区域流动,即各地区投入的劳动力要素全部用于本地区生产。假设 Ⅰ 地区 g 部门的初始技术为 α,技术进步速度为 β,两个地区在 d 部门的初始技术都为 1,且不存在技术进步。进而,分两种情境对跨期分工决策进行数理推导。

(一)不考虑电子商务情境下的跨期分工决策

为了简化模型,假设各地区商品的消费量等于其生产量,市场处于非整合状态。同时,假设 d 部门存在规模报酬不变,生产函数是投入时间的线性函数,时间是唯一的投入品,体现时间偏好的时间贴现因子为 1。用 1、2 表示决策第 1 期和决策第 2 期,用大写字母和小写字母分别表征 Ⅰ 地区、Ⅱ 地区的相关变量和参数,如 F 表示 Ⅰ 地区的产出,f 表示 Ⅱ 地区的产出。T_1、T_2(t_1、t_2)分别表示两期中分配给 g 部门的时间。在不考虑电子商务情境下,Ⅱ 地区的两期产出函数如下:

$$\begin{cases} c_1^g = f_1^g = t_1 \\ c_1^d = f_1^d = 1 - t_1 \\ c_2^d = f_2^d = 1 - t_2 \end{cases} \tag{3-1}$$

同时,Ⅱ 地区的最大化效用函数为:

---

① 该效用函数可以视为是柯布-道格拉斯效用函数的简化变式。

$$\begin{cases} \max\limits_{t_1,\,t_2} u = c_1^g \cdot c_1^d + c_2^g \cdot c_2^d \\ \text{s. t. } c_1^d + c_2^g = 1, \dfrac{c_2^d + c_2^g}{(1 + c_1^g)} = 1 \end{cases} \qquad (3\text{-}2)$$

根据该线性约束函数求导可得：

$$c_1 = \frac{5}{8}, c_2 = \frac{13}{16}, u = \frac{41}{64} \qquad (3\text{-}3)$$

同理，I 地区的最大化效用函数为：

$$\begin{cases} \max\limits_{T_1,\,T_2} U = C_1^G \cdot C_1^D + C_2^G \cdot C_2^D \\ \text{s. t. } C_1^D + \dfrac{C_1^G}{\alpha} = 1, C_2^D + \dfrac{C_2^G}{\left[\beta \mathrm{I}\left(1 + \dfrac{C_1^G}{\alpha}\right)\right]} = 1 \end{cases} \qquad (3\text{-}4)$$

依据线性规划对 I 的效用函数求导可得：

$$C_1 = \frac{\alpha}{2}\left(1 + \frac{\beta}{4}\right), C_2 = \frac{\beta\alpha}{2}\left(\frac{3}{2} + \frac{\beta}{8}\right), U = \frac{\alpha}{2}\left(1 + \frac{3\beta}{2} + \frac{\beta^2}{16}\right) \qquad (3\text{-}5)$$

基于上述推导，可以发现：在不考虑电子商务的情境下，不分工会使较落后的 II 地区在两期决策中获得的效用最大，因此，各地区完全依赖本地区各部门的劳动力资源和技术水平进行生产，商品市场分割是落后地区的理性选择。

（二）考虑电子商务情境下的跨期分工决策

为了简化模型，假设各地区商品的消费量不等于其生产量，市场大致处于整合状态，II 地区会将所有要素投入 d 部门，I 地区则会将全部要素投入技术相对较高的 g 部门。假设 I 地区高技术产品的相对价格为 $p(p>1)$，低技术产品的相对价格为 1。假设此时商品的跨区域流动受到地区之间运输成本的制约，如果用冰山运输成本表示 I、II 两地区之间的运输成本，即 1 单位商品仅有 $1/b$ 单位能够抵达目的地进行交易，其余部分成本会在运输途中损耗。

II 地区的效用最大化函数为：

$$\max\limits_{t_1,\,t_2} u = c_1^g \cdot c_1^d + c_2^g \cdot c_2^d$$
$$\text{s. t. } c_1^d + bPc_1^g = 1, c_2^d + bPc_2^g = 1 \qquad (3\text{-}6)$$

分别对其求导可得：

$$c_1^g = c_2^g = u = \frac{1}{2bP} \qquad (3\text{-}7)$$

同理，对 I 地区的效用最大化函数求导可得：

$$C_1^G = \frac{\alpha}{2}, \quad C_2^G = \frac{\beta\alpha}{2}, \quad U = \frac{\alpha^2 P(1 + \beta^2)}{4b} \qquad (3\text{-}8)$$

在静态分工条件下，II 地区的两期收益会降低，因此要满足以下条件：

$$\frac{1}{2bP} \leqslant \frac{41}{64} \qquad (3\text{-}9)$$

根据式(3-9)可以发现,商品市场的分割受到地理距离和高技术产品相对价格的影响,当地理距离越远、高技术产品的相对价格越大时,相对落后的Ⅱ地区为了实现跨期最大化收益,其商品市场越可能处于分割状态。当政府将电子商务纳入决策时,电子商务发展通常能够在一定程度上降低交易成本,提高Ⅱ地区参与分工的收益。换言之,发展电子商务带来的效用为:

$$U^* = \frac{1}{2bP} + U = \frac{1}{2bP} + \theta U^{EC} \qquad (3\text{-}10)$$

式中,U^* 表示Ⅱ地区发展电子商务后可能获得的总效用,θ 表示该地区实行的政策倾向,$\theta=0$ 表征该地区实行分割策略,$\theta=1$ 表征该地区参与分工,U^{EC} 表征发展电子商务为落后地区带来的效用。比较式(3-3)、式(3-5)、式(3-7)、式(3-8)可知,在不考虑电子商务的情形下,分割决策有利于落后的Ⅱ地区实现跨期效用最大化,因此会导致商品市场存在一定程度的分割。而当发展电子商务时,由于电子商务的发展有利于降低交易成本,促使Ⅰ地区和Ⅱ地区都做出参与区域分工的决策,因而,电子商务发展的效用应满足以下形式:

$$\frac{41}{64} - \frac{1}{2bP} \leqslant U^{EC} \leqslant \frac{\alpha^2 P}{4}(1+\beta^2) - \frac{\alpha}{4}\left(1 + \frac{3\beta}{2} + \frac{\beta^2}{16}\right) \qquad (3\text{-}11)$$

由式(3-11)可以发现,无论一个地区经济发展水平如何,电子商务的发展将影响商品的运输条件和相对价格,进而影响商品市场的分割程度。以上数理推导在一定程度上验证了前文提出的理论假说,即电子商务发展有助于促进落后地区参与区域分工,进而抑制国内商品市场分割。

第三节　实证研究设计

一、模型设定

基于前文数理分析,并结合豪斯曼(Hausman)检验[①],笔者以中国商品市场分割指数为被解释变量,以电子商务指数为核心解释变量,再加入地区层面的控制变量,进而构建面板数据双向固定效应(FE)模型,就电子商务对商品市场分割的影响进行基础回归估计,其模型如下。

$$\text{MSEG}_{it} = \beta_0 + \beta_1 \text{EC}_{it} + \sum_{n=2}^{m} \beta^n \text{Control}_{it}^{n-1} + \omega_i + \eta_t + \mu_{it} \qquad (3\text{-}12)$$

[①]　为了判断是否适合采用固定效应(FE)模型进行面板数据回归估计,有必要进行Hausman 检验。由于该检验结果显示,卡方统计值(69.44)的伴随概率小于 0.01,这表明在1%的显著性水平上拒绝了豪斯曼检验的原假设,从而适合采用 FE 模型进行基准回归。

式中，$MSEG_{it}$ 为 t 年 i 省份的商品市场分割指数，表征商品市场分割程度；EC_{it} 为 t 年 i 省份的电子商务指数，表征电子商务发展水平；β_0 与 β_1 为截距项和核心解释变量回归系数；$Control_{it}^{n-1}$ 和 β^n 分别表示地区层面的五个控制变量及其对应回归系数，其中，"$n-1$"表示地区层面控制变量的个数，$n=2,3,\cdots,m$，且 $m=6$，同时，控制变量具体包括外贸依存度（OP）、国有化程度（ND）、财政分权（FD）、基础设施（IF）、地方政府规模（GC）；ω_i、η_t 分别表示个体（省份）固定效应和时间固定效应[①]，μ_{it} 为扰动项[②]。

值得注意的是，商品市场分割往往具有持续性（白重恩等，2004；范欣等，2017），即当期商品市场分割程度会受制于前期市场分割程度的影响，而且市场主体对商品供求信息的掌握存在时滞，因此，有必要充分考虑电子商务对商品市场分割的动态影响。鉴于此，在式（3-12）的基础上引入被解释变量的滞后项以反映动态滞后效应，并进行基准回归，预设模型为：

$$MSEG_{it} = \beta_0 + \beta_1 MSEG_{i,t-1} + \beta_2 EC_{it} + \sum_{n=3}^{m} \beta^n Control_{it}^{n-1} + \omega_i + \eta_t + \mu_{it}$$

$$(3\text{-}13)$$

式中，β_1、β_2 分别为被解释变量滞后一期和核心解释变量的回归系数，$n=3,4,\cdots,m$，且 $m=7$，其余符号同式（3-12）。

二、变量处理

（一）商品市场分割指数的测度

受"冰川成本"模型（Samuelson，1954）和"一价定律"[③]启迪，基于"时间—地区—种类"三维面板数据，笔者运用全局参比的相对价格方差法（Parsley and Wei，2001）[④]对被解释变量商品市场分割指数（MSEG）予以测算，该指数与商品

---

① 事实上更应该注意时间层面的不可观测因素对结果造成的干扰，但除非样本中行业的时间频繁发生变化，否则加入个体固定效应足以吸收掉大部分的时间层面的不可观测的因素。为此，笔者也在模型中加入了时间固定效应，但发现其对回归结果的影响不够显著，所以本文没有加入时间固定效应。

② 扰动项即随机干扰项，也称随机误差项，一般包括未知影响因素、残缺数据、数据观察误差、模型设定误差及变量内在随机性。

③ 由于运输成本会导致部分商品价值在运输过程中像冰川一样融化掉，因而即使完全套利，两个地区同种商品的价格也不会绝对相等，相对价格方差会在一定区间内波动。若其波动范围扩大，两地间的贸易壁垒会提高，商品市场趋于分割；反之，若其波动范围收敛，商品市场分割渐趋弱化。

④ 全局参比法是相对相邻参比法而言，指的是将所选取的全国 31 个省份两两组成一对，求取相对价格方差。相邻参比法是仅将邻省组成一对，求取相对价格方差。

市场分割程度成正比。具体步骤如下：

第一步，求取两两地区的商品零售价格比的自然对数，并计算相对价格的绝对值，具体公式为：

$$|\Delta Q_{ijt}^k| = \ln\left(\frac{\mathrm{PI}_{it}^k}{\mathrm{PI}_{jt}^k}\right) - \ln\left(\frac{\mathrm{PI}_{it}^{k-1}}{\mathrm{PI}_{jt}^{k-1}}\right) = \ln\left(\frac{\mathrm{PI}_{it}^k}{\mathrm{PI}_{it}^{k-1}}\right) - \ln\left(\frac{\mathrm{PI}_{jt}^k}{\mathrm{PI}_{jt}^{k-1}}\right) \tag{3-14}$$

其中，PI 为商品零售价格的指数，i，j 为地区，t 为年份，k 为商品种类。

第二步，采用去均值法消除与特定商品相联系的固定效应引致的系统偏误，以避免高估地区间的贸易壁垒。

$$q_{ijt}^k = |\Delta Q_{ijt}^k| - \overline{|\Delta Q_t^k|} \tag{3-15}$$

第三步，计算相对价格方差[1]，具体公式为：

$$\mathrm{Var}(|\Delta q_{ijt}^k|) = \mathrm{Var}(|\Delta Q_{ijt}^k|) - |\Delta Q_t^k| \tag{3-16}$$

第四步，将该地区与全国其他地区的方差相结合，分别求取每个地区当年的相对价格方差均值，进而得到各地区当年的商品市场分割指数，即：

$$\mathrm{MSEG}_{it} = \overline{\mathrm{Var}(\Delta q_{ijt}^k)} \tag{3-17}$$

(二)电子商务指数的测度

学术界对于电子商务发展水平的测度既有学者采用单一指标(茹玉骢和李燕，2014；温珺等，2015；邵宇佳和马淑琴，2017；孙浦阳等，2017)，也有学者运用多指标体系(张蕊，2001；黄京华等，2004；屠建平和杨雪，2013；杨坚争等，2014；汤英汉，2015；浩飞龙等，2016)。尽管单一指标具有可得性强、直观等优点，但往往在一定程度上会导致测度结果的偏差。鉴于电子商务数据的可获得性与多样性，笔者借鉴 OECD[2]、清华大学电子商务交易技术国家工程实验室[3]的方法，分别从基础设施、运营绩效、人力资本、发展潜力四个维度构建电子商务评价指标体系。其中，基础设施涵盖两个二级指标：移动电话用户数量(万户)，信息传输、计算机和软件业全社会固定资产投资(亿元)；运营绩效涵盖两个二级指标：快递业务量(万件)，互联网上网人数(万人)；人力资本涵盖两个二级指标：信息传输、计算机和软件业就业人数(人)，信息传输、计算机和软件业平均工资(元)；发展潜力涵盖两个二级指标：人均 GDP(元/人)，专利授权数(项)。为了规避多指标信息重叠的缺陷，笔者运用 SPSS19.0 软件排除指标缺失值，并

---

① 相对价格方差可以反映商品市场分割所导致的套利区间的大小，其值越大套利区间越大。

② OECD. Measuring Electronic Commerce：International Trade in Software[J]. OECD Digital Economy Papers，1998.

③ http://www.nelect.org/。

参照吴华刚(2014)等学者的做法,采用主成分分析①方法测算出电子商务指数(EC),该指数的值越大,电子商务发展水平越高。

具体测算步骤如下:第一步,参照任娟(2013)的方法对多维面板数据进行降维,并选用 Z-score 标准化法对数据进行标准化处理;第二步,进行因子分析适用性检验②,结果显示所有指标的 KMO 值为 0.835,同时 Bartlett 球形检验的 P 值小于 0.5,可见适合进行因子分析;第三步,参照吴殿廷、吴迪(2015)、段禄峰、唐文文(2016)的做法,确定主成分个数并求解其方差贡献率和特征值;第四步,根据成分矩阵计算各主成分的特征向量,并据此求解主成分值;最后,将各特征值的方差贡献率作为主成分的权重计算综合得分,即可得到电子商务指数。

(三)控制变量的选取

鉴于已有文献的研究结果显示,外贸依存度(陈敏等,2007;邓明,2014)、国有化程度(刘瑞明,2012;郭勇,2013)、财政分权(范子军和张英,2010;刘小勇,2012)、基础设施(谢莉娟和张昊,2015)、地方政府规模等因素对商品市场分割均会产生重要影响,因此,笔者选取这些变量作为控制变量,具体而言:外贸依存度(OP),以货物进出口总额占国内生产总值的比重予以表征;国有化程度(ND),以国有企业职工数量占职工总数量的比例予以表征,一般地说,国有化程度越高,地方政府面临的地区隐性失业压力越大,进而越倾向于实施市场分割策略以保护地方就业;财政分权(FD),以地区人均财政支出占全国人均财政支出的比重予以表征,通常情况下,财政分权程度越高,地方政府越倾向于实施地方保护;基础设施(IF),以各省等级公路里程、铁路营业里程及内河航运里程三者之和占其土地面积的比重予以表征,理论上,基础设施的完善有利于提高交通便利化,弱化地理距离导致的商品市场分割;地方政府规模(GC),以地方一般预算财政支出与该地区国内生产总值的比重予以表征,政府规模越大越有利于促进商品市场整合。

三、数据说明

本章以电子商务对商品市场分割的影响为研究对象,考虑到数据的可得性与匹配性,笔者综合考虑《中国统计年鉴》《中国信息年鉴》《中国劳动统计年鉴》

---

① 主成分分析法的优点在于可用较少的变量代替原来较多的变量,但通常并不损失原有的信息(时立文,2012)。

② "因子分析适用性检验"旨在检验所构建的指标是否适合进行主成分分析。根据该检验,笔者在剔除冗余指标的基础上选取了 8 个适应性指标,如表 3-1 所示。

《中国人口和就业统计年鉴》的统计口径差异,从省际层面对各变量数据进行了归并与整合,进而形成 2003—2015 年中国 31 个省级行政区[①]共计 403 个样本的平衡面板数据。

具体而言,用于测度被解释变量商品市场分割指数(MSEG)的原始数据源于《中国统计年鉴》的分地区商品零售价格分类指数,涵盖食品、饮料烟酒、化妆品、服装鞋帽、纺织品、日用品、中西药品及医疗保健用品、书报杂志及电子出版物、家用电器、文化办公用品、体育娱乐用品、家具、金银珠宝、交通通信用品、燃料、建筑材料及五金电料共 16 类商品,另外,为了便于观察和测度,笔者参照陆铭和陈钊(2009)的做法,将商品市场分割指数扩大 1000 倍;用于测算核心解释变量电子商务指数(EC)的基础数据源于《中国信息年鉴》及国家统计局公布的相关指标;控制变量外贸依存度(OP)的原始数据源于《中国统计年鉴》,国有化程度(ND)的原始数据源于《中国劳动统计年鉴》,财政分权(FD)的原始数据来源于《中国统计年鉴》与《中国人口和就业统计年鉴》,基础设施(IF)和地方政府规模(GC)的原始数据来源于《中国统计年鉴》。

第四节　电子商务与商品市场分割实证分析

一、基准回归估计

(一)SGMM 的逻辑

由于动态面板计量模型中加入了被解释变量的滞后项,从而有可能导致解释变量与随机扰动项相关,且模型具有横截面相依性。为了解决动态面板组内估计量不一致的问题,20 世纪 80 年代初以来,学者们通常将广义矩估计(GMM)[②]引入动态面板数据的研究。但是,广义矩估计通常会消除不随时间变化的变量,进而导致弱工具变量的出现。为了规避这一缺陷,20 世纪 90 年代

---

① 这里的 31 个省级行政区分别为:北京市、天津市、河北省、山西省、内蒙古自治区、辽宁省、吉林省、黑龙江省、上海市、江苏省、浙江省、安徽省、福建省、江西省、山东省、河南省、湖北省、湖南省、广东省、广西壮族自治区、海南省、重庆市、四川省、贵州省、云南省、西藏自治区、陕西省、甘肃省、青海省、宁夏回族自治区、新疆维吾尔自治区,由于数据可得性影响,不包括台湾省、香港特别行政区和澳门特别行政区。

② 广义矩估计(GMM)是矩估计方法的一般化,也称差分 GMM(Difference GMM),其基本思想是通过对原水平方程进行差分,使用变量滞后阶作为工具变量,并进一步形成相应的矩条件方程。

中后期,计量经济学家基于差分之前的水平方程提出水平广义矩估计(Level GMM),同时,为了增加更多有效工具变量,将差分广义矩估计和水平广义矩估计进一步整合起来,称为系统广义矩估计(System GMM,SGMM)[①],较差分广义矩估计而言,系统广义矩估计所使用的工具变量对模型的内生变量具有更好的预测性。Blundell 等(2000)的蒙特卡罗模拟研究证实,系统广义矩估计方法大大提高了估计的有效率和模型的解释力。值得注意的是,如果工具变量无效,则可能导致估计量有偏。一个有效的工具变量一般必须具备外生性(正交性)和相关性两个特性,即该变量既与扰动项不相关,又与内生解释变量相关。换言之,应用 SGMM 的前提在于扰动项不存在自相关及工具变量与个体效应无关,因此,有必要进行 AR(1)、AR(2)检验[②]以及 Sargan 检验,以保证工具变量的有效性。为此,笔者在固定效应估计的基础上,将商品市场分割的一阶滞后作为内生变量,以内生变量的滞后项作为工具变量,进行系统广义矩估计,并进行工具变量有效性检验。

(二)SGMM 的结果分析

首先,依据式(3-12)进行固定效应(FE)基础回归;其次,考虑到商品市场分割也会降低电子商务的物流效率,增加电子商务运营成本与搜索成本,即电子商务与商品市场分割之间存在一定程度的双向因果关系,从而导致回归模型存在内生性,鉴于此,有必要采用 SGMM,依据式(3-13)进行基准回归,并通过自相关检验和 Sargan 检验验证模型合理性和工具变量有效性。表 3-1 中第(1)列呈现了双向固定效应回归,第(2)列汇报了系统广义矩估计结果。

从表 3-1 可以发现,电子商务发展显著抑制了商品市场分割,国有化程度、财政分权、基础设施正向影响商品市场分割,地方政府规模负向影响商品市场分割,倘若不考虑动态滞后效应时,外贸依存度对商品市场分割的影响不显著,但引入被解释变量的一阶滞后项之后,外贸依存度的提高显著促进商品市场整合。值得注意的是,基础设施的改善显著加剧了市场分割,这一结果有悖于理论逻辑,可能是由于基础设施投资的时滞所导致。另外,从表 3-1 的第(2)列可见,一阶自相关检验结果为 0.0069,即存在一阶自相关;二阶自相关检验结果为 0.2441,即不存在二阶自相关,说明所设定的模型通过了自相关检验。同时,Sargan 检验卡方统计值的伴随概率为 0.9997,这显然无法拒绝原假设"所有工具变量均有效",说明所选取的工具变量是有效的。

---

① 系统广义矩估计的核心在于水平变量滞后项与差分项互为工具变量。

② AR(1)与 AR(2)检验重在考察差分方程的误差项是否存在一阶序列与二阶序列相关,系统 GMM 估计要求误差项不存在二阶序列相关,但允许存在一阶序列相关。

表 3-1　系统广义矩估计结果

被解释变量	（1）	（2）
MSEG	FE	SGMM
EC	−0.0361***	−0.0120***
	（−4.3663）	（−3.8316）
L.MSEG		0.3029***
		（16.1668）
OP	−0.1772	−0.0729**
	（−1.3668）	（−2.4902）
ND	0.5950***	0.7278***
	（4.8173）	（18.0871）
FD	0.0478*	0.1205***
	（1.7521）	（5.7901）
IF	0.2339***	0.2360***
	（5.0013）	（12.2550）
GC	−0.5601**	−0.4187***
	（−2.6810）	（−6.8320）
常数项	−0.0929	−0.3937***
	（−0.8135）	（−14.9795）
样本量	403	372
省份固定效应	是	否
时间固定效应	否	否
测定系数（R^2）	0.3190	
AR(1)检验 P 值		0.0069
AR(2)检验 P 值		0.2441
Sargan 检验 P 值		0.9997

二、稳健性检验

学者们一般采用替换变量、更换计量方法、剔除异常值等方法进行稳健性检验,考虑到剔除异常值可能会减少样本量,更换计量方法可能难以比较,笔者采取替换变量法进行稳健性检验。

首先,参照赵奇伟和熊性美(2009)、范欣等(2017)等人的做法,将测算商品市场分割的 16 类商品零售价格指数替换为 8 类[①]商品零售价格指数,进而得到新的被解释变量 $MSEG^n$,并据此进行 SGMM,如表 3-2 第(1)列所示。其次,采用地方本级人均财政支出占中央本级人均财政支出的比值表征新的财政分权(FD^n),再次,采用等级公路里程占全省土地面积的比值表征新的基础设施(IF^*),进而将原来的财政分权(FD)和基础设施(IF)替换为 FD^n 和 IF^n,最后,进行 SGMM,如表 3-2 第(2)列所示。从表 3-2 和表 3-1 第(2)列的对比可知,所有变量的系数符号基本一致,且系数差别较小,且两个回归模型均通过了自相关检验和工具变量有效性检验,因此可以认为 SGMM 的估计结果是稳健的。

表 3-2　稳健性检验结果

被解释变量	(1)	(2)
	SGMM	SGMM
	$MSEG^n$	$MSEG^n$
$L.MSEG^n$	0.3081*** (18.2308)	0.3679*** (27.5109)
EC	−0.0132*** (3.1429)	−0.0105*** (3.1818)
OP	−0.1851*** (4.5257)	0.0960*** (7.0073)
ND	0.6629*** (8.6995)	0.4751*** (8.8473)
FD	0.2461*** (7.0718)	
IF	0.1801*** (6.6704)	
GC	−0.7959*** (6.7392)	0.3109*** (3.4583)

①　具体包括粮食、服装鞋帽、饮料烟酒、文化体育用品、药品、书报杂志、日用品及燃料,学术界通常将此称为"经典 8 类"。

被解释变量	(1)	(2)
FD^n		-0.8469^{***} (5.8367)
IF^n		0.2211^{***} (7.4195)
常数项	-0.3282^{***} (5.2765)	0.3081^{***} (2.7050)
样本量	372	372
AR(1)检验 P 值	0.0014	0.0013
AR(2)检验 P 值	0.1085	0.1086
Sargan 检验 P 值	0.9996	0.9997

三、异质性分析

(一)空间异质性

由于区域经济发展差异,不同区域电子商务发展对商品市场分割的影响有所不同。因此,有必要将中国分为东部、中部、西部三大区域,进行分样本检验。表 3-3 的第(1)、(2)、(3)、(4)列分别显示了全样本和分东部、中部、西部三大区域的广义矩估计(GMM)结果。

表 3-3　区域异质性回归结果

被解释变量	(1)	(2)	(3)	(4)
MSEG	GMM-全样本	GMM-东部	GMM-中部	GMM-西部
EC	-0.0243^{***} (-3.8779)	-0.0274^{***} (-3.7642)	0.0016 (0.0921)	-0.0753^{***} (-4.1140)
OP	0.0872^{***} (2.7451)	0.0587 (1.4139)	-0.0440 (-0.1999)	-0.2094^{*} (-1.7015)
ND	0.2728^{***} (3.6628)	0.0537 (0.6755)	0.5470^{***} (3.7751)	0.5286^{***} (2.8992)

续表

被解释变量	(1)	(2)	(3)	(4)
FD	0.0819*** (2.9682)	0.0782* (1.8319)	0.0067 (0.0779)	0.1189*** (2.9831)
IF	0.0365* (1.8409)	0.0284 (0.8161)	0.0348 (1.0746)	0.2390*** (4.4344)
GC	−0.1294* (−1.7034)	−0.1057 (−0.4285)	−0.3283 (−1.3130)	−0.2451** (−2.5021)
常数项	−0.0008 (−0.0159)	0.1289* (2.1579)	−0.0694 (−0.6121)	−0.2251* (−1.7747)
样本量	372	132	96	144
测定系数(R^2)	0.2739	0.2969	0.3570	0.3440

对比表 3-1 的第(1)列和表 3-3 的第(1)列,发现电子商务发展水平仍然对中国商品市场分割具有显著抑制作用,但第(2)、(3)、(4)列显示各区域间存在明显异质性。东部地区电子商务发展对商品市场分割仍然存在显著的负向影响,但这一影响大于全样本的回归结果,这可能是由于东部地区凭借较高的经济发展水平和电子商务先发优势,不断提高电子商务物流效率,完善电子商务法律法规,拓展市场规模,挖掘资源配置潜力,进而提升了商品市场一体化程度;中部地区电子商务发展对商品市场分割的影响并不显著,这可能是由于样本量过少造成了估计结果偏误;西部地区回归结果与前文基准回归基本一致,但西部地区电子商务发展对商品市场分割的抑制作用更强,这主要是由于西部地区电子商务发展的后发优势所致。换言之,西部地区经济发展水平相对不够发达,电子商务发展相对滞后,依托经济整合与制度整合,积极发展电子商务有助于充分发挥当地比较优势,缩小地区发展差距,实现对发达地区的赶超,加快促进市场一体化进程。

(二)时间异质性

一些特征事实显示,中国商品市场分割程度在 2008 年有所上升,之后又呈现缓慢下降趋势,这说明金融危机可能在一定程度上引发了中国国内区际贸易壁垒提升,进而加重了商品市场分割。除了区域异质性,电子商务发展对商品市场分割的影响抑或存在时间异质性,因此,有必要分时段对时间异质性进行回归估计,结果如表 3-4 所示。

表 3-4　时间异质性回归结果

被解释变量	(1)	(2)	(3)
MSEG	GMM(全样本)	GMM(2003—2007)	GMM(2008—2015)
EC	−0.0243*** (−3.8779)	−0.0219 (−0.4826)	−0.0317*** (−3.9567)
OP	0.0872*** (2.7451)	0.0104 (0.1580)	0.1864*** (3.7285)
ND	0.2728*** (3.6628)	−0.0758 (−0.7840)	0.3221*** (4.2844)
FD	0.0819*** (2.9682)	0.0628* (1.8602)	0.0601** (1.9613)
IF	0.0365* (1.8409)	0.0281 (1.1019)	0.0291 (1.2637)
GC	−0.1294* (−1.7034)	0.5171* (1.9704)	−0.1881** (−2.4036)
常数项	−0.0008 (−0.0159)	0.1324* (1.8122)	−0.0101 (−0.1921)
样本量	372	124	217
测定系数(R^2)	0.2739	0.3590	0.3358

由表 3-4 可见,2008 年全球金融危机以前,电子商务发展对中国商品市场分割的影响并不显著;但 2008 年以后,电子商务发展显著抑制了中国商品市场分割。

第五节　关于市场分割的几点启示

为了考察电子商务对中国商品市场分割的影响,笔者将电子商务引入地方政府的分工决策中,运用跨期分工决策模型进行数理推导,采用多指标融合聚类和主成分分析测度电子商务发展水平,并运用修正后的全局相对价格方差法测算商品市场分割指数,进而基于全国 31 个省份 2003—2015 年的省际面板数据进行了系统广义矩估计,并进行了稳健性检验和异质性分析①。理论与实证分析显示:(1)电子商务与商品市场分割之间呈现显著的负向关系,即电子商务发展水平的提升有助于抑制中国国内商品市场分割,进而促进商品市场整合;(2)电子商务的商品市场整合效应具有明显的空间异质性,东部地区相对较弱,中部地区并不显著,西部地区相对较强,尽管西部地区电子商务发展水平较低,但其能够在较大程度上抑制商品市场分割,从而促进商品市场一体化;(3)电子商务的商品市场整合效应具有明显的时间异质性,金融危机发生前,电子商务发展对商品市场分割的影响并不显著,但 2008 年以后,金融危机的冲击可能在一定程度上强化了电子商务的商品市场整合效应。

无论从理论逻辑还是从现实逻辑来看,如何消除商品市场分割均是个复杂的问题,本章的理论与实证分析充其量仅从某个侧面分析了问题的动因,但距深入剖析问题的症结甚远。即便如此,笔者仍有必要提出如下政策启示:其一,加强电子商务基础设施战略互信机制。缺乏战略互信的电子商务基础设施建设未必能促进商品市场整合,甚至造成产业同构,进而加剧商品市场分割。因此,亟待构建区域间电子商务基础设施战略互信机制,兼顾不同地区比较优势,促进电子商务基础设施均衡发展,尤其是加强东部地区和西部地区、农村地区与城市地区电子商务基础设施建设的战略互信,提高落后地区电子商务发展水平,缩小电子商务基础设施发展差距。其二,提高电子商务信息技术投入效率。中国电子商务信息技术水平与交易规模呈现些许非对称性,这在一定程度上限制了电子商务的高质量发展。因此,应当加强新质电子商务信息技术的财政投入和政策支持,吸引高端电子商务技术人才集聚,占领电子商务信息技术高地,努力降低交易成本,通过产品创新、业态创新、商业模式创新激发市场潜力,加快商品和要素跨区域自由流动。其三,完善电子商务规制体系。目前,中国电子商务税收监管、价格歧视规制等政策工具亟待健全。政府相关部门应增强制度供给能力与创新动能,电子商务行业协会、大型电子商务平台等应共同探索现代电子商务治理,促进电子商务企业自愿规制意愿提升,消解线上线下商品市场分割。

---

① 由于电子商务与市场分割之间本质上是一种复杂的非线性关系,加上篇幅所限,本章没有习惯性地对基准回归进行机制检验,尽管如此,仍不会影响笔者对其基本变动趋势的判断,在后续研究者将进一步予以深化。

第四章　中国省际贸易边界效应变动的考量[①]

从理论上看,逐步弱化贸易边界,促进省际贸易可持续发展,有助于加快国内市场一体化进程,这一逻辑已在中国构建新发展格局的实践中得以体现。本章旨在基于数理推导阐释电子商务发展对区际贸易边界的影响机理,实证检验电子商务发展对中国省际贸易边界的影响机制。研究结果表明:电子商务发展显著抑制了省际贸易边界效应,进而加快了国内市场一体化进程;电子商务发展对省际贸易边界效应的抑制作用具有明显的空间异质性和时间异质性,经济发达地区和2008年金融危机之后的作用更明显。因此,亟需提升电子商务设施运营效率,加大电子商务信息技术研发投入,加强电子商务制度供给,依托高质量电子商务带动省际贸易协同发展。

第一节　关联研究理路

改革开放以来,虽然中国国内市场存在一定程度的分割(Young,2000;Poncet,2003;郑毓盛和李崇高,2003),但呈现明显的整合趋势((Naughton,1999;白重恩等,2004,2006;李善同等,2004,2006)。值得注意的是,考察市场一体化问题仅依赖定性分析是不够的,必须考虑运用何种方法予以测度。既有的文献关于市场一体化的测度主要包括生产法、价格法、经济周期法、问卷调查法与贸易流量法,这些方法各有所长,但大多数研究表明,由于区际贸易能够直接反映市场间要素流动的情况,所以倘若能够直接考察中国各省区之间的贸易量和贸易结构,将更有助于理解中国各区域市场间的一体化进程(行伟波、李善同,2009)。在用贸易流量法测度市场一体化水平时,许多研究表明国家或地区间"边界效应"(border effect)的大小反映了贸易壁垒(地区边界)导致市场分割的程度(McCallum,1995;Wei,1996;Engel,1996;Helliwell,1997,1998,2001),且不同学者得到的边界效应指数各不相同(Wolf,2000;Anderson and Winco-

---

① 本章部分内容已见于第六届香樟经济学论坛(杭州—温州),主要内容有删节、修改与完善,参会论文为《电子商务有利于提升国内市场一体化水平吗》,2018年12月22日,研究生汪婷在此文写作中承担了数据搜集及计量分析等些许前期工作。

op,2003;陈桦楠,2006;赵永亮等,2008,2009,2011;黄新飞等,2014)。从某种意义上看,边界效应的存在阻碍了跨区域社会、经济交流。

经济学家关于市场一体化动因的理解是多维度的,一些研究将地理距离、国家或地区边界等视为阻碍商品和要素自由流动的自然壁垒(Park,2003),另一些研究则倾向于强调财政分权(银温泉和才婉茹,2001;范子英,2010)、文化和制度(Carsten et al.,2010;范欣等,2017)、地区差距与政府行为(林毅夫、刘培林,2004;周黎安,2004;白重恩等,2006;陆铭,2007;金培振等,2015)以及战争或地缘冲突等因素对市场一体化进程的影响也不容忽视。不过,这些研究大多基于交易成本范式(关利欣等,2015),即认为自然和非自然的因素通过交易成本渠道影响了市场分割与整合。基于同样的逻辑,不能不说中国国内市场一体化水平受制于电子商务发展的事实,已在中国持续推动国内统一大市场建设的努力中得以体现。

第二节 电子商务对市场一体化的影响机理

笔者试图融合新贸易理论思想,借鉴边界效应(Head and Mayer,2000)测度方法,参考何雄浪(2014)的做法构建一个扩展的数理模型,阐释电子商务对国内市场一体化的影响机理及其内在逻辑。

一、前提假设

假设 1:市场主体在不同地区市场间进行交易时会产生各种费用,其中包括运输成本、电子商务交易成本等。

假设 2:各地区均拥有工业制成品和农产品的生产部门,且工业制成品的生产分布广泛,但农产品的生产分布受制于市场服务范围的大小。

假设 3:工业制成品均为差异化产品,市场具有连续性,但处于不完全竞争状态;相反,农产品具有同质性,市场不连续,存在完全竞争。

假设 4:在本地市场中,消费者对于工业制成品和农产品的偏好相同,且消费无成本,但是区际贸易存在一定交易成本;劳动者存在就业地消费偏好,其消费具有明显的地域特征;生产转移会引起劳动力流动,进而引起消费市场的转移。

二、消费者行为及其均衡

假定某国以内 i 地区的代表性消费者不仅购买 i 地区生产的产品,也会购买来自 j 地区的产品。令 i 地区的消费者从 j 地区购买的商品 z 的总量为 T_{ijz},

且 i 地区的消费者从 j 地区购买商品的消费偏好为 C_{ij}。同时,假设代表性消费者的效用函数为不变替代弹性效用函数,则有:

$$U_i = \left[\sum_{j=1}^{N} \sum_{z=1}^{n_j} (C_{ij} T_{ijz})^{\frac{\sigma-1}{\sigma}} \right]^{\frac{\sigma}{\sigma-1}} \qquad (4\text{-}1)$$

式中,N 为地区产品总量,n_j 为 j 地区生产商品的种类,代表性消费者在消费任意两种商品时的替代弹性为 σ,且 $\sigma < 1$。对于任意商品 z 来说,i 地区代表性消费者购买当地和其他地区商品的总支出 R_i 为:

$$R_i = \sum_{g=1}^{N} R_{ig} = \sum_{g=1}^{N} T_{ig} P_{ig} \qquad (4\text{-}2)$$

式中,i 地区从 g 地区进口产品时的到岸价格是 P_{ig}。在式(4-2)的约束下最大化效用函数(4-1),并且对地区间所有商品求和,可以得到式(4-3)、式(4-4)及式(4-5)。

$$T_{ij} = U_i P_{ij}^{-\sigma} C_{ij}^{\sigma-1} \left(\sum_g C_{ig}^{\sigma-1} n_g P_{ig}^{1-\sigma} \right)^{\frac{\sigma}{1-\sigma}} \qquad (4\text{-}3)$$

$$R_i = U_i \left(\sum_g C_{ig}^{\sigma-1} n_g P_{ig}^{1-\sigma} \right)^{\frac{\sigma}{1-\sigma}} \qquad (4\text{-}4)$$

$$R_{ij} = \frac{U_i n_j P_{ij}^{1-\sigma} C_{ij}^{\sigma-1}}{\left(\sum_g C_{ig}^{\sigma-1} n_g P_{ig}^{1-\sigma} \right)^{\frac{\sigma}{1-\sigma}}} = \frac{C_{ij}^{\sigma-1} n_j P_{ij}^{1-\sigma}}{\sum_g C_{ig}^{\sigma-1} n_g P_{ig}^{1-\sigma}} R_i \qquad (4\text{-}5)$$

从式(4-5)可以看出,i 地区代表性消费者购买 j 地区商品的支出总额 R_{ij} 取决于 i 地区代表性消费者购买当地和其他地区商品的总支出 R_i 和消费者偏好 C_{ij},以及 j 地区商品种类 n_j 和到岸价 P_{ig}。

鉴于式(4-5)中分母较为复杂,笔者参考 Head 和 Mayer(2000)的做法用相对量来代替绝对量,故区内贸易总额为:

$$R_i = \frac{C_{ij}^{\sigma-1} n_j P_{ij}^{1-\sigma}}{\sum_g C_{ig}^{\sigma-1} n_g P_{ig}^{1-\sigma}} R \qquad (4\text{-}6)$$

用式(4-6)除以式(4-5),经整理可得到:

$$\frac{R_{ii}}{R_{ij}} = \left(\frac{C_{ii}}{C_{ij}} \right)^{\sigma-1} \left(\frac{n_i}{n_j} \right) \left(\frac{P_{ii}}{P_{ij}} \right)^{1-\sigma} \qquad (4\text{-}7)$$

三、生产者行为及其均衡

基于 D-S 垄断竞争模型的假设,企业通常不仅表现出某一产品生产过程中的规模经济特征,而且具有产品多样化特征。因此,企业一般会选择边际成本的不变加成法作为定价依据,以确保利益最大化。鉴于此,笔者进一步假设劳动力是企业投入的唯一生产要素,每生产一单位商品,都将投入 L 单位的固定

劳动力和 β_l 单位的可变劳动力。所以,当企业产出量为 X 单位时,所需成本为 $W(L+\beta_l X)$,其中 W 代表劳动力工资。进而,j 地区代表性企业的利润函数可表示为:

$$\rho_j = P_j X_j - W_j(L+\beta_l X_j) \tag{4-8}$$

在垄断竞争模型中,由于企业为了追求利润最大化通常不考虑自身价格对总体价格水平的影响,则有:

$$P_j = \frac{\sigma}{\sigma-1}\beta_l W_j \tag{4-9}$$

由式(4-9)可知,j 地区产品的定价与产品种类无关,即该地区不同种类产品的出厂价是相同的。考虑到均衡时企业利润为 0,即 $\rho_j = 0$,再对式(4-8)和式(4-9)进行整理,可得到:

$$X_j = \frac{L(\sigma-1)}{\beta_l} \tag{4-10}$$

由式(4-10)可知,代表性企业的产出量不受产品种类的影响,即 j 地区每个企业的产出相同。令 j 地区生产总额为 S_j,则有:

$$S_j = X n_j P_j \tag{4-11}$$

由式(4-7)可知,产品种类 n_j 可以用其与生产总额的关系来表示,即 $n_j = \frac{S_j}{XP_j}$。同理,$n_i = \frac{S_i}{XP_i}$。

由此,可以界定 i 地区代表性消费者购买 j 地区商品时所支付的价格 P_{ij},其由三个部分组成,具体包括:j 地区产品的出厂价格 P_j、i 地区和 j 地区间的运输成本 χ_{ij} 及两地间的贸易壁垒 v。由于 χ_{ij} 与距离有正向关系,距离越远,运输成本越高,可令 $\chi_{ij} = d_{ij}^{\varphi}$,其中 φ 为衰减参数。基于上述分析,可得:

$$P_{ij} = (1+h_{ij}v)d_{ij}^{\varphi}P_j \tag{4-12}$$

式中,h_{ij} 为虚拟变量,当发生区际贸易时,该值为 1,否则为 0,即:$i \neq j$ 时,$h_{ij} = 1$;当 $i=j$ 时,$h_{ij}=0$。

同理,可以得到 P_{ii},即:

$$P_{ii} = d_{ii}^{\varphi}P_i \tag{4-13}$$

再假设,C_{ij} 包含本地偏好 ∂_{ij} 和具有分布特征的随机项 ε_{ij},则有:

$$C_{ij} = e^{\partial_{ij}+\varepsilon_{ij}} \tag{4-14}$$

式中,当 $i=j$ 时,$\partial_{ij}=0$;当 $i \neq j$ 时,$\partial_{ij}=-\mu$,μ 表示 i 地区消费者对于外地产品的厌恶程度($\mu>0$),故 $\partial_{ij}<0$。

基于上述假定和推导,将式(4-11)至式(4-14)均替换到式(4-7)中,两边取对数后,经整理可得到:

$$\ln \frac{S_{ii}}{S_{ij}} - \ln \frac{R_{ii}}{R_{ij}} = (\sigma-1)\left[\mu+\ln(1+v)\right] - \varphi(1-\sigma)\ln \frac{d_{ii}}{d_{ij}} - \sigma\ln \frac{P_{ii}}{P_{ij}} + \eta_{ij}$$

$$(4\text{-}15)$$

式中，$n_{ij}=(\sigma-1)(\varepsilon_{ij}-\varepsilon_{ii})$。且该式常数项$(\sigma-1)\left[\mu+\ln(1+v)\right]$包含了贸易进行时区际贸易壁垒$v$，消费者对外地产品的厌恶程度$\mu$，进而可得到：

$$BE_{ij}=(\sigma-1)\left[\mu+\ln(1+v)\right] \tag{4-16}$$

式中，BE 表示边界效应。因为$\sigma>1$，故该常数项为正，表示不存在障碍下模型所度量的贸易量与实际观测到的贸易量间的差异，可以用来衡量边界效应。

四、电子商务与区际边界效应

基于前文推导，可以发现区际贸易障碍的减少主要体现为区际贸易壁垒v的弱化和消费者对外来产品厌恶程度μ的降低。为此，假设开展电子商务活动后的实际贸易壁垒为v'_{ij}，令电子商务发展水平为$E(E>0)$，可得：

$$v'_{ij}=E_{ij}^{\gamma} \tag{4-17}$$

式中，γ为负向参数，易得$v_{ij}>v'_{ij}$。同时，考虑到电子商务发展有助于降低消费者对外来产品的厌恶程度，则消费者的实际厌恶程度μ'_{ij}为：

$$\mu'_{ij}=e^{\partial_{ij}-E_{ij}+\varepsilon_{ij}} \tag{4-18}$$

将式（4-17）和式（4-18）代入式（4-16）中并整理，可进一步得到实际的边界效应：

$$BE'_{ij}=-(\sigma-1)\left[e^{\partial_{ij}-E_{ij}+\varepsilon_{ij}}+\ln(1+E_{ij}^{\gamma})\right] \tag{4-19}$$

将式（4-16）中模型所估计的边界效应减去式（4-19）中加入电子商务后的边界效应，经整理可得到：

$$\delta=(\sigma-1)\left[\mu(1-e^{-E_{ij}})+\frac{\ln(1+v)}{\ln(1+v')}\right] \tag{4-20}$$

式中，δ表示未加入电子商务和加入电子商务后的边界效应变化值。显然$\delta>0$，由此可以发现电子商务的开展有利于降低边界效应，促进区际贸易发展和市场一体化水平提升。

第三节 计量分析设计

一、模型构建

为了实证分析电子商务发展水平对中国省际贸易边界效应的影响，笔者首先构建如下基础模型，以建立一个参照系。

$$\ln\text{BE}_{it} = \beta_0 + \beta_1 \ln\text{EC}_{it} + \beta_2 \ln\text{RG}_{it} + \beta_3 \ln\text{FD}_{it} + \beta_4 \ln\text{MS}_{it} + \beta_5 \ln\text{TO}_{it} +$$
$$\beta_6 \ln\text{TI}_{it} + \beta_7 \ln\text{CP}_{it} + \mu_{it} \tag{4-21}$$

式中，i、t 分别表示年份和地区，β_0 表示截距项，$\beta_{1,2,\cdots,7}$ 为各变量的回归系数。BE_{it} 为 i 地区、t 年的边界效应，表征该地区市场一体化程度；EC_{it} 表示 i 地区、t 年的电子商务发展水平；RG_{it} 表示 i 地区、t 年的地区生产总值，FD_{it} 表示 i 地区、t 年地方财政分权程度，MS_{it} 表示 i 地区、t 年市场制度水平，TO_{it} 表示 i 地区、t 年贸易开放度，TI_{it} 表示 i 地区、t 年交通基础设施水平，CP_{it} 表示 i 地区、t 年消费者本地偏好，为误差项。为了避免数据剧烈波动，适当减弱数据异方差，对各变量进行对数化处理。

值得注意的是，由于个体异质性影响，上述基础模型可能存在不随时间而变的遗漏变量，为了克服模型的内生性问题，采用动态面板数据进行系统广义矩估计（SGMM），基准回归模型可设定为：

$$\ln\text{BE}_{it} = \beta_0 + \alpha_1 \ln\text{EC}_{i,t-1} + \alpha_2 \ln\text{EC}_{i,t-2} + \beta_1 \ln\text{EC}_{it} + \beta_2 \ln\text{RG}_{it} + \beta_3 \ln\text{FD}_{it} +$$
$$\beta_4 \ln\text{MS}_{it} + \beta_5 \ln\text{TO}_{it} + \beta_6 \ln\text{TI}_{it} + \beta_7 \ln\text{CP}_{it} + \mu_{it} \tag{4-22}$$

式中，$\ln\text{EC}_{i,t-1}$、$\ln\text{EC}_{i,t-2}$ 分别表示 i 地区 $t-1$ 年、$t-2$ 年的边界效应指数，其余变量或符号的含义与前文所述相同。

二、变量选择及其测度

(一)被解释变量

为了考察市场一体化动因，将边界效应($\ln BE_{it}$)作为被解释变量，反映市场一体化程度，通常可用地区内部贸易量相当于地区间贸易量的倍数予以表征，其测算方法如下。

第一步，选用改进的铁路货运量法测算省际贸易流量。学术界一般采用投入产出表法、增值税流转法(行伟波和李善同，2009)、铁路货运量法(刘生龙和胡鞍钢，2011)对省际贸易流量予以测度。为了减少传统铁路货运量法带来的偏差，假设不同省份之间的公路和水运货运量是建立在铁路货运量的基础上，并且根据铁路货运量对这两者进行按比例分配。

$$\frac{\text{HWT}_{ijt}}{\text{HWT}_{it}} = \frac{\text{WAT}_{ijt}}{\text{WAT}_{it}} = \frac{\text{RAT}_{ijt}}{\text{RAT}_{it}} \tag{4-23}$$

$$\text{Trade}_{ijt} = \text{HWT}_{ijt} + \text{WAT}_{ijt} + \text{RAT}_{ijt} \tag{4-24}$$

式中，HWT_{ijt}、WAT_{ijt}、RAT_{ijt} 分别表示从 i 地运输到 j 地的公路、水运和铁路货运量，而 HWT_{it}、WAT_{it}、RAT_{it} 则为从 i 地运输到全国的公路、水运和铁路货运总量，Trf_{ijt} 为区际贸易流量，采用 i 地运输到 j 地的货运总量予以表征。鉴

于数据可得性,笔者选取 2003—2016 年 29 个省份[①]的贸易流量数据用于测度边界效应,省际贸易流量配对值共计 11774 条。

第二步,构建标准引力模型。首先,设定最基本的引力模型,仅纳入双边经济规模和地理距离,即:

$$\text{Trf}_{ijt} = \alpha \text{GDP}_i^{\beta_1} \text{GDP}_j^{\beta_2} \text{DIS}_{ij}^{\beta_3} \eta_{ij} \tag{4-25}$$

对上式取对数可得:

$$\ln\text{Trf}_{ij} = \alpha + \beta_1 \ln\text{GDP}_i + \beta_2 \ln\text{GDP}_j + \beta_3 \ln\text{DIS}_{ij} + \eta_{ij} \tag{4-26}$$

式中,Trf_{ij} 表示 i 地区向 j 地区"出口"的贸易量,GDP_i、GDP_j 分别表示 i 地区和 j 地区的 GDP,DIS_{ij} 为 i 地区和 j 地区间的地理距离,η_{ij} 为随机误差项。

第三步,在标准引力模型的基础上加入虚拟变量 Domestic(缩写为 Dom),当贸易双方位于同一地区时,即贸易发生在地区时,该值为 1;相反,当贸易双方并非在同一地区时,即贸易发生在区际间或省际间,该值为 0。由此得到如下边界效应模型。

$$\ln\text{Trf}_{ij} = \alpha + \beta_1 \ln\text{GDP}_i + \beta_2 \ln\text{GDP}_j + \beta_3 \ln\text{DIS}_{ij} + \gamma\text{Dom} + \eta_{ij} \tag{4-27}$$

在式(4-27)中,当 $i=j$ 时,Dom$=1$,当 $i \neq j$ 时,Dom$=0$。此外,还在式(4-27)的基础上加入相邻变量 Adjacent(缩写为 Adj),用其控制地理位置相邻条件对贸易的影响,则模型变化为:

$$\ln\text{Trf}_{ij} = \alpha + \beta_1 \ln\text{GDP}_i + \beta_2 \ln\text{GDP}_j + \beta_3 \ln\text{DIS}_{ij} + \gamma\text{Dom} + \beta_4 \text{Adj} + \eta_{ij}$$

$$\tag{4-28}$$

式中,Adj 反映两省的相邻状况,当 i 地区和 j 相邻时,Adj$=1$,反之,不相邻,则 Adj$=0$。

第四步,构建多变阻力引力模型。由于式(4-28)未考虑到地区间的贸易壁垒也会影响区际贸易流量,鉴于此,有些学者(Anderson and Van Wincoop,2003)在标准引力模型中加入多边阻力项,进而形成如下多边阻力模型。

$$\text{Trf}_{ij} = \alpha(\text{GDP}_i\text{GDP}_j/\text{GDP}_W)/(C_{ij}/\omega_i\theta_j)^\varepsilon \tag{4-29}$$

式中,GDP_W 表示全国的国内生产总值,ω_i 和 θ_j 分别表示 i 地区和 j 地区的多边阻力变量。C_{ij} 为双边贸易成本,主要涵盖地理距离以及受物流、语言共同性、是否加入自贸区等因素制约的其他交易成本,ε 为其弹性。因此,C_{ij} 的表达式为:

$$C_{ij} = \text{DIS}_{ij}^{\alpha_d} \exp(V\alpha_v) \tag{4-30}$$

---

① 中国共有 34 个省级行政区,由于西藏、海南、香港、澳门、台湾五个省级行政区的数据缺失,故仅选择其余 29 个省份的数据。

式中,V 为其他交易成本,α_d、α_v 分别为地理距离和其他交易成本的弹性,将式 (4-30)代入式(4-29)后取对数可得到:

$$\ln\mathrm{Trf}_{ij} = \ln\mathrm{GDP}_i + \ln\mathrm{GDP}_j - \ln\mathrm{GDP}_W + \beta_d\ln\mathrm{DIS}_{ij} + \beta_v V - \varepsilon\ln\omega_i - \varepsilon\ln\theta_j$$

$$(4\text{-}31)$$

式中,$\beta_d = \varepsilon\alpha_d$,$\beta_v = \varepsilon\alpha_v$,其余变量和前文相同。需要注意的是,多边阻力变量是难以估计的,但是缺失该变量又会导致双边贸易成本被高估,故笔者参照李秦(2014)的做法用固定效应锁定多边阻力,与此同时,加入距离加权变量 Remote(缩写为 Rem)作为多变阻力的代理变量[1],其表达式为:

$$\mathrm{Rem}_{ij} = \sum_{k\neq j} \frac{\mathrm{DIS}_{ik}}{\mathrm{GDP}_k}$$

$$(4\text{-}32)$$

式中,DIS_{ik} 为 i 地区和不同于 j 地区的 k 地区的地理距离,GDP_k 为 k 地区生产总值。

最后,采用普通最小二乘法(OLS)构建变系数模型测算边界效应指数。基于上述分析,并考虑到避免多重共线性,剔除 GDP_W 的影响,设定如下模型。

$$\ln\mathrm{Trf}_{ij} = \alpha + \beta_1\ln\mathrm{GDP}_i + \beta_2\ln\mathrm{GDP}_j + \beta_3\ln\mathrm{DIS}_{ij} + \beta_4\mathrm{Adj}$$
$$+ \beta_5\ln\mathrm{Rem}_{ij} + \gamma\mathrm{Dom} + \eta_{ij}$$

$$(4\text{-}33)$$

式中,Dom 之前系数 γ 的反对数值 e^γ 即为边界效应[2],即 $\mathrm{BE}_{it} = e^\gamma$,该数值表示地区内贸易与区际贸易的差距,该值越高,表示区内贸易量远远高于区际贸易量,意味着区际贸易障碍越多、壁垒越高,此时市场一体化水平越低;相反,意味着区际贸易障碍越少、壁垒越低,市场一体化水平越高。

(二)核心解释变量

基于前文理论分析,笔者选取电子商务发展水平($\ln\mathrm{EC}_{it}$)作为核心解释变量。关于该变量的测度,既可以选用单一指标予以表征(茹玉骢和李燕,2014;温珺等,2015;孙浦阳等,2017),也可以通过电子商务发展指数(张蕊,2001;屠建平和杨雪,2013;杨坚争等,2014)进行衡量。笔者参照 OECD(1998)、"CII 电子商务指数研究与测算"课题组(2001)的相关做法构建电子商务发展评价体系,并运用主成分分析法测算电子商务发展指数。该评价体系主要包括人均地

---

① 距离加权变量 Rem_{ij} 表示 i 地区和 j 地区与其他地区的相对位置。在省际贸易中,若 i 省与其余省份的相对位置越远,在双方地理位置既定的情况下,i 省和 j 省间的贸易量会越大,距离加权变量则主要通过对这一现象进行锁定以表示多边阻力。

② 基于式(4-32)的 OLS 回归结果显示中国省际贸易边界效应为 2.41,其含义是中国的省内贸易量约为省际贸易量的 2.41 倍,即存在较高的省际贸易壁垒。显然这只是总体边界效应,后文用以进行基准回归的分省份边界效应数据必须依据变系数回归估计的结果来获取。

区生产总值、第三产业增加值、电子商务交易额①、互联网普及率、快递业务量、移动电话用户数信息传输、计算机和软件业全社会固定资产投资、信息传输和计算机软件业就业人数、普通高校在校学生数、信息传输和计算机软件业平均工资等指标。

(三)控制变量

(1)地区生产总值($\ln RG_{it}$)。该指标反映地区经济规模,其值越大,地区产品竞争力会增强,这在某种程度上可以降低该地区的边界效应;另一方面,随着经济规模扩大,地区产业结构也会愈发优化,进而可能导致地区内部贸易增加。

(2)对外贸易开放度($\ln TO_{it}$)。依据学界较普遍的做法,采用经营单位所在地的货物进出口贸易总额占国内生产总值的比重表示对外贸易开放度,考虑到进出口的计价单位为美元,笔者依据《中国统计年鉴》公布的平均汇率对历年进出口总额进行了换算。

(3)市场制度水平($\ln MS_{it}$)。采用分省市场化指数(樊纲等,2011)作为市场制度水平的代理指标,并借鉴韦倩等(2014)的做法,对非公企业产值比重进行了调整,同时用 MATLAB 软件对相关数据进行拟合比较,发现企业产值比重与市场化水平存在显著正相关。

(4)财政分权程度($\ln FD_{it}$)。参考刘生龙和胡鞍钢(2011)的做法,将地方一般预算财政支出与该地区国内生产总值的比值作为财政分权程度的衡量标准。一定程度上,财政分权可能会强化地方经济和政治激励,从而诱致地方保护主义(银温泉和才婉茹,2001)。通常情况下,地方保护、过度投资和重复建设等行为会引起市场扭曲,不利于市场机制健康运行。

(5)交通基础设施($\ln TI_{it}$)。借鉴何兴强等(2014)、谢莉娟(2015)的做法,采用铁路与公路营运里程之和与地区面积的比值来衡量该地区基础设施水平。理论上,交通设施的完善有助于提高交通便利化程度,降低商品和要素的流动限制,促进省际之间的贸易,弱化由于自然因素导致的市场分割。

(6)消费者本地偏好($\ln CP_{it}$)。在现实中难以测度消费者的本地偏好,其产生的原因十分复杂。由于市场信息不对称性,处于信息劣势的消费者为了实现效用最大化,通常会选择信息量大的产品。从而,以厂商的知名度或市场占有率进行度量较为准确,但在技术存在较大困难。故参考陈飞(2009)的做法,以本地总产值减去国有及规模以上工业增加值后占本地总产值的比重作为消费者本地偏好的代理变量。同时,限于数据可得性和实际消费结构,对于本地总

---

① 鉴于数据的可得性,选用地区生产总值占全国 GDP 的比重乘上中国电子商务总额以表征电子商务交易额。

产值的计算剔除了第三产业增加值。

三、数据说明

由于数据可得性,选取 2003—2016 年中国 29 个省份[①]的平衡面板数据进行计量分析。用于测算边界效应指数的基础数据源于《中国统计年鉴》与《中国交通运输年鉴》,用于测度电子商务发展指数($\ln EC$)的基础数据源于《中国信息年鉴》和《中国统计年鉴》,用以表征地区生产总值($\ln RG_{it}$)、财政分权程度($\ln FD_{it}$)、对外贸易开放度($\ln TO_{it}$)、交通基础设施($\ln TI_{it}$)、消费者本地偏好($\ln CP_{it}$)的基础数据源于《中国统计年鉴》《中国交通运输年鉴》《中国物流年鉴》《中国对外经贸统计年鉴》和 CCER 宏观金融数据库,用以表征市场制度水平($\ln MS_{it}$)的数据主要源于樊纲(2011)创建的市场化指数及其统计软件拟合值。

第四节　电子商务对省际贸易边界效应的影响实证分析

一、基准回归

基于前文数理分析,首先对式(4-21)进行 OLS 基础回归,接着采用系统广义矩估计(SGMM)对式(4-22)予以基准回归,结果如表 4-1 所示。为了便于比较,第(1)、(2)列汇报了 OLS 估计结果,第(3)列为 SGMM 结果。

从表 4-1 可以发现:其一,电子商务发展显著抑制了省际贸易边界效应,促进了市场一体化水平提升;其二,OLS 回归和系统广义矩估计的结果大致相同,但在一定程度上系统广义矩估计克服了集聚变量的内生性问题;其三,由于 AR(1)检验卡方统计值的 P 值为 0.001,AR(2)检验卡方统计值的 P 值为 0.671,因此一阶差分拒绝原假设,二阶差分接受原假设,即存在一阶序列自相关,但不存在二阶序列自相关;其四,Sargan 检验卡方统计值的 P 值为 1.000,无法拒绝原假设,因此所有的工具变量都是有效的。

---

①　这里的 29 个省级行政区分别为:北京市、天津市、河北省、山西省、内蒙古自治区、辽宁省、吉林省、黑龙江省、上海市、江苏省、浙江省、安徽省、福建省、江西省、山东省、河南省、湖北省、湖南省、广东省、广西壮族自治区、重庆市、四川省、贵州省、云南省、陕西省、甘肃省、青海省、宁夏回族自治区、新疆维吾尔自治区,由于数据可得性影响,不包括海南省、西藏自治区、台湾省、香港特别行政区和澳门特别行政区。

表 4-1　系统广义矩估计结果

被解释变量	（1）	（2）	（3）
lnBE	OLS	OLS	SGMM
$lnBE_{i,t-1}$			0.4816***
			(0.104)
$lnBE_{i,t-2}$			0.1751***
			(0.077)
lnEC	−0.3757***	−0.4284***	−0.6434*
	(0.119)	(0.117)	(0.445)
lnRG	0.7413***	0.8009***	0.1403**
	(0.097)	(0.098)	(0.219)
lnTO	0.2874***	0.3329***	0.1225
	(0.056)	(0.053)	(0.329)
lnMS	−1.1624***	−0.8337***	−0.0751*
	(0.232)	(0.242)	(0.525)
lnFD	1.0429***	1.1204***	0.1347***
	(0.162)	(0.158)	(0.456)
lnTI		−0.2931***	−0.2066***
		(0.079)	(0.168)
lnCP		0.0715*	0.1469
		(0.042)	(0.427)
常数项	−2.9281***	−4.1785***	−0.7068*
	(0.909)	(0.995)	(2.146)
样本量	406	406	406
AR(1)检验			−3.1863
			(0.001)
AR(2)检验			0.4240
			(0.671)
Sargan 检验			26.7278
			(1.000)

注：回归系数下方括号内的数值为稳健性标准误；AR(1)、AR(2)检验原假设为随机扰动项不存在一阶、二阶序列自相关；Sargan 检验原假设为过度识别约束有效。表 4-2 和表 4-3 同此。

二、异质性

考虑到不同层面的电子商务发展可能对省际贸易边界效应产生不同的影响,有必要将全样本按空间和时间分为不同子样本进行回归,以深入分析电子商务发展影响省际贸易边界效应的机制与异质性。

(一)空间异质性

鉴于不同地区的电子商务发展有所差异,笔者将样本按地区分为东部、中部、西部进行 SGMM 回归,结果如表 4-2 所示。

表 4-2　基于空间异质性的 SGMM 结果

被解释变量	全样本	东部	中部	西部
lnBE	(1)	(2)	(3)	(1)
lnBE$_{i,t-1}$	0.4816***	0.4608**	0.3823***	−1.0212**
	(0.104)	(0.060)	(0.068)	(0.512)
lnBE$_{i,t-2}$	0.1751***	0.3069***	0.2240***	−0.9104***
	(0.077)	(0.267)	(0.617)	(0.350)
lnEC	−0.6434*	−1.0624***	−0.2481***	−0.0655***
	(0.445)	(0.301)	(0.185)	(0.226)
lnRG	0.1403*	0.3664***	−0.4770*	0.8224***
	(0.219)	(0.551)	(0.228)	(0.311)
lnTO	0.1225	0.1078*	0.0716	0.2081**
	(0.329)	(0.071)	(0.100)	(0.174)
lnMS	−0.0751*	−0.4937*	−0.9647*	−2.7483***
	(0.525)	(0.337)	(0.722)	(0.971)
lnFD	0.1347***	0.2608*	0.8905*	1.7893**
	(0.456)	(0.207)	(0.397)	(0.710)
lnTI	−0.2066***	−0.0585	−0.2181*	−0.5302**
	(0.168)	(0.079)	(0.078)	(0.168)
lnCP	0.1469	0.1903*	0.1221	0.3915*
	(0.427)	(0.046)	(0.091)	(0.438)
常数项	−0.7068*	−4.9726***	3.3287*	0.7556*
	(2.146)	(1.135)	(1.557)	(0.484)
样本量	406	140	126	140
AR(1)检验	−3.1863	−2.3784	−2.5900	−1.5823
	(0.001)	(0.017)	(0.009)	(0.001)
AR(2)检验	0.4240	0.6508	0.3035	0.8655
	(0.671)	(0.515)	(0.761)	(0.386)
Sargan 检验	26.7278	16.9432	17.0301	23.3502
	(1.000)	(0.235)	(0.111)	(0.635)

从表 4-2 中可以看出,电子商务发展水平对省际贸易边界效应的影响在东部、中部、西部都为负,反映出电子商务发展水平的确能抑制省际贸易的边界效应,有助于促进市场一体化。从系数上看,东部电子商务每增长 1%,边界效应会下降 −1.0624%;中部电子商务每增长 1%,边界效应会下降 0.2481%,;西部电子商务每增长 1%,边界效应会下降 0.0655%,且均在 1% 的显著性水平上通过检验。笔者认为这一现象源于电子商务发展水平较高的地区经济发展水平相对发达,电子商务的发展充分发挥了地区的比较优势,市场整合的速度快于经济相对落后地区,因此经济发达地区电子商务对边界效应的抑制作用要高于其他地区。除此之外,中西部电子商务发展水平对边界效应影响的差距依然存在,因此这两个地区应加快发展电子商务,提高市场运行效率,优化资源配置,减少与东部沿海发达地区的差距。

(二)时间异质性

除了空间异质性之外,时间不同也可能导致电子商务发展对边界效应的影响不同。由于 2008 年金融危机的到来可能对中国的省际贸易以及市场一体化进程产生较大影响,故笔者将全样本分为 2003—2007 和 2008—2016 两个时间段进行检验,结果如表 4-3 所示。

表 4-3 基于时间异质性的 SGMM 结果

被解释变量	全样本	2003—2007	2008—2016
lnBE	(1)	(2)	(3)
$lnBE_{i,t-1}$	0.4816*** (0.104)	−0.3028** (0.165)	0.8083*** (0.070)
$lnBE_{i,t-2}$	0.1751*** (0.077)	0.1770** (0.098)	−0.3481*** (0.048)
lnEC	−0.6434* (0.445)	−0.1441*** (0.221)	−1.4329*** (0.490)
lnRG	0.1403* (0.219)	0.4684* (0.261)	0.3380* (0.157)
lnTO	0.1225 (0.329)	0.0003 (0.152)	−0.2249 (0.307)
lnMS	−0.0751* (0.525)	−0.1277 (0.278)	−0.2881** (1.947)
lnFD	0.1347*** (0.456)	0.8221* (0.564)	0.1820 (0.417)

续表

被解释变量	全样本	2003—2007	2008—2016
lnBE	(1)	(2)	(3)
lnTI	−0.2066***	−0.2415*	−0.3866*
	(0.168)	(0.079)	(0.735)
lnCP	0.1469	0.7342***	0.0354
	(0.427)	(0.231)	(0.515)
常数项	−0.7068*	−0.9964	−3.2737**
	(2.146)	(1.812)	(5.336)
样本量	406	145	261
AR(1)检验	−3.1863	−1.8695	−3.1543
	(0.001)	(0.006)	(0.001)
AR(2)检验	0.4240	0.2353	0.4240
	(0.671)	(0.721)	(0.998)
Sargan 检验	26.7278	22.2709	26.5838
	(1.000)	(0.504)	(0.931)

从表 4-3 中可以看出,不同时间段电子商务发展对省际贸易边界效应的影响不同。2003—2007 年电子商务发展在 1% 的水平上显著抑制省际贸易边界效应,回归系数为 −0.1441;2008—2016 年电子商务发展也在 1% 的水平上显著抑制省际贸易边界效应,但回归系数为 −1.4329;对比第(2)列和第(3)列的系数可以发现,2008—2016 年电子商务发展对省际贸易边界效应的抑制作用更为显著,这反映了电子商务发展初始之际主要影响地区内部,对省际贸易和市场一体化的促进作用尚不明显。

三、内生性处理与稳健性检验

为了提高基准回归估计效率和渐近性,避免估计偏误,笔者选用核心解释变量的一阶、二阶滞后作为工具变量①,采用两阶段最小二乘法(2SLS)进行内生性处理和稳健性检验。为了对比,表 4-4 第(1)列和第(2)列分别报告了 OLS 与 2SLS 回归估计结果。同时,为了确保所选取工具变量的有效性,笔者采取多

---

① 一般来说,选取的工具变量必须符合如下要求才是合格的:(1)工具变量需与内生变量相关;(2)工具变量本身必须是外生变量,即该变量与其他变量以及扰动项无关。

种统计方法予以检验①。

表4-4 稳健性检验结果

被解释变量	(1)	(2)
lnBE	OLS	2SLS
lnEC	-0.4284***	-0.7243***
	(0.117)	(0.144)
lnRG	0.8009***	0.9549***
	(0.098)	(0.102)
lnTO	0.3329***	0.4268***
	(0.053)	(0.060)
lnMS	-0.8337***	-0.9179**
	(0.242)	(0.223)
lnFD	1.1204***	1.2153***
	(0.158)	(0.169)
lnTI	-0.2931***	-0.3438***
	(0.079)	(0.082)
lnCP	0.07154*	0.0802*
	(0.042)	(0.045)
常数项	-4.17846***	-0.6931***
	(0.995)	(1.111)
样本量	406	406
测度系数(R^2)	0.3558	0.3955
第一阶段F统计量		22.61
		[0.000]
Kleibergen-Paap rk LM 统计量		88.282
		[0.000]
Kleibergen-Paap Wald rk F 统计量		333.275
		{19.93}
Cragg-Donald Wald F 统计量		819.772
		{19.93}
Hansen J 统计量		1.164
		[0.280]

注:回归系数下方括号里的数值表示稳健性标准误;[ ]内数值为不同检验统计值的 P 值;{ }内为相关检验在10%的水平上显著的临界值。

---

① 统计方法检验原则:F 检验统计量若大于10则拒绝"存在弱工具变量"的原假设;Kleibergen-Paap rk LM 检验若拒绝"工具变量识别不足"的原假设,则说明工具变量合理;Kleibergen-Paap Wald rk F 检验若拒绝"工具变量为弱识别"的原假设,则说明工具变量合理;Cragg-Donald Wald F 检验若拒绝"工具变量为弱识别"的原假设,则说明工具变量合理;Hansen J 检验若接受"所有工具变量均外生"的原假设,则说明工具变量合理。

从表 4-4 的中的各项检验结果可知,所选工具变量较为有效,且 2SLS 与 SGMM 乃至 OLS 的回归估计结果基本一致,均显示电子商务发展与省际贸易边界效应存在显著的负向关系,即电子商务有助于提升国内市场一体化水平。可见,基准回归具有稳健性,能在一定程度上合理解释电子商务发展对中国省际贸易边界效应及市场一体化的影响机制。

第五节　关于市场一体化的若干建议

经济学研究往往倾向于通过理论推演或经验分析诠释一种经济机制,进而力图建构逻辑自洽的分析框架。因此,基于这一框架,有必要提出带有启示色彩的结论,尽管这些结论对于政府与企业行为决策未必产生实质性的影响和作用。因循这一习惯,笔者基于前文理论与实证分析[①],姑且得出如下主要结论:(1)基于省际贸易成本的降低和资源空间配置效率的提高,电子商务的发展显著抑制了省际贸易边界效应,进而加快了国内市场一体化进程;(2)电子商务对省际贸易边界效应的抑制作用具有明显的空间异质性和时间异质性,经济发达地区和 2008 年金融危机之后的作用更明显。

同时,笔者聚焦中国如何提升国内市场一体化水平,力图提出如下若干政策建议:其一,提升电子商务设施运营效率。电子商务基础设施的完善有利于通过网络效应、规模效应、协同效应弱化地理距离对市场一体化的制约,促进市场整合。因此,有必要加大对新质基础设施的建设,增强对新质电子商务基础产业的支持,加强区域间电子商务基础设施战略协作,促进电子商务基础设施均衡发展。其二,加大电子商务信息技术研发投入。一方面,政府应鼓励尖端信息技术的研发与应用,加大财政投入和政策支持力度,以吸引尖端技术人才,为电子商务的开展创造有利条件。另一方面,企业也要强化核心技术开发,积极进行自主创新,通过产品创新和商业模式创新激发市场潜力。除此之外,要积极吸引和培养尖端技术人才,促使电子商务发展和数字技术深度融合,加快助推区际市场一体化。其三,加强电子商务制度供给。首先,健全完善电子商务市场主体行为规制和监管,确保信息安全、合同争端、知识产权保护等问题得到妥善解决;其次,进一步完善电子商务市场经营规则和市场准入机制,着力强化电子商务的制度供给;再次,电子商务制度供给主体之间应该加强合作,各大平台电商和行业协会应该与政府共同探索电子商务发展的顶层设计与制度创

---

① 由于电子商务发展对省际贸易边界的影响本质上是一种复杂的非线性关系,加上篇幅所限,本章没有习惯性地对基准回归进行机制检验,尽管如此,仍不会影响笔者对其基本变动趋势的判断,在后续研究者将进一步予以深化。

新,从而遏制地方保护主义,促进市场有序规范运行。其四,依托高质量电子商务带动省际贸易协同发展。首先,进一步促进对内开放,深化制度化改革与创新,提升省际贸易的市场整合效应;其次,鼓励中西部地区加强与东部地区合作,深化"山海"协作,促进电子商务与省际贸易协同发展,缩小地区差距;再次,合理优化消费者本地市场偏好,充分发挥地区间的资源优势,扩大商品与要素流动范围,进一步构筑超大规模市场优势;同时,鼓励电子商务企业"走出去",加强自主品牌建设和知识产权保护,深度参与国际分工与合作,健全跨境电子商务协同发展机制。

第五章　电子商务发展的 GVC 嵌入效应[①]

从根本上说,一国流通产业国际竞争力越来越受制于全球价值链(GVC)嵌入水平。本章基于贸易附加值核算框架,测算 39 个国家的全球价值链参与度指数和地位指数,运用两阶段最小二乘法(2SLS)实证检验电子商务发展是否有助于提升一国全球价值链嵌入水平。研究发现:总体上,电子商务发展显著促进了全球价值链参与度提高,但明显地抑制了全球价值链地位提升,且电子商务的全球价值链嵌入效应呈现明显的国家异质性。从而,亟待进一步提高电子商务技术研发水平,发挥金融支持作用,促进跨境电子商务协同发展,深化外商直接投资与价值链贸易开放。

第一节　问题的提出

近年来,尽管世界经济发展在一定层面或局部存在逆全球化的倾向,但越来越多的国家或地区已经逐步融入基于全球价值链的国际分工体系的事实难以逆转。在这一过程中,人员、资金、技术等生产要素在全球范围内加速流动,促使产品内分工不断演进,并进一步延伸到价值链各个环节(Feenstra et al.,1998;Hummels et al.,2001),从而形成全球价值链分工新模式。这种国际分工模式的形成不仅降低了生产成本,更提高了专业化生产水平,使企业能够依据各地区比较优势嵌入全球价值链中的研发、生产、营销等环节,形成以价值链和价值增值为核心的遍布全球的生产和贸易网络(王敏,2017)。值得注意的是,这种新的国际分工模式建立在高度发展的科技的基础上。也就是说,谁掌握着高新技术,谁就能在国际分工中获取最大利益。目前,发达国家凭借着技术、人才、知识等高级生产要素主导着全球价值分工,一方面,利用新的技术成果对传统产业进行改造,提升产品技术含量,提高产品附加值,另一方面,通过直接投资方式将落后产业转移到要素成本较低的发展中国家,导致了世界产业

[①]　本章部分内容已见于 2018 中国国际贸易学会暨国际贸易发展论坛,主要内容有删节、修改与进一步完善,参会论文为《电子商务对全球价值链嵌入的影响研究》,2018 年 11 月 16—17 日,研究生徐安在此文写作中承担了数据搜集及计量分析等些许前期工作。

结构的国际重组,而发展中国家也正是依托于低成本要素,嵌入到发达国家转移到国内的传统的加工贸易生产中,最终导致其长期处于全球价值链的依附地位。

当前关于全球价值链嵌入水平的研究主要集中在两个方面:一是全球价值链嵌入水平的测算方法,二是全球价值链嵌入水平的影响因素。关于全球价值链嵌入水平的衡量,现有文献主要采用以下三种方法:一是出口技术复杂度(Hausman et al.,2007),Xu 等(2009)、刘维林等(2014)、蒲红霞(2015)使用该指标考察了嵌入全球价值链对特定行业国际分工地位的影响。二是用全球价值链参与度指数和全球价值链地位指数来表示,通过分解特定行业出口价值,测算其中间投入与中间需求的相对重要性来衡量其全球价值链嵌入水平(Koopman et al.,2010;赵登峰等,2014;王岚,2014)。三是上游度指数(Antras et al.,2012;Fally,2012),王金亮(2014)、杨杰(2016)、苏杭等(2016)等运用上游度指数测算了中国各行业在全球分工中的位置。对于全球价值链嵌入水平提升的影响因素研究中,张杰和刘志彪(2008)指出于知识产权保护制度及执行机制的缺失扭曲地激励了企业以贴牌或代工的出口方式融入到发达国家主导的全球价值链中,并从事附加值低的制造和组装环节。陈立敏和周材荣(2016)发现国家制度环境对嵌入全球价值链上游企业的国际分工地位有显著的正向影响,而对嵌入下游企业的国际分工地位有显著的负向影响。Blyde(2014)和Pathikonda et al.(2016)都从通信技术、物流基础设施等方面给出了积极回应。部分学者从对外直接投资、人力资本、对外开放水平、经济增长水平等方面对全球价值链分工地位的影响(刘斌等,2015;陈丽娴,2017;马野青等,2017)。此外,也有学者提出资产形态、自由贸易协定的签署、产业集聚、汇率等对全球价值链嵌入水平影响较大(Jonalasinio et al.,2016;Rubínová et al.,2017;潘闽和张自然,2017;任永磊等,2017)。

综上所述,关于电子商务对全球价值链嵌入水平的影响问题,现有文献大多关注电子商务对传统价值链中企业供需模式、资源配置、价值增值及物流、资金流和信息流等方面的影响(裴秋蕊,2017;覃大嘉等,2011;程云翔,2015;韩立红和王轶南,2008),也有少量文献探讨跨境电子商务对我国全球价值链地位的影响(刘晶,2017),但一般限于规范分析。鉴于此,笔者尝试构建一个简单的理论框架,进而验证电子商务发展是否有助于提升一国全球价值链嵌入水平。

第二节 电子商务对 GVC 嵌入的影响机理

借鉴 Long(2001)和唐海燕、张会清(2009)等学者关于产品内分工与全球价值链的两部门模型,在最终产品生产部门和技术研发部门的基础上,加入电子商务部门,试图构建电子商务影响发展中国家全球价值链嵌入地位的简化数理模型。

一、假设前提

首先,假定一种最终消费品 Z 的生产需要发达国家 A 和发展中国家 B 通过产品内分工共同完成,而且 A 国只生产中间品并将其出口到 B 国,而 B 国进口该中间品并进行加工成最终消费品。再假定存在一系列生产环节,用 $e \in [0,1]$ 表示,e 越接近 1,表示该国所处的全球价值链分工地位越高。其中,B 国承担的分工流程由 n 个生产阶段组成,对应全球价值链区间 $[0,n]$ 中的特定环节,而 A 国则承担其余 $1-n$ 个生产阶段,对应全球价值链区间 $[n,1]$ 中的特定环节。n 值越大,B 国在全球价值链中的地位越高。

其次,假设最终消费品生产的投入要素只有劳动力、技术研发部门的技术服务和电子商务部门提供的电商服务,同时假定该最终消费品的生产只需非熟练劳动力 L,熟练劳动力 S 只服务于技术研发部门和电子商务部门。因此,每生产 1 单位最终消费品 Z 需要 1 单位 L,F_X 单位的技术研发服务 X 和 F_Y 单位的电子商务服务 Y。各生产要素对应国内价格 P^L,P_X,P_Y,国外价格是 P^{L*},P_X^*,P_Y^*。

二、两部门条件下的最优化

发展中国家 B 和发达国家 A 生产最终消费品 Z 的单位成本分别是:

$$C_A = \int_0^n [P^L + (F_X P_X + F_Y P_Y)e]\mathrm{d}e = P^L n + \frac{(F_X P_X + F_Y P_Y)n^2}{2}$$

$$(5\text{-}1)$$

$$C_B = \int_n^1 [P^{L^*} + (F_X P_X^* + F_Y P_Y^*)e]\mathrm{d}e$$

$$= P^{L^*}(1-n) + (F_X P_X^* + F_Y P_Y^*)\frac{(1-n)^2}{2}$$

$$(5\text{-}2)$$

在比较国内外生产成本后,发达国家企业对产品生产环节进行分割,将低端环节外包给发展中国家企业。假定在全球价值链临界环节的生产阶段 n,发达国家和发展中国家单位生产成本相等,即:

$$P^L + (F_X P_X + F_Y P_Y)n = P^{L^*} + (F_X P_X^* + F_Y P_Y^*)n \qquad (5\text{-}3)$$

在最终消费品生产部门中,发展中国家生产 M 单位处于全球价值链 n 阶段的最终产品 Z,对非熟练劳动力、技术研发服务和电子商务服务的需求分别为:

$$L_X = nM \qquad (5\text{-}4)$$

$$D = M\int_0^n F_X e\,\mathrm{d}e = \left(\frac{F_X n^2}{2}\right)M \qquad (5-5)$$

$$H = M\int_0^n F_Y e\,\mathrm{d}e = \left(\frac{F_Y n^2}{2}\right)M \qquad (5-6)$$

在技术研发部门,假设 A 国提供 D 单位的技术服务需要投入熟练劳动力 S_D 和非熟练劳动力 L_D,令其生产函数为柯布—道格拉斯函数,即 $D = \delta S_D^{\xi} L_D^{1-\xi}$ $(0<\xi<1)$,其中 δ 反映技术研发部门的生产效率,δ 越大表示该国技术研发部门效率越高。成本函数为 $C_D = S_D P^{S_D} + L_D P^{L_D}$,其中 P^{S_D} 表示技术研发部门熟练劳动力的报酬,P^{L_D} 表示非熟练劳动力的报酬。由此,可得出技术研发部门利润为 $R_X = P_D D - C_D$。技术研发部门将根据利润最大化原则进行生产和定价,经过简单的最优化求解可得:

$$\frac{S_D}{H_D} = \frac{P^{H_D}}{P^{L_D}}\frac{1-\xi}{\xi} = \mu \qquad (5-7)$$

$$P_X = \frac{P^{L_D}\mu^{\xi}}{\delta(1-\xi)} \qquad (5-8)$$

$$D = \delta S_D \mu^{1-\xi} \qquad (5-9)$$

三、导入电子商务部门后的最优化求解

企业将电子商务应用到生产运营中,假定在该部门发展中国家需投入熟练劳动力 S_H 和非熟练劳动力 L_H,其生产函数为 $Y = \varepsilon S_H^{\psi} L_H^{1-\psi}$ $(0<\psi<1)$,ε 表示电子商务部门的生产效率。其成本函数为 $C_S = S_H P^{S_H} + L_H P^{L_H}$,则利润函数为 $R_Y = P_S S - C_S$,根据利润最大化原则,经简单优化求解得:

$$\frac{L_H}{S_H} = \frac{P^{S_H}}{P^{L_H}}\frac{1-\psi}{\psi} = \eta \qquad (5-10)$$

$$P_S = \frac{P^{L_H}\eta^{\psi}}{\varepsilon(1-\psi)} \qquad (5-11)$$

$$Y = \varepsilon S_H^{\psi} L_H^{1-\psi} \qquad (5-12)$$

假设 B 国只生产唯一的消费品 Z,且产品只在本国消费。再假设劳动力所有收入都用于消费,且劳动力在各部门间自由流动,熟练劳动力 S 和非熟练劳动力 L 在不同部门的劳动报酬相同,即 $P^S = P^{S_D} = P^{S_H}$,$P^L = P^{L_D} = P^{L_H}$。由劳动力收入与消费均衡的条件,以及劳动力市场出清条件可得:

$$SP^S + LP^L = PN \qquad (5-13)$$

$$S = S_D + S_H \qquad (5-14)$$

$$L = L_Z + L_D + L_H \qquad (5-15)$$

式中,P 为最终消费品 Z 的价格,N 为最终消费品 Z 的数量。作为价值链的主导者 A 国企业为了防止跨国套利行为,对最终消费品 Z 制定了全球统一的销售

价格。为了简化表达式,借鉴唐海燕和张会清(2009)的设定,假定各部门熟练劳动力和非熟练劳动力产出的弹性系数相同,非熟练劳动力与熟练劳动力数量之比相同,令 $\xi = \psi = 0.5$,$\mu = \eta$,由式(5-4)、式(5-5)、式(5-7)、式(5-10)、式(5-13)、式(5-14)和式(5-15)可得:

$$P^L = \frac{P(L-\mu S)}{n(L+\mu S)} \tag{5-16}$$

再将式(5-8)、式(5-11)和式(5-16)代入式(5-3)整理得:

$$2(L+\mu S)(F_X P_X^* + F_Y P_Y^*)n^2 + \left[P_L^*(L+\mu S) - 2P(L-\mu S)\mu^{0.5}\left(\frac{F_X}{\delta}+\frac{F_Y}{\varepsilon}\right)\right]n$$
$$= P(L-\mu S) \tag{5-17}$$

由式(5-5)、式(5-6)、式(5-9)、式(5-12)、式(5-13)、式(5-14)、式(5-16)整理得:

$$n = \frac{2S\mu^{0.5}}{\left(\dfrac{F_X}{\delta}+\dfrac{F_Y}{\varepsilon}\right)(L-\mu S)} \tag{5-18}$$

在此,只关注 δ、ε 两个变量。从式(5-18)可见,随着 δ、ε 值的上升,n 值越大,说明电子商务效率的提高和技术研发部门效率的提高有利于发展中国家在全球价值链中地位的改善。

第三节　实证分析设计

一、模型构建

基于前文数理模型及理论分析,笔者尝试构建如下计量模型:

$$\mathrm{GVC\_Pa}_{it} = \beta_0 + \beta_1 \mathrm{EC}_{it} + \beta_2 \mathrm{FI}_{it} + \beta_3 \mathrm{FT}_{it} + \beta_4 \ln\mathrm{FS}_{it} + \beta_5 \mathrm{RD}_{it} + \beta_6 \mathrm{GS}_{it} + \beta_7 \mathrm{TF}_{it} + \mu_{it} \tag{5-19}$$

$$\mathrm{GVC\_Po}_{it} = \beta_0 + \beta_1 \mathrm{EC}_{it} + \beta_2 \mathrm{FI}_{it} + \beta_3 \mathrm{FT}_{it} + \beta_4 \ln\mathrm{FS}_{it} + \beta_5 \mathrm{RD}_{it} + \beta_6 \mathrm{GS}_{it} + \beta_7 \mathrm{TF}_{it} + \mu_{it} \tag{5-20}$$

式中,$\mathrm{GVC\_Pa}_{it}$ 和 $\mathrm{GVC\_Po}_{it}$ 为被解释变量全球价值链参与度指数和全球价值链地位指数,用来衡量一国全球价值链嵌入水平;EC_{it} 为核心解释变量电子商务发展水平,以电子商务发展指数予以表征;控制变量有 FI_{it}、FT_{it}、FS_{it}、RD_{it}、GS_{it}、TF_{it},分别表示外商直接投资、对外贸易规模、金融支持、研发能力、政府支持与全要素生产率;β_0 为截距项,$\beta_i(i=1,2,\cdots,7)$ 表示各解释变量的回归系数,i 表示国家,t 表示年份,μ_{it} 为随机扰动项。

二、变量选取

(一)被解释变量

全球价值链参与度指数(GVC_Pa)和全球价值链地位指数(GVC_Po)为被解释变量,借鉴 Koopman et al.(2010)提出的全球价值链分析框架,利用世界投入产出数据库(WIOD)提供的世界投入产出表分别测算全球价值链参与度指数和全球价值链地位指数,具体公式为:

$$GVC\_Pa_i = \frac{IV_i}{E_i} + \frac{FV_i}{E_i} \qquad (5\text{-}21)$$

$$GVC\_Po_i = \ln\left(1 + \frac{IV_i}{E_i}\right) - \ln\left(1 + \frac{FV_i}{E_i}\right) \qquad (5\text{-}22)$$

式中,GVC_Pa_i 是 GVC 参与度指数,用来衡量 i 国在全球价值链分工中的参与度情况;GVC_Po_i 是 GVC 地位指数,用来表示 i 国在全球价值链分工中的位置。E_i 表示 i 国总出口。IV_i 表示 i 国间接增加值出口,即 i 国出口的中间品中被进口国加工后又出口到第三国的价值增值情况。$\frac{IV_i}{E_i}$ 实际上表示的是 i 国间接出口的国内附加值占 i 国总出口的比重,因此又称 GVC 前向参与度指数。FV_i 表示一国出口中包含的国外增加值,即 i 国出口最终产品中包含的国外进口中间品的价值。$\frac{FV_i}{E_i}$ 表示 i 国出口中国外附加值占总出口的比重,因此又称为 GVC 后向参与度指数。当 $\frac{IV_i}{E_i} > \frac{FV_i}{E_i}$ 时,i 国处在全球价值链的上游,该国会通过向其他国家提供原材料或中间产品参与全球价值链生产;当 $\frac{IV_i}{E_i} < \frac{FV_i}{E_i}$ 时,i 国处在全球价值链的下游,就会大量进口他国的原材料或中间品用来生产最终产品。

(二)核心解释变量

电子商务发展水平(EC)为核心解释变量。根据交易成本理论,企业可以凭借电商平台降低沟通成本、办公成本和搜寻成本等交易成本,促使企业以较低门槛进入海外市场(温珺等,2015)。基于此,笔者在 OECD(1998)、《CII 电子商务指数研究与测算》课题组(2001)、刘敏和陈正(2008)确定的电子商务总指数指标体系的基础上剔除了一些无法度量和难以获取的指标,最后选取能在一定程度上反映电子商务发展情况的互联网普及率、每百人中移动电话数、每百人中固定电话数、ICT 资本份额、人均 GDP 和居民专利申请量 6 个主要变量,借鉴贺盛瑜(2017)的电子商务发展水平测算方法,利用 SPSS18.0 软件进行主成分分析,进而得到电子商务发展指数,并将其作为电子商务发展水平的代理变量。

(三)控制变量

(1)外商直接投资(FI)。通过全球价值链嵌入、人力资本提升、技术外溢等途径,外商直接投资可以影响出口国内附加值(唐宜红和张鹏杨,2017),然而,FI 对国内附加值出口存在消极或不确定性影响。一方面,FI 带来的外溢技术可能会抑制东道国技术水平的提高(罗伟和葛顺奇,2015;Sasidharan et al.,2011),另一方面,人力资本门槛效应的存在会使 FI 对就业结构产生影响。鉴于此,笔者使用外国直接投资净流入占 GDP 比重来表示外国直接投资。

(2)对外贸易规模(FT)。经济开放程度越高,各国的产品进出口自由越大,将有效降低中间产品成本(王林燕,2016),而且经济开放度带来的技术外溢将有效提高生产技术水平,这些因素将共同提高出口产品竞争力。但郑丹青和于津平(2014)却发现出口规模的扩大显著地抑制了我国企业出口附加值率的提升,因为进口关税的降低促使企业更多地使用进口中间品,进而限制了出口附加值率的提升。基于此,笔者将进出口总额取对数用以表示对外贸易规模的变动。

(3)金融支持(FS)。金融支持对全球价值链嵌入水平有着重要影响,因为企业通过调整出口产品质量可以影响出口价格和贸易量(Crinò and Ogliari,2017),较高的金融发展水平能降低中国工业制成品融资成本,从而降低出口成本,提升产品竞争力(包群和阳佳余,2008)。因此,笔者参考容金霞和顾浩(2016)对金融支持指标的处理,选取净国内信贷占 GDP 比重来表示一国金融支持程度。

(4)研发能力(RD)。技术水平是保证产品国际竞争力的重要因素,各部门若要深入嵌入全球价值链,必须在技术水平上有所突破,占据全球价值链微笑曲线的高端,进而主导全球价值链分工,获取高额附加值。而提升技术水平的重要途径是自主研发,通过产品和工艺的不断创新,为国际竞争力的提升提供源源不断的动力。同时,较强的研发能力能够提升企业吸收 FI 技术外溢能力,为企业技术水平的提升保驾护航。鉴于此,笔者使用研发支出总额占 GDP 比重来表示研发能力。

(5)政府支持(GS)。一国政府可以通过一系列发展援助加大对外经济合作力度,推动企业通过海外生产构建全球价值链,实现产品从"本土制造"向"海外制造"转型(陈子雷,2017)。鉴于此,笔者选用政府支出占 GDP 比重来表示政府支持力度。

(6)全要素生产率(TF)。全要素生产率的增加是改变企业传统"要素驱动"方式的重要途径,不仅大大减少了劳动力的投入,还提升了企业承接较大难度生产的能力,以及模仿、创新的能力,促使企业涉及更高层次的价值链环节,增加企业进入全球价值链的深度和广度(王高凤和郑玉,2017)。

三、数据说明

基于数据的可得性,笔者选取 39 个国家[①] 2000—2014 年的面板数据进行计量分析。全球价值链参与度指数和全球价值链地位指数是根据 WIOD 提供的世界投入产出表测算所得;测算电子商务发展水平的各指标中,ICT 资本份额来源于 TED 数据库,其余指标数据均来源于世界银行;研发能力、外商直接投资、对外贸易规模、政府支持和金融支持数据来源于世界银行数据库;全要素生产率数据来源于 Pwt9.0 数据库。

第四节　实证分析与检验

一、基于 2SLS 的基准回归

由于双向因果关系和遗漏变量的影响,基于式(5-19)和式(5-20)的回归模型会存在一定内生性。为了降低内生性带来的估计结果偏误,以电子商务发展水平的一阶和二阶滞后作为工具变量,选用两阶段最小二乘法(2SLS)进行回归估计,结果如表 5-1 所示。为了检验工具变量的有效性,笔者将采用多种统计检验方法予以评判[②]:首先,两阶段最小二乘法第一阶段回归的 F 统计值为1562.28,在 1% 水平上显著地大于 10,说明选取的不是弱工具变量;其次,Kleibergen-Paap rk LM 统计量在 1% 水平上拒绝工具变量识别不足的原假设,说明工具变量是合理的;再来,Kleibergen-Paap Wald rk F 统计量和 Cragg-Donald Wald F 统计量分别为 2353.959 和 3849.813,都大于 Stock-Yogo 检验10% 水平上的临界值 19.93,这两个统计结果均拒绝"工具变量为弱识别"的原假设,进一步说明了工具变量的选择是合理的;最后,Hansen J 检验在两个模

---

① 这 39 个国家为土耳其、马耳他、比利时、日本、中国、丹麦、巴西、卢森堡、印度、立陶宛、加拿大、西班牙、匈牙利、芬兰、克罗地亚、希腊、拉脱维亚、英国、罗马尼亚、法国、波兰、挪威、保加利亚、俄罗斯、美国、荷兰、爱尔兰、爱沙尼亚、捷克、斯洛文尼亚、斯洛伐克、葡萄牙、韩国、奥地利、瑞典、意大利、塞浦路斯、墨西哥、德国(以首字笔画为序)。

② 各种统计检验方法评判原则:第一阶段 F 检验的原假设视工具变量在第一阶段回归系数中都为 0,若 F 统计量大于 10 则可拒绝"弱工具变量"的原假设;Kleibergen-Paap rk LM 检验的原假设视工具变量识别不足,若拒绝原假设则说明工具变量是合理的;Kleibergen-Paap Wald rk F 检验的原假设视工具变量为弱识别,若拒绝原假设则说明工具变量是合理的;Cragg-Donald Wald F 检验的原假设视工具变量为弱识别,若拒绝原假设则说明工具变量是合理的;Hansen J 检验的原假设视"所有工具变量均外生",若接受原假设则说明工具变量是合理的。

型中的 P 值分别为 0.1219 和 0.7664，即不能拒绝"所有工具变量均外生"的原假设，说明工具变量是外生的。从上述检验结果可以发现，所选取的工具变量是有效的。

表 5-1　基于 2SLS 的基准回归结果

被解释变量	2SLS	
	(1) GVC_Pa	(2) GVC_Po
EC	0.0638*** (7.568)	−0.0358*** (−3.037)
FI	0.0557*** (4.347)	−0.0829*** (−4.629)
FT	−0.0175*** (−5.796)	0.0269*** (5.563)
FS	−0.0165*** (−2.758)	−0.0247** (−2.117)
RD	−0.0179*** (−2.783)	0.0113 (1.388)
GS	0.6723*** (8.004)	−0.1313 (−1.092)
TF	0.0666*** (4.496)	−0.0084 (−0.267)
常数项	0.8133*** (8.880)	−0.6931*** (−5.159)
样本量	501	501
测定系数(R^2)	0.384	0.213
第一阶段 F 统计量	1562.28 [0.000]	1562.28 [0.000]
Kleibergen-Paap rk LM 统计量	110.230 [0.000]	110.230 [0.000]
Kleibergen-Paap Wald rk F 统计量	1562.279 {19.93}	1562.279 {19.93}
Cragg-Donald Wald F 统计量	2690.479 {19.93}	2690.479 {19.93}
Hansen J 统计量	2.393 [0.121]	0.088 [0.766]

注：回归系数下方()内数值为 t 统计值，[]内数值为相应检验统计量的 P 值，{}内数值为 Stock-Yogo 检验 10%水平上的临界值。下表同此。

从表 5-1 可知,电子商务发展显著地提高了各国的全球价值链参与度,这主要是因为电子商务有助于降低交易成本、提高交易效率。但是,电子商务发展显著地抑制了各国全球价值链地位的提升,这与笔者的设想有所不同,这可能是由于电子商务发展对企业技术创新与产业升级产生了挤出效应。

二、国家异质性

考虑到不同国家全球价值链嵌入水平的影响因素各有不同,笔者将总样本分为发达国家和发展中国家[①]分别进行回归估计,分样本回归结果如表 5-2 所示。

表 5-2 基于国家异质性的 2SLS 回归结果

被解释变量	发达国家		发展中国家	
	(1) GVC_Pa	(2) GVC_Po	(3) GVC_Pa	(4) GVC_Po
EC	0.0637*** (5.317)	−0.0337* (−1.754)	0.1002*** (7.991)	0.0815*** (3.495)
FI	0.0475*** (3.738)	−0.0817*** (−4.431)	0.1371* (1.982)	−0.2436** (−2.480)
FT	−0.0229*** (−5.880)	0.0237*** (4.009)	0.0256*** (5.175)	−0.0194** (−2.390)
FS	−0.0223*** (−3.139)	−0.0092 (−0.766)	−0.1063*** (−6.247)	−0.2713*** (−5.421)
RD	−0.0209*** (−2.831)	0.0097 (0.943)	−0.0364* (−1.887)	0.2889*** (6.365)
GS	0.7615*** (6.285)	−0.3399* (−2.268)	0.7960*** (8.445)	−0.4726** (−2.687)
TF	0.0920*** (4.348)	0.0374 (0.750)	−0.0446* (−2.233)	−0.2116*** (−7.794)
常数项	0.9384*** (8.486)	−0.6347*** (−4.246)	−0.1989 (−1.370)	0.7511*** (3.495)

①　国际货币基金组织发布的《世界经济展望》中将国家分为两大组:发达经济体,新兴市场和发展中经济体。本文按照该标准将样本分为发达国家和发展中国家。

续表

被解释变量	发达国家		发展中国家	
	(1) GVC_Pa	(2) GVC_Po	(3) GVC_Pa	(4) GVC_Po
样本量	361	361	140	140
测定系数(R²)	0.334	0.252	0.693	0.475
第一阶段 F 统计量	1809.12 [0.000]	1809.12 [0.000]	127.927 [0.000]	127.927 [0.000]
Kleibergen-Paap rk LM 统计量	99.855 [0.000]	99.855 [0.000]	51.952 [0.000]	51.952 [0.000]
Kleibergen-Paap Wald rk F 统计量	1809.124 {19.93}	1809.124 {19.93}	127.927 {19.93}	127.927 {19.93}
Cragg-Donald Wald F 统计量	2030.594 {19.93}	2030.594 {19.93}	230.767 {19.93}	230.767 {19.93}
Hansen J 统计量	2.558 [0.109]	1.207 [0.272]	1.952 [0.162]	0.315 [0.574]

从表 5-2 中可以看出,电子商务发展水平对全球价值链参与度的影响在发达国家和发展中国家都显著为正,说明电子商务的发展的确能促进一国参与全球价值链分工,且电子商务发展水平的提高对发展中国家全球价值链参与度水平的促进作用更为明显。但是,电子商务对全球价值链地位的影响具有明显的异质性,即对于发达国家,电子商务发展显著抑制了全球价值链地位的提升,然而,在发展中国家,电子商务的发展显著地提升了全球价值链地位,说明发展中国家进一步促进电子商务发展的潜力较大。

三、稳健性检验

值得注意的是,如果存在弱工具变量,两阶段最小二乘法就会出现估计偏差。为此,分别使用对弱工具变量更不敏感的有限信息最大似然法(LIML)、广义矩估计(GMM)与迭代广义矩估计(iterative GMM,IGMM)进行稳健性检验。表 5-3 汇报了全球价值链参与度指数和全球价值链地位指数的 LIML、GMM 和 IGMM 估计结果。

表 5-3　稳健性检验结果

被解释变量	GVC_Pa			GVC_Po		
	(1) LIML	(2) GMM	(3) IGMM	(4) LIML	(5) GMM	(6) IGMM
EC	0.0639*** (7.567)	0.0637*** (7.555)	0.0637*** (7.552)	−0.0358*** (−3.037)	−0.0358*** (−3.044)	−0.0358*** (−3.044)
FI	0.0556*** (4.347)	0.0526*** (4.479)	0.0528*** (4.470)	−0.0829*** (−4.629)	−0.0831*** (−4.629)	−0.0831*** (−4.629)
FT	−0.0175*** (−5.796)	−0.0180*** (−5.984)	−0.0180*** (−5.987)	0.0269*** (5.563)	0.0269*** (5.561)	0.0269*** (5.561)
FS	−0.0165*** (−2.759)	−0.0168*** (−2.807)	−0.0168*** (−2.810)	−0.0247* (−2.117)	−0.0246* (−2.109)	−0.0246** (−2.109)
RD	−0.0179*** (−2.784)	−0.0179*** (−2.790)	−0.0179*** (−2.786)	0.0113 (1.388)	0.0114 (1.409)	0.0114 (1.409)
GS	0.6722*** (8.003)	0.6611*** (7.889)	0.6611*** (7.889)	−0.1313 (−1.092)	−0.1294 (−1.079)	−0.1294 (−1.078)
TF	0.0666*** (4.495)	0.0680*** (4.590)	0.0680*** (4.592)	−0.0084 (−0.267)	−0.0094 (−0.300)	−0.0094 (−0.300)
常数项	0.8134*** (8.880)	0.8279*** (9.083)	0.8281*** (9.085)	−0.6931*** (−5.159)	−0.6927*** (−5.157)	−0.6928*** (−5.158)
样本量	501	501	501	501	501	501
测定系数(R^2)	0.384	0.384	0.384	0.213	0.213	0.213

对表 5-3 的回归结果与表 5-1 的 2SLS 模型结果进行比较发现，基于 LIML、GMM 和迭代 GMM 的系数估计值与 2SLS 估计相差无几，每个解释变量的估计系数和显著性水平均未发生较大变化，进而证实了基准回归的稳健性，换言之，所构建的模型具有较充分的解释力。

第五节　关于 GVC 嵌入的若干启示

整合前文理论研究与实证分析①，笔者大致得出如下结论：(1)总体而言,电子商务发展能够显著地促进一国全球价值链参与度提高,但电子商务发展显著地抑制了全球价值链地位提升。(2)电子商务的全球价值链嵌入效应具有明显的国家异质性,一方面,电子商务对发达国家和发展中国家提升全球价值链参与度均有显著的促进作用,且对发展中国家的促进程度明显高于发达国家;另一方面,电子商务发展显著地促进了发展中国家全球价值链地位提升,但显著地抑制了发达国家全球价值链地位提升。这在一定程度上说明,对于发达国家,过度发展电子商务可能会抑制实体经济的发展,从而不利于提升其全球价值链地位,对于发展中国家,大力发展电子商务可以有效降低交易成本、提升创新能力,从而促进其全球价值链地位提升。

基于上述研究结论,围绕中国如何提升全球价值链参与度及其地位,如何深度嵌入全球价值链分工体系,笔者进一步提出若干政策启示。第一,提高国内电子商务技术研发水平。一方面,促进企业电子商务信息技术进步,为电子商务高质量发展创造有利条件;另一方面,鼓励企业进行自主创新,强化核心技术开发,进而参与更为复杂的价值链环节;同时,引导并激励企业以市场需求为导向、科技创新为手段、客户体验为中心,提升电子商务国际竞争力。第二,充分发挥金融支持作用。一方面,缓解企业投融资成本高、投融资渠道少等问题,支持本土企业深度嵌入全球价值链的高端环节,同时促进传统产业通过多重途径融入全球价值链;另一方面,为企业提供贸易融资、跨境人民币结算等金融服务,促进电子商务可持续、健康发展。第三,促进跨境电子商务协同发展。中国跨境电子商务发展仍面临物流服务水平偏低、市场同质化竞争严重、"品牌出海"能力较弱等瓶颈,这在一定程度上阻碍了商品市场一体化高质量发展。政府应鼓励电子商务企业不断完善跨境电子商务物流支撑体系,提高物流服务效率和水平,积极参与全球分工与市场竞争,同时加强知识产权保护和自主品牌建设,促使中国电子商务高水平嵌入全球供应链与创新链。第四,基于全球价值链定位深化外商直接投资与贸易开放。若要提升一国的全球价值链嵌入水平,必须全面提升相关产业发展水平,进而促使出口产品结构逐步从以劳动密集型、资本密集型产品为主向以知识技术密集型产品为主转变,同时注重提升出口中间品技术复杂度与质量,提高出口国内附加值率,高质量获取价值链贸易利得。

---

① 由于电子商务与 GVC 嵌入之间本质上是一种复杂的非线性关系,加上篇幅所限,本章没有习惯性地对基准回归进行机制检验,尽管如此,仍不会影响笔者对其基本变动趋势的判断,在后续研究中将进一步予以深化。

第六章 服务业 GVC 嵌入与女性劳动力工资[①]

我国服务业嵌入全球价值链(GVC)地位对女性劳动力工资水平的影响正受到学界广泛关注,本章旨在基于服务业特点与女性禀赋特征,结合全球价值链宏观数据和家庭调查微观数据,对此进行理论探讨和实证分析。全样本回归显示,服务业向 GVC 高端地位攀升整体上有助于促进我国女性劳动力工资增长;分样本回归发现该促进效应存在异质性,嵌入 GVC 地位对低技能女性劳动力工资的促进作用大于高技能女性劳动力,技能工资差距得以缩小;分位数回归结果显示,服务业嵌入 GVC 地位提升对女性劳动力工资增长的促进作用随收入的增加而减弱,即参与 GVC 分工有助于调节收入差距。因而,中国亟须积极推动服务业 GVC 地位攀升,提升服务业女性就业贡献率,增强女性劳动力技能,完善女性劳动力社会保障制度,促使服务业嵌入 GVC 地位提升与女性劳动力高质量就业良性互动。

第一节 引 言

从本质上看,全球分工模式下的贸易活动不仅是商品的交换更是生产要素的交换。因而,全球价值链(global value chain, GVC)分工的盛行对劳动力要素市场必然产生重要影响,但其作用机制尚不明确。一个经济体参与全球价值链活动,劳动者从中获益还是受损,不仅取决于经济体的参与方式,还取决于其劳动者的技能水平、性别等因素。由于家庭角色和社会角色不同,男性和女性在贸易网络中从事的工作不同,进而工资水平和就业质量存在一定差异。随着我国深度融入全球价值链,女性劳动者日趋面临着复杂贸易网络带来的机遇和挑战,优化女性人力资源配置以适应全球价值链布局有助于实现高质量和充分就业。同时,性别不平等也会破坏全球价值链在促进经济发展和社会进步方面的成果(Bamber and Staritz,2016),毋庸置疑,关注并探讨性别差异化影响有利于全球价值链治理。近年来,我国服务业嵌入全球价值链的地位逐步攀升,女

[①] 本章内容引自于笔者已发表的论文(李怀政和蔡洁,2020)。

性劳动力总体工资水平有所上升,但仍然存在技能工资差异,劳动就业摩擦逐步增多。从而,基于全球价值链嵌入地位维度探索女性劳动力工资变化的动因及机制十分必要。鉴于此,本章结合服务业特点与女性禀赋特征,厘清服务业嵌入全球价值链地位对女性工资的影响机理,并对其具体影响及程度进行实证分析和检验,进而提出建议和对策。

第二节 服务业嵌入 GVC 与工资研究述评

服务贸易与工资的关系一直受到学术界的广泛关注,国内已有大量学者围绕服务贸易与劳动力工资水平及工资差距的关系展开研究。相关成果显示,服务贸易总体能够提高我国服务业的工资水平,但存在明显的企业和行业异质性(张志明和崔日明,2015)。对于服务贸易和工资差距的研究尚未得出一致的结论,贸易可能扩大了工资差距(蔡宏波等,2014),也可能缩小了收入差距,其作用或许随发展阶段及相关因素变更而动态变化(范爱军和卞学字,2013)。此外,服务出口和服务进口对不同技能劳动力的工资发挥不同影响(滕瑜和迟睿,2016)。

传统的总值贸易统计存在重复计算问题,忽略了上游经济体投入的作用,从而不能真实反映经济体或经济部门参与 GVC 活动的情况。近年来,无论是"微笑曲线"还是 GVC 等不同分析,都更加侧重增加值的来源,在服务业领域尤其明显。在 iPad 和笔记本电脑的案例分析中,产品的高附加值来源于研发设计、尖端零部件供应,而不是加工、组装后半成品或制成品出口环节(Dedrick et al.,2010)。随着增加值贸易统计方法取得了重大进展,相关指标的构建使得量化经济体或经济部门参与全球价值链水平得以实现。目前,衡量不同经济体或经济部门在全球价值链上相对位置的指标主要涵盖地位指数(Koopman et al.,2010)、上游度(Fally,2012)、下游度(Antras and Chor,2013)和位置指数(Wang et al.,2017)等。理论上,基于全球价值链框架深入研究贸易与工资问题,结果应更具解释力。

对于全球价值链与工资的关系,基于行业层面的研究大多采用 WIOD、TiVA 等投入产出数据库计算全球价值链相关指标。经验证据表明,分工环节向全球价值链下游移动,有利于高技能劳动力工资提高,但对非熟练劳动力的负面冲击较大,收入差距进一步扩大(耿伟和郝碧榕,2018)。具体来说,GVC 相对位置变化对工资差距的影响存在行业异质性,GVC 地位上升扩大服务业工资差异而缩小制造业工资差距(刘瑶,2016)。但也有相反的经验证据,我国服务业大规模参与加工、装配等劳动密集型生产活动,导致对熟练工人的需求减少,反而为低成本非熟练劳动力创造了更多机会,工资差距有所缓和(高运胜等，2017）。此外，服务业参与全球价值链的形式存在差异，嵌入上游或下游、前向或后向参与等不同模式对技能工资差距的影响机制不同（林玲和容金霞，2016；吴云霞和蒋庚华，2018）。"低端锁定"是中国劳动力市场在全球分工环境下面临的一大主要问题（王磊和魏龙，2017），这导致贸易条件恶化挤压我国获得的劳动报酬（张少军，2015），损害我国国际竞争力，而宏观调控有助于跨越"中等收入陷阱"（刘再起和王曼莉，2018）。基于微观企业层面的研究，多采用《中国工业企业数据库》和《中国海关贸易数据库》的匹配数据来衡量企业参与全球价值链的水平（吕越等，2018；史青和赵跃叶，2020），研究发现，国内增加值提升对工资水平增长产生积极的正向作用（陈继勇等，2016）。与不参与国际分工活动的企业相比，参与 GVC 分工的企业能够取得较高的生产率溢价（赵锦春和范从来，2018），其中高技能工人相对非技能工人可从中获得更高的技能工资溢价（李磊等，2017）。另外，嵌入全球价值链的企业往往具有较大的女性员工占比（李强，2014），将行业层面的全球价值链数据与微观工资数据结合进行研究也具有可行性（Szymczak et al.，2019）。

国外将性别因素纳入贸易与劳动力市场分析框架的研究较为丰富。新古典理论从歧视角度对贸易与性别问题进行解释，贸易自由化将加剧国际竞争，存在性别歧视的企业将支付额外的歧视成本进而导致企业失去竞争优势，所以竞争有助于减弱性别歧视（Becker，1957）。贸易自由化为女性创造了更多机会但同时也带来了挑战和限制。一方面，发展中国家劳动密集型行业出于经济诱因，对低成本女性劳动力需求增加（Menon and Rodgers，2009）。另一方面，全球生产网络化带来的技术升级，可能使技术密集型行业更愿意雇用男性劳动力而不是女性劳动力（Ederington et al.，2009）。但也有证据表明信息技术发展带来的自动化生产流程使女性劳工从体力劳动中解放出来，一部分女性劳动力的相对工资和就业率有所提高（Juhn et al.，2014）。此外，贸易自由化可能通过不同路径影响女性劳动力市场，具体影响机制及影响程度还取决于其技能水平、所处的部门和国家（Yahmed，2012；Barrientos，2014），电子商务和全球价值链互动发展有利于女性进入劳动力市场（赵瑾，2019）。

从已有研究成果可知，无论是关于服务贸易与工资还是全球价值链与工资的研究，从性别角度出发的研究还是比较有限。其中，宏观层面的研究能够反映出国家或行业嵌入全球价值链的整体水平，而微观企业的研究能够体现出企业异质性。由于我国服务企业微观数据的缺乏，本章将全球价值链行业数据和家庭微观调查数据进行整合，研究我国服务业嵌入全球价值链地位变化对女性劳动力工资以及技能工资差距的影响及程度。

第三节 理论逻辑、影响机理与推论

一、理论依据

由于男性和女性在劳动力市场进入和议价能力方面存在性别差异,服务业嵌入全球价值链地位对不同性别劳动力工资的影响也具有差异。根据Becker(1985)的家庭分工理论,相比男性,女性往往要耗费更多的精力来平衡工作与家庭的关系。假设其他条件相同,那么相同工作时间内,女性花费的精力小于男性,可能产生的结果就是女性生产率低于男性,获得的报酬也更少。此外,先天禀赋塑造的生理特征外加社会对女性的刻板印象,使得女性在接受教育和进入劳动力市场时面临着一定阻碍。即便顺利入职,培训、晋升的限制也不可避免地限制了女性职业发展的高度。由于初始人力资本和人力资本积累速度的差异,相同条件下女性不易拥有和男性一样的技能水平。因此,本章探讨我国服务业嵌入 GVC 地位变化对女性劳动力工资的影响机理,基于以下假设:(1)我国女性劳动力的平均技能水平较低;(2)女性工人的劳动生产率总体低于男性;(3)女性劳动力的平均议价能力较弱。根据H-O贸易理论,高技能劳动力丰裕的发达国家和低技能劳动力丰裕的发展中国家之间的贸易往来将增进各国相对丰裕劳动力要素的收益。即贸易自由化将提高发达国家高技能(男性)劳动力和发展中国家中低技能(女性)劳动力的工资。

二、服务业嵌入 GVC 地位影响女性劳动力工资机理

(一)服务业嵌入 GVC 上游影响女性劳动力工资的机理

一个经济体或经济部门嵌入全球价值链上游一般表现为向下游经济体提供高附加值、高技术中间品或服务,涉及研发、设计、开发等环节,相应要求劳动力具备较高的技能水平和良好的业务素质。发达国家依靠创新驱动力走在技术前端,发展中国家的技术进步则主要依赖于发达国家的溢出。碎片化生产促使价值链上游经济体或部门的"低端"环节转移至下游经济体或部门,但对下游而言这些环节可能仍属于"高端"环节。主流经验文献证明贸易会导致发展中国家技能偏向型技术进步(Acemoglu,1999),我国少数生产性服务业承接了发达国家的先进工序,相对处于全球价值链上游,技术外溢提高了技术水平,而这些技术、资本密集型阶段需要生产率相对较高的高技能劳动力来适应,从而导

致技术进步的工资溢价偏向于高技能劳动力,扩大了工资差距。自动化生产的引入将取代以前由低技能工人执行的任务,由于女性的平均技能低于男性,技术进步的挤出效应将总体恶化女性劳动力的收入和工作状况,加剧了工资不平等。服务业嵌入全球价值链上游可能通过技能偏向型技术进步效应整体抑制女性劳动力工资的增长或降低其工资水平。对于不同技能的女性劳动力而言,服务业嵌入全球价值链上游将有益少数女性高技能劳动力,而不利于大多数女性低技能劳动力群体。

(二)服务业嵌入 GVC 下游影响女性劳动力工资的机理

位于全球价值链下游的经济体或部门凭借劳动力、资源禀赋嵌入 GVC 的低端环节,为其他经济体提供低附加值中间品或服务,从事简单加工、装配等环节,对劳动力没有专业技能要求。当前我国服务业国际竞争力仍然比较弱,主要嵌入全球价值链的下游环节,进口上游经济体的高附加值中间品或服务再出口。由于劳动密集型服务业对技能要求并不高,低成本仍是企业雇佣劳动力的主要动机,女性工人更易替代高成本的男性工人。近年来,我国服务业抓住机遇积极融入全球分工活动,劳动密集型服务业份额迅速扩大。另外,女性细心、善于照料、温柔等特点与一些劳动密集型服务行业的需求相吻合,使得这部分行业更加青睐女性员工,外加服务贸易带动就业能力强的特点(吕延方等,2017),对低技能女性劳动力的需求随之大大增加,女性劳动力平均工资水平由此得以提升。服务业嵌入价值链下游大量吸收了相对低技能的女性劳动力,而缺乏低成本优势的女性高技能劳动力被反向替代。因此,我国服务业嵌入价值链下游总体上拉动女性工资增长,但多数女性低技能劳动力相比少数女性高技能劳动力可从中获益更多。

三、基本推论

综合上述分析,由于我国服务业多数参与全球价值链的下游环节,据此推测,全球价值链地位攀升对女性劳动力工资的促进作用整体大于抑制作用。所以,笔者提出如下 3 个推论。

推论 1:我国服务业嵌入全球价值链地位上升有利于促进女性劳动力工资增长。

推论 2:我国服务业嵌入全球价值链上游有利于女性高技能劳动者的工资增长而不利于女性低技能劳动力的工资增长。

推论 3:我国服务业嵌入全球价值链下游有利于女性低技能劳动者的工资增长而不利于女性高技能劳动力的工资增长。

第四节 基于明瑟工资方程的实证与检验

一、计量研究设计

(一)模型构建

笔者将全球价值链地位指数引入明瑟工资方程,在机理分析的基础上对推论进行实证检验,并尝试解释女性个体工资变化的原因。基于此,构建以下计量模型:

$$\text{lnwage}_{ij} = \alpha + \beta_1 \text{GVC\_Pos}_j + \beta_2 \text{lnva}_j + \gamma X_{ij} + \varepsilon_{ij} \tag{6-1}$$

式中,i 表示女性劳动力个体,j 表示个体所属行业;lnwage_{ij} 为服务业中个体的小时工资对数。GVC_Pos_j 表示行业 j 的全球价值链地位指数;lnva_j 代表行业 j 的行业增加值对数;X_{ij} 为个体特征变量,包括年龄、年龄的平方、健康状况、政治面貌、受教育程度等个体变量;β_1、β_2、γ 分别为解释变量的系数;ε_{ij} 为随机误差项。

(二)变量选取

1.被解释变量

本章的被解释变量为工资水平。由于不同工作时长可能会对工资水平产生影响,本章采用小时工资来表示工资水平[①]。为减弱数据异方差,对小时工资取自然对数,记作 lnwage,变换后的变量近似服从正态分布。

2.解释变量

本章的核心解释变量为全球价值链地位指数(GVC_Pos)。Wang 等(2017)将全球价值链地位指数定义为前向联系生产长度(PLv_GVC)与后向联系生产长度(PLy_GVC)之比,用式(6-2)来表示。PLv_GVC 为前向联系生产长度,表示经济体生产的中间品从出口其他国家到成为最终品被吸收所经历的生产阶段,数值越大,意味着生产过程越复杂,经济体相对位于全球价值链上游位置。PLy_GVC 为后向联系生产长度,衡量经济体从国外进口的中间投入品到初始投入端的生产长度,数值越大,表示该经济体相对处于全球价值链下端。

---

① CHIP2013 调查问卷涉及个体工作状况的三个问题:2013 年您工作了多少个月?平均每月工作多少天?平均每天工作多少个小时(包括加班在内的实际劳动间)?其中,三个选项的乘积为年工作小时数;工资水平的计算公式为:个体的小时工资=年收入(元)/年工作小时数(小时)。

因此,GVC_Pos 数值越大,意味着经济体越靠近全球价值链上游,主要为中间生产商提供中间品。反之,经济体相对靠近全球价值链下游,则其大量从国外进口高附加值中间品用于出口生产,创造的附加值小,距离最终消费终端近。从式(6-2)可知,这个指数通过比较经济体所处的特定生产阶段到价值链两端的相对距离来测度其地位,避免了上游度和下游度指标不一致问题,具有良好的性质。因此,本章选取地位指数来衡量我国服务业嵌入全球价值链的相对位置。

$$GVC\_Pos = \frac{PLv\_GVC}{PLy\_GVC} \tag{6-2}$$

3.控制变量

就女性工资而言,其影响因素不仅限于全球价值链嵌入地位等外在要素,还需考虑到年龄、健康状况、受教育程度等内在因素。为避免遗漏变量造成有偏估计,本章选取了以下个体控制变量和行业控制变量:

(1)年龄和年龄的平方(age、age²)。年龄是影响工资的一个内在因素。根据劳动力工作生涯的边际生产力变化趋势,工资通常随着年龄的增长而增长,但到了一定年龄后,工资会随着年龄的增长而降低。预期回归结果中年龄的系数为正并且年龄平方的系数为负,即随着年龄的增长个体工资先上升后下降,总体呈倒 U 形变动趋势。本章年龄的计算公式为:

$$age = 2013 - 出生年份 \tag{6-3}$$

(2)受教育程度(edu)。学历是我国劳动力市场雇佣劳动力与制定起薪的重要标准之一。一般而言,受教育程度越高有助于提升劳动者专业技能水平,作为回报,雇主愿意提供的薪酬也越丰厚。本章将受教育程度划分为三个层次,若受教育年限小于 12 年,受教育程度为 1;受教育年限大于等于 12 年且小于 16 年,受教育程度为 2;受教育年限大于等于 16 年,受教育程度为 3。

(3)是否为中共党员(party)。在我国成为中共党员需要经历层层筛选,竞争激烈,所以党员或非党员身份是劳动者向雇主传递其能力水平的一个重要信号,拥有党员身份往往意味着更多高薪和晋升的机会。从而构造中共党员虚拟变量,是中共党员赋值为 1,不是中共党员赋值为 0。预期党员虚拟变量的系数为正值。

(4)婚姻状况(married)。由于生理和社会习俗的缘故,以前女性劳动力往往承担着生育和家庭照料任务,这不可避免地对女性工作效率和持续性产生了负面影响,导致较低的工资水平。但伴随女权运动和我国社会主义婚恋观的进步,女性整体工资水平有所上升。设置婚姻状况虚拟变量,已婚赋值为 1,未婚赋值为 0①。

(5)健康状况(health)。健康是人力资本一个组成部分,工资的决定因素还包括健康状况(苑会娜,2009)。健康与否一定程度上能够影响工作效率。身体健康的劳动者,劳动生产率更高,相应也能获得更高的劳动报酬;而健康状态不佳则意味着效率低、时间工作短,不利于工资增长。不健康赋值为 1,一般赋值为 2,健康赋值为 3。

(6)行业增加值对数(lnva)。行业增加值(va)一定程度上反映了各行业发展水平,行业发展水平越高,平均收入越高,往往劳动者取得高工资的可能性越大;反之,行业增加值越低,行业发展水平越低,平均收入越低,劳动者获得微薄工资的可能性越大。为统一变量数量级,对 va 取自然对数,记作 lnva。

(三)数据说明

本章使用的微观调查数据源于北京师范大学的中国家庭收入调查(CHIP)数据库,该数据库现有 1988、1995、2002、2007 和 2013 年共五年的数据。考虑指标的匹配性,笔者选取 2013 年的数据(以下简称"CHIP2013")进行分析,CHIP2013 城镇住户子样本共含 6674 个家庭样本,19887 个个体数据。本章的样本限定为 16～55 岁有工资收入的女性劳动者②,剔除了各变量的异常值和缺失值,共得到 3228 个有效观测值。

本章使用的宏观数据中,全球价值链地位指数来源于对外经贸大学全球价值链研究院的 UIBE GVC Index 数据库。由于行业分类标准不同,本章以《国民经济行业分类》(GB/T 4754—2011)为依据,对 UIBE GVC Index 行业进行归并。服务业分行业增加值数据来源于《中国统计年鉴》。本章将全球价值链地位指数和服务业增加值数据与个体特征变量依据共同的行业属性进行匹配。剔除 UIBE GVC Index 数据中投入产出为零的服务业,本章共选取 13 个服务业行业的个体进行研究③。表 6-1 为各变量的描述性统计结果,显而易见,各变量的标准差基本小于均值,说明数据较为平稳,波动较小。

---

① 将 CHIP2013 问卷中的婚姻状况选项统一为:初婚、再婚和同居视为已婚,离异、丧偶和未婚视为未婚。

② 我国法律规定,女性从业人员的法定劳动年龄为 16～55 岁。

③ 根据国家统计局的《三次产业划分规定》,我国服务业即为第三产业。本文选取的13 个服务业具体包含:批发和零售业,交通运输、仓储和邮政业,住宿和餐饮业,信息传输、软件和信息技术服务业,金融业,房地产业,科学研究和技术服务业,租赁和商务服务业,水利、环境和公共设施管理业,公共管理、社会保障和社会组织,教育,卫生和社会工作,居民服务和其他服务业。

表 6-1　变量描述性统计

变量	观测值	均值	标准差	最小值	最大值
lnwage	3228	2.457	0.813	−3.743	6.109
GVC_Pos	3228	0.951	0.0928	0.834	1.157
lnva	3228	9.876	0.716	8.023	10.94
age	3228	38.06	8.762	16	55
age^2	3228	1.525	659.8	256	3025
married	3228	0.857	0.350	0	1
party	3228	0.166	0.372	0	1
edu	3228	1.766	0.726	1	3
health	3228	1.193	0.430	1	3

根据研究需要,本章以劳动者的最高学历来划分高技能劳动力和低技能劳动力,将最高学历为大专及以上学历的劳动者定义为高技能劳动力,最高学历为大专以下学历的劳动者相应被视为低技能劳动力。图 6-1 报告了我国服务业女性高技能劳动力和低技能劳动力的小时工资对数核密度分布图。从图 6-1 可知,女性高技能工人小时工资对数密度的峰值位于女性低技能工人的右侧,说明高技能工人平均小时工资水平大于低技能工人。女性高技能劳动力的小时工资对数的峰度相对较大,说明高技能劳动力的小时工资相对低技能劳动力更加集中。

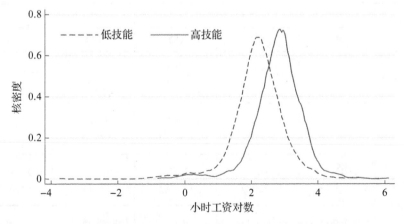

图 6-1　女性高技能劳动力和低技能劳动力的小时工资对数核密度

二、计量分析

(一)基准回归与异质性讨论

基于明瑟工资方程,本章逐步引入全球价值链变量和行业控制变量进行 OLS 估计,随着变量的加入,均有所提高。逐步加入地位指数和行业增加值对数的回归结果如表 6-2 中的模型(1)、(2)、(3)所示。模型(1)呈现了基准工资模型的估计结果,年龄的系数显著为正,但年龄平方的系数较小,即个体工资随年龄变化的倒 U 形趋势并不明显,年龄工资曲线的后半段比较平滑。这一结果可能的解释是:我国薪酬激励制度有所改进,适当的报酬后置有利于激励功能的发挥,中老年劳动者的工资得以适度提高。婚姻状况的系数不显著,是否已婚与女性劳动力工资没有统计相关性,可能是我国传统婚姻观念变化的结果。此外,中共党员的工资提升幅度优于非党员,接受高等教育对女性劳动力工资增长有显著促进作用,健康与女性劳动者工资有显著正相关关系,这些结论与以往文献的结果相符。接下来,将全球价值链地位指数引入模型(2),服务业地位指数系数为 0.449,在 1%水平上显著,说明服务业地位指数每提高 1%,女性工资增长 0.449%。再将行业增加值对数引入模型(3),地位指数的系数由 0.449 增加至 0.762,且在 1%水平上显著。由此可知,若忽略行业增加值对数变量,将低估全球价值链地位上升对女性劳动力工资的正向促进作用。行业增加值对数的系数为 0.090,与预期相符且显著,表明行业增加值越高越有利于女性工资增长。其他个体变量变化不大,受教育程度、健康、中共党员均正向作用于女性劳动力工资增长。

表 6-2　全样本和分样本回归结果

变量	全样本			分样本	
	(1)	(2)	(3)	(4)	(5)
GVC_Pos		0.449*** (3.09)	0.762*** (4.71)	0.667* (2.34)	0.551*** (2.81)
lnva			0.090*** (4.36)	0.085*** (2.79)	0.085*** (2.72)
age	0.043*** (3.06)	0.042*** (3.02)	0.042*** (3.07)	0.031* (1.74)	0.041* (1.85)
age^2	−0.000* (−2.56)	−0.000* (−2.54)	−0.000* (−2.57)	−0.000 (−1.61)	−0.000 (−1.02)

变量	全样本			分样本	
	(1)	(2)	(3)	(4)	(5)
married	0.060 (1.37)	0.062 (1.42)	0.066 (1.51)	0.018 (0.28)	0.086 (1.50)
party	0.117*** (3.17)	0.112*** (3.02)	0.118*** (3.19)	0.134* (1.87)	0.015 (0.35)
edu	0.425*** (21.05)	0.412*** (20.02)	0.404*** (19.63)	0.265*** (6.85)	0.297*** (8.74)
health	0.127*** (4.06)	0.127*** (4.08)	0.124*** (3.98)	0.121*** (3.09)	0.096* (1.91)
_cons	0.371 (1.43)	−0.014 (−0.05)	−1.197*** (−3.03)	−0.589 (−0.98)	−0.674 (−1.19)
N	3228	3228	3228	1847	1381
R^2	0.158	0.161	0.166	0.044	0.103

表 6-2 中模型(4)、(5)报告了分技能回归的结果。低技能和高技能劳动者的地位指数系数分别为 0.667、0.551,在 5% 、1% 水平上显著,可以看出地位指数增长对低技能女性工资的提升效果明显大于高技能女性,缓解了技能工资差距。我国服务业总体位于全球价值链下游,大量劳动密集型行业参与全球分工活动对女性低技能劳动力的需求增加,进而推动其工资增长。因此,全球价值链上游的攀升对低技能女性工资的促进作用大于高技能女性。行业增加值对高技能工人和低技能工人工资的促进作用无差别。此外,婚姻状况对高技能和低技能女性工资的影响均不显著;党员身份对低技能女性有拉动工资增长的作用,对高技能女性工资无显著作用;受教育程度对不同技能劳动者均有促进作用,对高技能女性工资的作用略大于低技能女性;健康状况与工资呈正相关,对低技能女性工资的影响更大。可见,我国服务业嵌入全球价值链地位对女性劳动力工资水平的影响存在较显著异质性。

(二)内生性问题

全球价值链地位指数和女性劳动力工资水平之间可能存在微弱的双向因果关系,导致有偏估计结果。但是,个体工资对行业全球价值链嵌入地位的影响极小,本章的模型设定能够有效减弱内生性(Hering and Poncet,2010)。

三、分位数回归

OLS回归关注地位指数对女性劳动力工资的条件均值的影响,分位数(Quantile)回归能够进一步观察在小时工资分布的不同区间、地位指数对工资的影响及其差异。因此,本章选取小时工资对数分布三个代表性分位点进行估计。表6-3报告了分位数回归结果。由表6-3可知,在0.25、0.50和0.75分位点上,地位指数的系数分别为0.997、0.804和0.738,均有较强的解释力,这表明高、中、低收入群体均从服务业全球价值链攀升中受益。从影响小时工资的其他因素来看,行业增加值对数系数均显著为正,对不同收入群体的作用相差无几。年龄和年龄的平方系数分别显著为正和负,对不同收入分布的劳动者作用效果差别不大;婚姻状况变量均不显著,与上文结果一致;是否为中共党员对中等收入群体的作用相对较大,对收入分布两端的群体影响力相对有限;受教育程度对各收入群体的促进作用总体上差别不大,教育能为收入中等的群体带来更多工资溢价;良好的健康状况有助于劳动力工资增长,其中0.25分位点附近的群体对健康状况较为敏感。此外,由于分位数回归具有稳健性,进一步表明我国服务业向全球价值链上游攀升缩小了女性劳动者工资差距。

表6-3　分位数回归结果

变量	0.25	0.50	0.75
GVC_Pos	0.997*** (5.46)	0.804*** (4.92)	0.738*** (4.35)
lnva	0.099*** (4.25)	0.102*** (4.93)	0.118*** (5.49)
age	0.049*** (3.14)	0.056*** (4.01)	0.046*** (3.14)
age^2	−0.001*** (−3.01)	−0.001*** (−3.54)	−0.000** (−2.46)
married	0.057 (1.15)	0.012 (0.28)	−0.006 (−0.12)
party	0.170*** (4.07)	0.189*** (5.06)	0.147*** (3.78)

变量	0.25	0.50	0.75
edu	0.377*** (16.21)	0.398*** (19.14)	0.386*** (17.88)
health	0.189*** (5.39)	0.135*** (4.32)	0.161*** (4.93)
_cons	−2.013*** (−4.52)	−1.542*** (−3.87)	−1.173*** (−2.83)
N	3228	3228	3228

　　为进一步直观显示分位数回归系数随分位数变化的趋势,本章绘制了女性劳动力工资的分位数回归系数变化趋势图,如图 6-2 所示。结合图 6-2 可以看出,全球价值链向上游移动对低收入女性劳动力工资的拉动作用最大,这种影响随着收入的增加逐渐下降,缩小了工资差距。

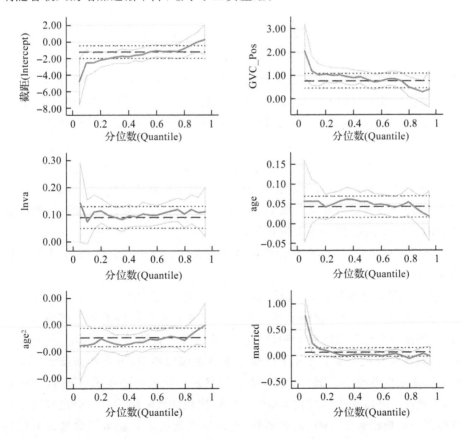

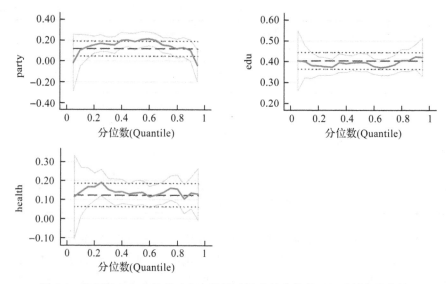

图 6-2　我国服务业女性劳动力工资影响因素的分位数回归系数变化趋势

第五节　小结性启示

在分析我国服务业嵌入全球价值链地位变化影响女性工资机理的基础上，本章结合 UIBE GVC Index 和 CHIP2013 数据进行了实证分析和检验。研究发现：第一，服务业嵌入全球价值链地位攀升与女性劳动力工资水平总体存在正相关关系；第二，服务业低技能女性劳动力在全球价值链地位提升中工资收益明显大于高技能女性劳动力，技能工资差距缩小；第三，服务业嵌入全球价值链地位对女性劳动力工资不同分布群体的影响存在差异，分位数回归检验结果表明，全球价值链地位变动对低收入女性工资的拉动作用最大，这种影响随着收入的增加而下降，缩小了工资差距。

基于上述结论，围绕全球价值链嵌入与女性劳动力工资变动，笔者提出如下政策启示。

第一，推动服务业全球价值链地位攀升。为了巩固世界第二大经济体的地位，努力实现贸易强国，我国必须持续推进服务业向全球价值链上游攀升。一方面，要基于全球价值链推动现代服务业实现突破式跃升，鼓励服务业专注于研发、设计服务及尖端零部件生产服务等高附加值环节，为女性高技能劳动力创造高质量就业机会。另一方面，要稳步推进传统服务业提升全球价值链地位，借助技术外溢逐步实现技术进步，跨越"比较优势陷阱"，并充分发挥劳动密集型服务业规模经济优势，因势利导，进而形成先进服务业多层次融入全球价值链的新格局。

第二,提升服务业女性就业贡献率。服务业持续发展对促进女性工资增长和就业至关重要。我国服务业规模日趋壮大,但技术和知识密集型服务业占比较低,伴随女性劳动力工作技能提升,现有服务业结构难以适应女性劳动力市场的变化。在互联网＋贸易、大数据服务业蓬勃发展背景下,产业发展与信息技术创新正加速融合,从长远看,积极培育新兴服务业态,创造更多适合女性的新型就业机会,促进服务业高质量发展、提升服务业女性就业贡献率势在必行。

第三,提升女性劳动力技能。在全球价值链分工背景下,为使女性劳动者有效吸收技术升级带来的外溢效应而规避挤出效应,提升教育回报率,有必要大力提升劳动力技能水平。一方面,要在全面普及义务教育的基础上,提高女性高等教育覆盖率,并加强产学研协同发展,保障高技能女性人才队伍持续壮大;另一方面,要加大对在职女性劳动力的培训力度,并根据企业经营需求健全岗位技能培养体系,提升劳动力的价值创造能力。此外,应该适度引入竞争机制,促使人力资本积累向创新驱动发展模式转变。

第四,完善女性劳动力社会保障制度。女性劳动力工资增长受其健康因素制约,良好的健康状况是女性劳动力日常工作的根本保障。政府应加大对女性劳动力健康方面的财政投入,为女性劳动力提供生育、保健等特殊的医疗卫生服务,尤其要着重关注低技能女性劳动力健康及生活状况,并落实有关监管工作,营造一个注重女性职业健康的社会氛围。另外,必须努力完善职业健康防治体系,结合女性职业特征积极开展卫生健康科普宣传工作,多渠道完善女性劳动力社会保障制度,全面提升女性健康和自我保护意识,增强劳动技能。

第七章　劳动力市场分割与中国出口DVAR 的变动[①]

中国虽然已经嵌入全球价值链,但出口国内附加值率并不高。本章旨在剖析劳动力市场分割对出口国内增加值率(DVAR)的影响机理,运用中国工业企业数据库和中国海关数据库合并数据,实证分析劳动力市场分割对中国出口国内增加值率的影响机制,并进行了内生性讨论与稳健性检验。研究结果显示,劳动力市场分割与出口国内增加值率之间呈倒 U 形关系;劳动力市场分割程度显著影响企业出口国内增加值率的变动,其主要通过驱动进口中间品相对价格的变动,进而使企业出口国内增加值率呈现先升后降的变动趋势;对于贸易方式、技术水平、所有制和区域不同的企业,劳动力市场分割对出口国内增加值率的影响具有显著异质性。进而,提出深化户籍制度改革,构筑加工贸易新优势;加强就业引导,促进劳动力市场与开放经济协调发展;促进人才市场数字化转型,积极发展数字贸易等政策建议。

第一节　关联研究动态

在全球价值链(Global Value Chain,简称 GVC)分工体系下,大多数产品的研发、设计、生产、加工、流通及营销等环节通常被分散布局于不同国家或地区,从而引致中间品贸易不断兴盛。基于比较优势与后发优势,经历四十多年改革开放与持续、稳定的高速经济增长,中国已然融入全球生产网络、嵌入全球价值链,产业分工体系日益健全,制造能力显著增强,国家竞争优势逐步凸显。但中国尚处于全球价值链中低端环节,面临产业中低端锁定的风险。传统的贸易总值核算体系往往会造成对中间品的重复计算,从而高估我国出口贸易绩效;基于全球价值链的出口国内增加值(DVA)有利于解决传统核算方法的缺陷,从而更加精确地衡量一国出口贸易的真实获益状况(马涛、刘仕国,2013)。就贸易利得而言,中国出口贸易国内增加值率偏低。同时,伴随经济全球化与国内外

[①] 本章内容引自于笔者已发表的论文(李怀政和王亚丽,2021)。

区域经济一体化的纵深发展,我国商品市场总体上已逐渐趋于一体化(桂琦寒等,2006)。但是,劳动力市场分割强度要大于商品市场和资本市场分割(黄赜琳、姚婷婷,2020)。而且,劳动力市场分割在一定程度上直接弱化了劳动力在地区、行业以及企业间的流动,对资源配置造成了扭曲,导致地区间劳动力供求失衡。劳动力资源配置效率的提高是中国经济高质量发展的内在要求(陈沁等,2020),近年来,中国人口红利渐趋消失、劳动力成本不断上升,在此背景下,改善劳动力市场分割,提高全球价值链分工地位与产业链位势有着十分重要的现实意义。从而,我们面对一个亟需探讨的理论问题:劳动力市场分割是否会影响中国出口国内增加值率的变化?

目前,有关劳动力市场分割的既有文献主要集中于劳动力市场分割的动因及其相关效应分析。Lester(1951)较早认为制度性因素会使劳动力市场处于分离状态,从而阻碍劳动力流动,之后,Doeringer 和 Piore(1971)提出了二元劳动力市场理论;20 世纪 80 年代,Lindbeck 和 Snower(1986)创建的"内部人—外部人"模型、Solow(1986)阐述的"议价机制"以及 Shapioro 和 Stiglitz(1984)创立的效率工资(efficiency wage)劳动力市场模型,为劳动力市场分割研究提供了思维范式与理论框架。近年来,伴随着扩大对内对外开放的进程逐步加快,我国劳动力市场分割引起学术界的高度关注。一些学者认为,户籍制度的限制在一定程度上引致了我国劳动力市场分割(齐良书和刘岚,2019),这种分割进一步引起了劳动生产效率的降低(邵敏,2018);另一些学者主张,户籍制度是造成工资差异的重要原因之一(钟若愚和屈沙,2019),进一步改革户籍制度有助于缩小收入差距(宋扬,2019)。还有学者支持,我国的人口红利渐趋消退,较低的劳动参与率导致了企业用工成本显著增加,从而制约了经济增长(蒋同明,2019),劳动力资源配置扭曲抑制了中国全要素生产率的提高(邓明等,2020),且对产业结构的合理化和高级化均存在负向扭曲作用(陈晓暾和程姣姣,2019)。

关于出口贸易国内增加值的研究,最早大致可以追溯到 Hummel(2001)基于 HIV(Hummels-Ishii-Yi)方法提出的贸易增加值概念。此后,由于 HIV 假设过于严苛,与特征事实存在较大背离,Koopman 等(2012)依据贸易现实情况对 HIV 方法加以完善,进一步提出分离投入产出系数矩阵的优化算法(简称"KWW 法")及其分析框架。随着企业在全球价值链贸易中的地位日益提升,上述两种宏观层面的测算方法通常会高估一国出口国内增加值。从而,基于微观企业层面的测算与研究逐渐增多(Upward et al.,2013;戴翔和秦思佳,2020)。同时,国内众多学者从不同角度探讨了出口国内增加值的动因及其影响机制。譬如,张杰等(2013)发现外商直接投资影响了 DVA 的变动,郑丹青和于津平(2014)证实全要素生产率和品牌营销对出口国内增加值的提升也有显著的促进作用,廖泽芳和李婷(2017)则认为技术创新和成本投入才是从根本上影响出口国内增加值的关键变量。此外,贸易便利化程度(陈虹和徐阳,2019)也会制约企业出口国内增加值率的提升。

毋庸置疑,上述文献为本章研究提供了丰富的思想源泉和有益的理论支撑。但也不难发现,劳动力市场分割研究较多限于户籍分割、性别等层面的动因分析,以及市场分割类型和现状的描述,少有研究深入探讨劳动力市场内部结构及其经济效应;有关贸易增加值的研究主要集中于国家层面和企业层面的测算,少量文献旨在探索商品市场分割对贸易增加值的影响,鲜有文献探究劳动力市场分割对我国出口贸易国内增加值的影响。鉴于此,笔者立足全球价值链分工视角,探寻劳动力市场内部结构,刻画劳动力市场分割现状,重点探究劳动力市场分割对中国出口贸易国内增加值的影响机制,提炼政策建议,以期为中国提高出口贸易国内增加值、防范产业"低端锁定"风险、实现全球价值链嵌入地位攀升与全球产业链位势提升提供些许经济洞见与新思路。

第二节　数理推导与理论假说

劳动力市场分割主要通过驱动进口中间品相对价格变化,进而影响一国出口贸易国内增加值率。由于劳动力市场分割对进口中间品相对价格的影响具有不确定性,从而,笔者在分析劳动力市场分割如何驱动进口中间品相对价格变化的基础上,继而借鉴 Kee 和 Tang(2016)的研究成果,构建一个改进的简单数理模型阐释进口中间品相对价格对出口国内增加值率的影响机理。

一、劳动力市场分割驱动进口中间品相对价格变化

目前,受二元经济结构路径依赖、地方保护主义和人事劳动制度距离等多重因素的影响,我国劳动力市场分割依然存在。从理论上看,分割的劳动力市场主要通过制约人才流动、引致产业集聚两条路径影响进口中间品相对价格。

其一,当劳动力市场处于分割状态,劳动者跨区域、跨行业流动受限,劳动力要素进入市场的门槛提高,外地高层次人才和熟练劳动力难以进入本地,抑或引致本地区人口素质呈现同一性,创新陷入低水平(Romer,1990)。具体来看,人才资源局限于本地内部市场配置,流动性不足;同时,本地企业会依旧采取原来的生产方式,不愿追加对新产品和新技术的投资,知识外溢作用难以充分发挥,技术创新水平陷入低效状态。而且,当企业依旧维持既定生产方式时,原有的创新型人才通常无法享受到与之能力相匹配的薪资福利待遇,进而抑制企业生产技术水平的提高,此时,企业整体创新潜能及动能下降(范欣,2021)。

概而言之,劳动力市场分割造成的劳动力跨区域、跨行业流动显性与隐性壁垒,导致企业难以在一个整合的劳动力市场中寻找到符合其实际需要的专业性人才,甚至加剧人力资源错配,抑制企业创新能力提升。当企业处于低效创新状态,边际要素投资收益难以实现最大化,全要素生产率水平渐趋下降,企业产品难以获得核心竞争力,国外中间品更具价格优势,进口中间品相对价格下降。

其二,在一个分割的劳动力市场,地方保护主义派生出的行政壁垒一般会引致产业集聚,进而促进地方经济发展(银温泉和才婉如,2001;陆铭和陈钊,2009);同时,本地企业由于减少了与外地企业的竞争,可以继续维持本地市场份额,从而激励更多企业扩大生产规模,加大企业研发投入,提高创新水平(徐保昌和谢建国,2016)。具体来看,受发展空间和资源承载力有限,为了维持劳动力流入地或垄断行业现有就业人员福利水平和幸福感,当地政府往往基于户籍管理制度设置或加强劳动力流动或就业壁垒。这些行政措施在一定时期内有利于控制就业规模、减轻相关人员就业压力、保障收入水平,进而优化营商环境,促进企业创新水平的提高(黄瑞玲和余飞,2019)。另外,产业集聚发展有利于提高本地劳动力参与度、激发劳动者工作潜能,从而进一步提升整体劳动效率。同时,产业集聚会吸引大量优秀人才选择留在本地就业,这又在一定程度上避免了高级要素的流失,促进了人力资本集聚,进而引致企业高效创新。随着企业创新效率不断提高,产品市场需求量增加,国内市场上中间品供给种类增加,激烈的市场竞争导致国内中间品价格下降,进口中间品相对价格上升。

可见,劳动力市场分割对进口中间品相对价格的影响既有积极效应,也有消极效应,进口中间品价格会随着劳动力市场分割程度的变化而波动,其内在逻辑路径如图 7-1 所示。

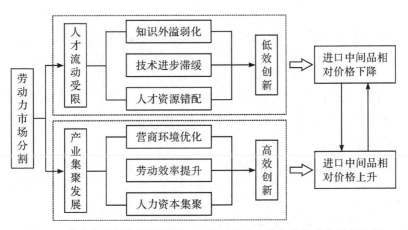

图 7-1　劳动力市场分割驱动进口中间品相对价格变化的内在逻辑路径

二、中间品相对价格对国内增加值率的影响机理

根据 Kee 和 Tang(2016)做法,假定企业生产函数为 C-D 形式,即:

$$Y_t = \varphi_t K_t^{\beta_K} L_t^{\beta_L} M_t^{\beta_M} \tag{7-1}$$

$$M_t = \left[\left(M_t^D \right)^{\frac{\alpha-1}{\alpha}} + \left(M_t^F \right)^{\frac{\alpha-1}{\alpha}} \right]^{\frac{\alpha-1}{\alpha}}, \quad \beta_K + \beta_L + \beta_M = 1, \alpha > 1 \tag{7-2}$$

式中,t 表示时间;Y 表示企业产出;φ 表示企业生产率;K、L、M 分别表示企业资本、劳动、中间品投入,其对应价格分别为 r、w、p;β 表示产出弹性。式(7-2)中,M^D、M^F 分别表示企业生产所投入的国内中间品与国外中间品;α 为中间品的投入替代弹性。

由式(7-3)进行数学变换,可得 t 时期企业生产所投入的中间品价格 P_t^M:

$$P_t^M = \left[\left(P_t^D \right)^{1-\alpha} + \left(p_t^F \right)^{1-\alpha} \right]^{\frac{1}{1-\alpha}} \tag{7-3}$$

由于中间品投入由国内与国外两个部分组成,则:

$$P_t^M M_t = P_t^D M_t^D + P_t^F M_t^F \tag{7-4}$$

企业生产过程中总成本 C 为:

$$C = \frac{Y_t}{\varphi_t} \left(\frac{r_t}{\beta_K} \right)^{\beta_K} \left(\frac{w_t}{\beta_L} \right)^{\beta_L} \left(\frac{P_t^M}{\beta_M} \right)^{\beta_M} \tag{7-5}$$

$$\frac{P_t^M M_t}{C} = \beta_M \tag{7-6}$$

根据式(7-5),对 Y_t 求导可得企业生产的边际成本 MC:

$$\text{MC} = \frac{1}{\varphi_t} \left(\frac{r_t}{\beta_K} \right)^{\beta_K} \left(\frac{w_t}{\beta_L} \right)^{\beta_L} \left(\frac{P_t^M}{\beta_M} \right)^{\beta_M} \tag{7-7}$$

根据式(7-6)和式(7-7),进口中间品成本收益比可以表示为:

$$\frac{P_t^F M_t^F}{P_t Y_t} = \frac{P_t^F E_t^F}{P_t^M M_t} \frac{P_t^M M_t}{C} \frac{C}{P_t Y_t} = \frac{P_t^F M_t^F}{P_t^M M_t} \beta_M \frac{\text{MC}}{P_t} \tag{7-8}$$

式中,P_t 表示企业在 t 时期总产出的价格水平。在给定进口中间品投入时,企业按照成本最小化原则生产,根据式(7-2)和式(7-4)可得国外中间品占中间品总投入的比重:

$$\frac{P_t^F M_t^F}{P_t^M M_t} = \frac{1}{1 + \left(\frac{P_t^F}{P_t^D} \right)^{\alpha-1}} \tag{7-9}$$

根据 DVAR 定义,可将其表示为:

$$\text{DVAR} = 1 - \frac{P_t^F M_t^F}{P_t Y_t} \tag{7-10}$$

将式(7-8)代入式(7-10)可得：

$$\text{DVAR}=1-\frac{P_t^F M_t^F}{P_t^M M_t}\beta_M\frac{\text{MC}}{P_t} \tag{7-11}$$

将式(7-9)代入式(7-11)可得：

$$\text{DVAR}=1-\frac{1}{1+\left(\frac{P_t^F}{P_t^D}\right)^{\alpha-1}}\beta_M\frac{\text{MC}}{P_t} \tag{7-12}$$

根据式(7-12)可以发现，DVAR 的值与国内外中间品价格相关，对 $\frac{P_t^F}{P_t^D}$ 求一阶导数可得：

$$\frac{\partial(\text{DVAR})}{\partial\left(\frac{P_t^F}{P_t^D}\right)}=(\alpha-1)\beta_M\frac{\text{MC}}{P_t}\frac{\left(\frac{P_t^F}{P_t^D}\right)^{\alpha-2}}{\left[1+\left(\frac{P_t^E}{P_t^D}\right)^{\alpha-1}\right]^2}>0 \tag{7-13}$$

依据成本最小化原则，从式(7-13)中可以看出，当进口中间品相对价格提高时，企业会增加国内中间品投入，进而 *DVAR* 值也会相应增加。

通过上述分析，可以发现劳动力市场分割导致的人才流动受限，会使创新水平低效，进而对企业出口国内增加值率产生负向影响；在市场分割引致的产业集聚推动下，企业创新水平提高，会促进企业出口国内增加值率的增加。

三、理论假说

劳动力市场分割与出口国内增加值率之间的关系既存在正向又存在反向作用关系，通过阐释劳动力市场分割、进口中间品相对价格与出口国内增加值率之间的影响机理，笔者发现这主要是因为劳动力市场分割对企业创新水平的影响大小不一，从而导致劳动力市场分割对出口国内增加值率的影响显现正负交替。虽然企业通过企业高效创新水平增加了出口国内增加值率，稍弱的劳动力市场分割在产业集聚推动下对出口国内增加值率的正向影响大于人才流动受限对出口国内增加值率产生的负向影响，但是随着劳动力市场分割程度的不断上升，企业聚集本地人力资本的同时也阻碍了外地人才进入本地劳动力市场，此时知识外溢效应难以充分发挥、人才资源错配，人才流动受限对企业出口国内增加值率的负向影响更大，而且分割强度越高，这一负向效应就越大。鉴于此，笔者提出如下假说：劳动力市场分割与企业出口国内增加值率之间呈现倒 U 形关系。

第三节 模型、变量与数据

一、模型设定

根据全文影响机理分析,本章构建如下计量模型:

$$\text{DVAR}_{ijkt} = \alpha_0 + \alpha_1 \text{segm}_{kt} + \alpha_2 \text{sqrsegm}_{kt} + \alpha_3 X_{ijkt} + \omega_j + \omega_k + \omega_t + \mu_{ijkt}$$

$$(7\text{-}14)$$

式中,DVAR_{ijkt} 表示 t 年 k 地区 j 行业的 i 企业出口国内增加值率;segm_{kt} 表示 t 年 k 地区劳动力市场分割程度;sqrsegm_{kt} 是劳动力市场分割程度指数的平方项;X_{ijkt} 为控制变量;ω_j、ω_k、ω_t 分别为行业、地区和年份固定效应;μ_{ijkt} 为随机误差项。

二、变量选择

(一)被解释变量及其测度

以企业出口国内增加值率(DVAR)为被解释变量。笔者测算企业出口 DVAR 的数据主要来源于中国工业企业数据库和中国海关数据库。结合已有文献做法,笔者处理了几个关键问题:①间接进口问题。借鉴 Kee 和 Tang (2016)的方法,识别贸易代理商。计算通过贸易代理商方式的进口额占行业总进口的比重,调整为一般贸易以及加工贸易进口。②识别企业进口中间品。借鉴张杰等(2013)做法,将海关 8 位编码转换为 BEC 编码,得到真正用作企业中间投入的进口产品。③国内投入中含有国外成分问题。根据 Koopman 等 (2012)的研究,假定企业生产中使用的国内原材料中含有 5% 国外成分。计算企业出口 DVAR 时,需剔除含有国外成分部分。④过度进口和出口的问题。参照张杰等(2013)以及 Kee 和 Tang(2016)所采取的方法,处理了存在过度进出口方式的企业[①]。根据上述综合考虑,最终确定出口企业 DVAR 的测度公式为:

$$\text{DVAR}_{it}^k = \begin{cases} 1 - \dfrac{\text{imp}_{it1}^{\text{adj}\_1} + \text{imp}_{it}^F}{Y_{it}}, & k=1 \\[2ex] 1 - \dfrac{\text{imp}_{it2}^{\text{adj}\_2}\mid_{BEC} + \text{imp}_{it}^F}{Y_{it}}, & k=2 \\[2ex] \varphi_1\left(1 - \dfrac{\text{imp}_{it1}^{\text{adj}\_1} + \text{imp}_{it}^F}{Y_{it}}\right) + \varphi_2\left(1 - \dfrac{\text{imp}_{it2}^{\text{adj}\_2}\mid_{BEC} + \text{imp}_{it}^F}{Y_{it}}\right), & k=3 \end{cases}$$

$$(7\text{-}15)$$

---

① 过度进口企业:中间品进口额大于企业总体的中间品投入额;过度出口企业:企业生产使用的原材料购于国内其他加工贸易企业。

式中,adj 表示调整之意,DVAR 表示出口国内增加值率,下标 i、t 表示企业和年份,上标 k 表示贸易方式,$k=1$ 为一般贸易,$k=2$ 为加工贸易,$k=3$ 为混合贸易;$\text{imp}_{it1}^{adj\_1}$ 表示一般贸易企业实际进口额;imp_{it}^{F} 表示国内原材料剔除所含国外产品元素后的实际进口额;$\text{imp}_{it2}^{adj\_2}\big|_{BEC}$ 表示 HS 编码与 BEC 编码匹配后加工贸易企业实际进口额;Y_{it} 表示企业产出,以工业总产值表示;φ_1 表示混合贸易企业以一般贸易方式进行出口的比例;φ_2 表示混合贸易企业以加工贸易方式进行出口的比例。

（二）解释变量及其测度

以劳动力市场分割程度指数（segm）为解释变量。本章遵循陆铭和陈钊（2009）的方法,选取 1999—2013 年《中国统计年鉴》国有城镇单位、城镇集体单位以及其他城镇单位就业人员实际工资指数,测度中国 30 个省级行政区[①]劳动力市场分割程度。具体测算过程如下。

首先,计算相对价格一阶差分 ΔQ_{abt}^k,即：

$$\Delta Q_{abt}^k = \ln\left(\frac{P_{at}^k}{P_{bt}^k}\right) - \ln\left(\frac{P_{a,t-1}^k}{P_{b,t-1}^k}\right) = \ln\left(\frac{P_{at}^k}{P_{a,t-1}^k}\right) - \ln\left(\frac{P_{bt}^k}{P_{b,t-1}^k}\right) \tag{7-16}$$

式中,ΔQ_{abt}^k 表示 a、b 两省间 k 类工资指数的差分量;P_{at}^k 和 $P_{a,t-1}^k$ 分别表示 a 地区第 t 年和第 $t-1$ 年 k 类工资指数;P_{bt}^k 和 $P_{b,t-1}^k$ 分别表示 b 地区第 t 年和第 $t-1$ 年 k 类工资指数。

其次,为了避免取对数之后 a、b 两地价格分子和分母位置发生变动会引起符号反向变化,进而影响相对价格方差的大小,所以对相对价格的一阶差分取绝对值,即：

$$\left|\Delta Q_{abt}^k\right| = \left|\ln\left(\frac{P_{at}^k}{P_{a,t-1}^k}\right) - \ln\left(\frac{P_{bt}^k}{P_{b,t-1}^k}\right)\right| \tag{7-17}$$

再次,工资指数变动 $\left|\Delta Q_{abt}^k\right|$ 可分解为自身属性引起的工资变动,以及 a、b 两地之间的市场环境引起的工资变动,分别记为 β^k 和 ε_{abt}^k。为了不高估劳动力市场分割指数,需要找出市场环境所引起的实际相对价格变动指数,即需要消去项。采取去均值法,可得：

$$\left|\Delta Q_{abt}^k\right| - \overline{\left|\Delta Q_t^k\right|} = (\beta^k - \overline{\beta^k}) + (\varepsilon_{abt}^k - \overline{\varepsilon_{abt}^k}) = \varepsilon_{abt}^k - \overline{\varepsilon_{abt}^k} = q_{abt}^k \tag{7-18}$$

式中,$\overline{\left|\Delta Q_t^k\right|}$ 表示相对价格一阶差分的均值;q_{abt}^k 表示相对价格变动部分。再计算三类工资指数相对价格变动 q_{abt}^k 的方差,记为 $\text{Var}(q_{abt}^k)$。

---

① 30 个省级行政区（含自治区和直辖市）涵盖北京市、天津市、河北省、山西省、内蒙古自治区、辽宁省、吉林省、黑龙江省、上海市、江苏省、浙江省、安徽省、福建省、江西省、山东省、河南省、湖北省、湖南省、广东省、海南省、广西壮族自治区、重庆市、四川省、贵州省、云南省、陕西省、甘肃省、青海省、宁夏回族自治区、新疆维吾尔自治区,由于数据缺失问题,不包括西藏自治区、台湾省、香港特别行政区和澳门特别行政区。

最终会得到 65 对 a,b 相邻省的方差,将方差按省份合并取均值,可得到各个省份的分割指数,数值越大,则分割情况越严重①。如天津市分别与北京市和河北省相邻,则天津市劳动力市场分割程度指数等于北京天津、天津河北方差的均值。

(三)控制变量及其测度

本章控制变量分别是:①企业规模(size),笔者采用企业从业人员对数来表示企业规模;②企业年龄(age),以企业当年年份减去企业开业年份再加 1 表示;③企业盈利能力(profit),以企业主营业务净利润率表征;④企业固定资产规模(lnassets),以企业固定资产总额对数表征;⑤企业融资约束(financial),以资产负债率来反映企业所面临的融资约束境况;⑥资本密集度(kldensity),采用企业固定资产净值年平均余额与企业从业人数的比值取对数来表征;⑦是否从事加工贸易(if_process),企业从事加工贸易则取值为 1,加工贸易以外的情况取值为 0。

三、数据说明与变量统计特征

模型中核心解释变量劳动力市场分割程度指数(segm)为笔者依据《中国统计年鉴》数据计算得出,被解释变量企业出口国内增加值率(DVAR)的计算基于工业企业数据库和中国海关数据库合并数据。在数据合并时,借鉴田巍和余淼杰(2013)处理方法,首先以企业名称和年份初步合并,第一步未能合并的数据再以电话号码后七位企业所在地邮编进行补充合并。由于企业的进入退出和统计时的客观因素,本章还剔除了一些异常值和缺失值。控制变量的数据都来源于中国工业企业数据库。表 7-1 为变量相关统计特征。

表 7-1 变量描述性统计

变量	观测值	均值	样本差	最小值	最大值
dvar	435430	0.6815	0.1246	0.0000	1.0000
segm	435430	0.0016	0.0014	0.0000982	0.0300
sqrsegm	435430	$4.50E-06$	0.0199	$9.64E-09$	0.0009
age	435430	10.7658	9.6456	1.0000	157.0000
size	435430	5.4652	1.1338	0.0000	12.2880
kldensity	435430	3.2122	1.7475	-8.2179	15.2095
hhi	435430	0.0128	0.0492	0.0011	1.0000
lnassets	435430	3.7260	1.4417	-6.5103	14.2241
if_process	435430	0.0493	0.2165	0.0000	1.0000
profitability	435430	-0.0294	39.6091	-12	17.5842

数据来源:作者依据 Stata16.0 统计软件计算所得。

---

① 将广东省作为海南省的邻省处理。

第四节 基于企业层域的计量分析

一、全样本回归

本章使用面板固定效应模型进行回归分析,同时加入城市层面聚类稳健标准误。表 7-2 展示了全样本回归结果,所有方程均控制年份、行业和地区固定效应。

第(1)列结果仅考虑劳动力市场分割与出口国内增加值率之间的关系,未加入控制变量,第(2)—(8)列为依次加入控制变量后的回归结果。第(2)列加入企业成立年限,发现企业成立时间越久,其出口 DVAR 值也越高。第(3)列和第(4)列分别加入企业规模和资本密集度变量,二者符号都显著为负,说明它们与 DVAR 存在负相关关系。第(5)列行业集中度变量与 DVAR 之间的关系不显著。在第(6)列和第(7)列依次加入了企业固定资产规模和企业是否从事加工贸易的虚拟变量,可以看到这两个变量与 DVAR 都是同向变化的关系。在第(8)列加入了企业盈利能力控制变量,根据模型运算结果可以发现其与 DVAR 负向相关。第(1)—(8)列总体回归结果显示,劳动力市场分割指数一次项各列系数值均为正,平方项系数均为负,并且都在 1% 的水平上显著。总体来看,逐步加入控制变量回归之后,劳动力市场分割程度与企业出口国内增加值率之间始终保持显著的倒 U 形关系,模型估计结果稳健。

二、分样本回归

为了进一步考虑劳动力市场分割对出口国内增加值率的异质性影响,在全样本分析的基础上,将企业分为不同贸易方式、技术水平、所有制、区域四个不同层面进行异质性分析。回归模型中均加入所有控制变量,并且同时控制年份、行业和地区固定效应。

(一)基于贸易方式和技术水平分样本回归

首先,表 7-3 第(1)—(3)列显示的是一般贸易、加工贸易和混合贸易方式企业出口国内增加值率受劳动力市场分割的影响变化。回归结果显示,劳动力市场分割对加工贸易类企业影响最大,对混合贸易类企业影响次之,对一般贸易影响不显著。因为我国加工贸易占比高,而且加工贸易需要富足的劳动力资源供应,所以劳动力成本投入是企业获得价值增值的主要来源之一。但是,分割市场使得劳动力资源配置无法达到最优状态,从事加工贸易的企业无法获取最低劳动力投入,因此劳动力市场分割对加工贸易的影响最大。

表 7-2　全样本回归结果

DVAR	(1)	(2)	(3)	(4)	(5)	(6)	(7)	(8)
segm	1.30914***	1.3051***	1.3145***	1.3133***	1.3132***	1.33614***	1.3396***	1.3378***
	(5.25)	(5.23)	(5.27)	(5.27)	(5.27)	(5.34)	(5.36)	(5.35)
sqrsegm	-130.1614***	-129.7613***	-129.9564***	-130.0002***	-130.0028***	-128.0664***	-128.1116***	-128.0716***
	(-8.68)	(-8.66)	(-8.67)	(-8.68)	(-8.68)	(-8.53)	(-8.53)	(-8.53)
age		0.0001***	0.0001***	0.0001***	0.0001***	0.0001***	0.0001***	0.0001***
		(3.44)	(3.69)	(3.68)	(3.68)	(3.53)	(3.55)	(3.55)
size			-0.0071***	-0.0081***	-0.0081***	-0.0048***	-0.0048***	-0.0048***
			(-16.39)	(-17.63)	(-17.63)	(-9.20)	(-9.25)	(-9.19)
kldensity				-0.0011***	-0.0011***	-0.0018***	-0.0018***	-0.0018***
				(-6.53)	(-6.53)	(-9.91)	(-9.91)	(-9.93)
hhi					0.0006	0.0003	0.0006	0.0007
					(0.15)	(0.08)	(0.15)	(0.16)
lnassets						0.0048***	0.0048***	0.0048***
						(14.08)	(14.03)	(14.14)
if_process							0.0060***	0.0060***
							(6.14)	(6.12)
profit								-0.0300***
								(-5.52)
常数项	0.6161***	0.6157***	0.6540***	0.6638***	0.6688***	0.6377***	0.6377***	0.6374***
	(52.74)	(52.70)	(52.92)	(55.31)	(55.30)	(52.13)	(52.13)	(52.13)
组内 R^2	0.1783	0.1784	0.1792	0.1793	0.1793	0.1804	0.1805	0.1806
观测值个数	435069	435069	435069	435069	435069	435069	435069	435069
地区固定效应	是	是	是	是	是	是	是	是

表 7-3　不同贸易方式和技术水平分样本回归结果

DVAR		一般贸易	加工贸易	混合贸易	高技术水平	中高技术水平	中低技术水平	低技术水平
		(1)	(2)	(3)	(4)	(5)	(6)	(7)
segm		−0.8430	5.1540*	1.2650***	2.9250*	0.4110	1.4440*	1.1780**
		(−1.68)	(2.82)	(3.73)	(3.02)	(0.91)	(2.45)	(2.76)
sqrsegm		−50.1600*	−291.2000*	−73.8800*	−306.1000***	−58.7500*	−204.7000***	−101.3000***
		(−2.06)	(−2.06)	(−2.76)	(−5.27)	(−2.27)	(−5.03)	(−4.18)
常数项		0.6830***	0.5160***	0.5810***	0.4830***	0.6240***	0.5610***	0.6910***
		(24.79)	(3.92)	(36.42)	(9.49)	(29.26)	(13.69)	(26.01)
组内 R^2		0.2124	0.1764	0.2213	0.2401	0.2108	0.2023	0.1830
观测值数		157544	29349	246108	50583	135960	82344	144310
控制变量		是	是	是	是	是	是	是
固定效应		是	是	是	是	是	是	是

其次,依据《国际标准产业分类》(ISIC,3.0),将企业分为高、中高、中低和低技术水平四种层次。表7-3第(4)—(7)列为技术水平分样本回归结果。从实证结果来看,劳动力市场分割对高技术水平行业影响最大,对中高技术水平影响最小。究其原因,高技术水平需要的创新程度比较高,需要发挥人才优势,分割市场将高层次人才资源集中在创新效率不高的国有公共单位,由此导致了高技术行业受分割市场的影响最为严重。

(二)基于所有制和区域分样本回归

首先,劳动力市场分割程度对不同所有制企业的DVAR影响是不同的。以实收资本比例是否超过50%,将企业划分为国有、外资企业和其他三种类型,并进行分组回归。表7-4第(1)—(3)列的模型运算回归显示,不管是从长期还是从短期看,劳动力市场分割对国有企业的影响显著高于其他所有制企业。国有企业虽然有国家相关政策和资金支持,但由于内部机构冗杂、效率相对低下等弊端,所以企业全要素生产率较低,因而国有企业受到劳动力市场分割的冲击较大。同时,外资企业和其他类型企业因其灵活的管理方式和相关制度安排,生产效率相对高于国有企业,因而受劳动力市场分割影响较小。

表7-4 不同所有制和区域分样本回归结果

DVAR	国有企业	外资企业	其他企业	东部地区	中部地区	西部地区
	(1)	(2)	(3)	(4)	(5)	(6)
segm	4.5850***	0.6990	0.9200*	2.0870***	−3.4280***	3.1000
	(4.32)	(1.36)	(3.23)	(5.24)	(−4.42)	(1.28)
sqrsegm	−155.9000*	−116.4000***	−86.1200***	−273.7000***	133.5000***	−158.3000
	(−2.95)	(−3.40)	(−5.07)	(−5.58)	(4.47)	(−0.75)
常数项	0.6730***	0.5700***	0.6940***	0.6140***	0.7040***	0.5970***
	(12.51)	(22.66)	(46.99)	(35.76)	(16.55)	(9.02)
组内 R^2	0.4089	0.2166	0.1850	0.1712	0.2903	0.2951
观测值数	19652	136097	277237	381538	29791	21672
控制变量	是	是	是	是	是	是
固定效应	是	是	是	是	是	是

其次,本章将全国分为东、中、西三部分,分别对劳动力市场分割程度与DVAR的关系进行了分样本回归,回归结果显示于表7-4第(4)—(6)列。劳动力市场分割对东部地区产生了显著的倒U形影响,但对中部地区的影响却是U形,对西部地区影响不显著。东部地区是改革开放的前沿实验阵地,经济发展取得了卓越成效,良好的区位优势会吸引大量人才在此集聚,但是由于分割市

场的后续影响,后期人才集聚发挥的效果较小,对 DVAR 的影响逐渐由正到负。对于中部地区而言,前期经济发展缓慢,人才集聚效应难以发挥,但是后来由于发展需要,承接东部地区产业转移,经济水平发展迅速,此时各省份为了努力促进区域发展而留住的人才开始发挥较大优势,对 DVAR 的影响显著为正。对于西部地区来说,由于地理位置、自然环境等原因,经济发展缓慢,劳动力市场分割对 DVAR 的影响则很不明显。

三、稳健性检验与内生性问题处理

首先,本章通过更改 DVAR 的计算方法来验证回归结果的稳健性。表 7-5 第(1)—(3)列报告了检验结果,其中,第(1)列的测算方法是基于 Upward 等 (2013)(dvar1);第(2)列是基于张杰等(2013)的方法(dvar2);第(3)列是基于 Koopman 等(2012)的方法,将进口中间品中含有的国外成分考虑进去(dvar3)。表 7-5 显示,在更换了 DVAR 的三种测量方法之后,所得到的结果与表 7-2 模型运算结果基本一样,核心解释变量和大部分控制变量均在 1% 水平上显著,表明本章所构建的模型是稳健的。

表 7-5　稳健性和内生性检验

DVAR	dvar1	dvar2	dvar3	IV	滞后一期
	(1)	(2)	(3)	(4)	(5)
segm	3.5428***	4.1808***	1.3954***	1.8919*	0.6868**
	(15.09)	(17.58)	(5.59)	(1.89)	(2.08)
sqrsegm	−452.6058***	−474.8284***	−130.2223***	−168.5989**	−147.2809**
	(−29.61)	(−30.93)	(−8.67)	(−2.09)	(−6.45)
常数项	0.5891***	0.5895***	0.6270***	0.6377***	0.6353***
	(160.17)	(44.29)	(61.28)	(39.82)	(39.96)
组内 R^2	0.1806	0.1806	0.1801	0.1863	0.1828
观测值数	435069	435069	435069	435069	435069
控制变量	是	是	是	是	是
固定效应	是	是	是	是	是

其次,对内生性问题予以处理。在实证分析中,某些未观测到的遗漏变量会使得模型出现内生性问题。在基准回归结果分析中,控制年份、行业和地区固定效应使得模型内生性问题有一定程度的缓解,为了进一步完善模型,笔者引入核心解释变量滞后一期作为工具变量以消除内生性,如表 7-5 第(4)列所示。

通过检验发现,劳动力市场分割和其二次项分别在10％和5％的水平上显著,文章结论依然成立。表7-5中第(5)列展示的是所有变量滞后一期回归结果,可以看出,劳动力市场分割指数的一次项和二次项均在5％水平上显著,其与出口国内增加值率依然呈现倒 U 形关系,与文章的核心结论一致。

第五节　关于 DVAR 的若干建议

本章基于中国工业企业数据库和中国海关进出口数据库的合并数据,就劳动力市场分割程度对出口国内增加值率的影响进行了理论与实证分析。为了保证模型的解释力,笔者还进行了内生性处理和稳健性检验。研究发现:其一,劳动力市场分割与出口国内增加值率之间存在倒 U 形关系;其二,劳动力市场分割程度显著影响企业出口国内增加值率的变动,随着劳动力市场分割程度的变化,企业出口国内增加值率呈现先升后降的变动趋势;其三,对于贸易方式、技术水平、所有制和区域不同的企业,劳动力市场分割对出口国内增加值率的影响具有显著异质性。

基于上述研究结论,围绕如何提升中国出口国内附加值率,笔者提出以下若干政策建议。

第一,深化户籍制度改革,构筑加工贸易新优势。较长时期以来,加工贸易占中国对外贸易的"半壁江山"以上,对国民经济和社会发展起到了不可或缺的推动作用,尤其是吸纳了大量城乡剩余劳动力。我国一贯实行的户籍制度固然在一定程度上有利于保护当地劳动力就业、合理限制大规模人口流动,但农村尤其是经济落后地区农村户籍进城务工人员,面对子女上学、住房和公共医疗等服务方面的"高墙"或变相的户籍"歧视"而望而却步。因此,深化户籍制度改革迫在眉睫,户籍管理改革的重心在于逐渐实现户籍与公共服务和社会福利脱钩,大幅度缩小乃至消除农村户籍进城务工人员与本地城市居民的生活福利待遇差异,协调多方利益,缩小收入差距,结合城市经济发展现状和居民结构特征有序深化户籍制度相关改革,努力实现公共服务均等化,积极推进农民工市民化进程。地方政府相关部门要充分发挥大数据与数字技术优势,创新城乡与不同行业劳动力监管模式,确保户籍改革政策惠民化,避免改革措施流于表面,努力提升政策实施效果,打破城乡、行业与部门层面劳动力流动显性与隐性壁垒,提高劳动力资源配置效率,加快构筑加工贸易发展新优势,提升出口贸易国内增值能力。

第二,加强就业引导,促进劳动力市场与开放经济协调发展。目前,我国劳动力市场分割依然存在,统一开放、竞争有序的劳动力市场尚未形成,不同地区、不同行业、不同所有制企业劳动者的就业条件及收入水平存在较大差距,尤其是经营性和资产性收入较为悬殊,仅凭市场力量难以消除劳动力市场的非竞争性,进行适度的政府规制十分必要。从区域层面看,东部沿海地区经济发达、区位优势明显,是高层次对外开放和高质量发展的先行区,基础设施建设、社会福利水平和经济开放度远远领先于中部和西部地区,这些优越条件吸引了国内外优秀人才集聚,相反西部和中部地区难以吸引高端人才,招才引智难度大,从而加剧了劳动力市场区域分割。从所有制层面看,国有企业和公共事业部门因其福利优势,吸引了大量高学历人才和熟练劳动力,对民营企业和其他事业部门产生了人才挤出效应。上述劳动力市场分割在一定程度上降低了劳动力资源配置效率,制约了高水平开放经济体系的构建。为此,相关部门有必要积极引导高层次、高素质人才到中西部地区创新创业;同时也要给予非国有企业相关支持,缓解公共福利待遇优厚的国有事业单位部门的人才内卷,缩小行业与部门收入差距;还应注重培养高层次开放型经济专业技术人才,优化外向型经济人力资源配置机制。

第三,促进人才市场数字化转型,积极发展数字贸易,提升出口产品技术复杂度。当前,专业外贸公司和企业出口部门数字化转型思维仍待进一步创新,部分企业面临数据孤岛困境,数据资源利用效率低下,大部分企业数字化转型还处在初级阶段,大数据、云计算、区块链、物联网和人工智能等数字化人才十分匮乏,企业组织制度与用人机制亟待创新。当务之急有必要采取三种措施,首先,依托数字技术加快打破传统人才市场壁垒,健全完善高端人才与数字经济熟练劳动力跨地域、跨行业、跨部门合理流动;其次,积极支持外贸相关企业构建数字化人力资源生态体系,从研发、生产、运营、管理、服务等层面全方位加强数字化转型战略规划,激励企业通过数字化转型升级赋能业态与经营模式创新,进而提升出口附加值与贸易利得;最后,加快构建促进对外贸易高质量发展的共性数字技术创新平台,引导企业积极参与数字技术创新,提高出口产品知识含量与技术复杂度,实现出口贸易由追求高速增长向追求高质量发展转变。

第八章　人工智能渗透与中国出口韧性提升[①]

伴随着数字经济和实体经济融合发展,人工智能渗透(Artificial Intelligence Penetration,AIP)是否能够通过劳动生产率的调节促进中国制造业出口韧性提升颇受关注。笔者整合全球工业机器人数据库与中国相关统计年鉴数据库,采用 2008 年至 2019 年经归并的中国制造业 12 个细分行业面板数据,构建固定效应基准回归模型和调节效应模型,实证分析并检验了人工智能渗透对中国制造业出口韧性的影响。研究发现:人工智能渗透对制造业出口韧性呈现显著的正向影响,强化人工智能渗透有助于促进制造业出口韧性提升;人工智能渗透对制造业出口韧性的影响存在明显的异质性;劳动生产率负向调节了人工智能渗透对出口韧性的提升作用。进而,建议进一步促进人工智能与制造业深度融合、提高研发密度、充分利用技术外溢效应、合理调控外资进入度与出口依存度,以提升制造业出口韧性与劳动生产率,优化劳动就业技能结构,保障产业链供应链安全。

第一节　AI 渗透的历史与现实

在某种意义上,人类社会经济的发展与演进始终暗含着技术创新的驱动。因循这一历史逻辑,兼具通用性与赋能性的人工智能技术的兴起与渗透正诱致着社会分工的变革。近年来,以工序为边界的产品内国际分工日趋复杂化。历经四十多年改革开放与发展,中国制造业已然嵌入全球生产体系,但是由于多边贸易摩擦、新冠疫情与国际地缘政治冲突的叠加影响与冲击,制造业出口竞争优势越来越受制于出口韧性的强弱。目前,中国正致力于构建"以国内大循环为主体、国内国际双循环相互促进"的新发展格局,面对人工智能(artificial intelligence,AI)驱动的第四次产业革命浪潮,人工智能渗透(artificial intelligence penetration,AIP)[②]水平逐渐提升,制造业是否能够依托数字化、智能化

[①]　本章内容引自于笔者已发表的论文(李怀政等,2023)。

[②]　由于 AI 作为通用性和赋能性兼具的一种数字技术,已被广泛应用于各行各业,笔者将 AI 可渗透于产业的特性界定为人工智能渗透(AIP),作为 AI 的一个衍生概念。

转型实现出口韧性提升攸关产业链供应链韧性与国家经济安全。党的二十大报告明确提出"构建新一代信息技术、人工智能等一批新的增长引擎,促进数字经济和实体经济深度融合,加快建设贸易强国";同时,指出未来五年中国式现代化建设的主要目标任务之一在于"劳动报酬提高与劳动生产率提高基本同步",并强调"提升国际循环质量和水平,着力提升产业链供应链韧性和安全水平;以经济安全为基础,推进国家安全体系和能力现代化"。鉴于此,基于劳动生产率的调节,从理论和实证逻辑上探讨人工智能渗透是否能够促进中国制造业出口韧性提升具有较为深远的现代意义。

就历史与现实经验而言,从 1956 年 8 月约翰·麦卡锡(John McCarthy)和马文·明斯基(Marvin Minsky)在达特茅斯会议上提出人工智能(Artificial Intelligence,AI)的概念,到 2022 年 11 月 ChatGPT 的诞生[1],历经 60 多年的探索与发展,人工智能技术的开发与应用逐渐渗透到社会经济体系的各个层域,进而对人类生产和生活带来前所未有的变革。随着人工智能的商业价值日益凸现,人工智能也悄然成为中国制造业推动技术革新、转变生产方式的新引擎。2015 年 5 月中国发布《中国制造 2025》,此后陆续实施"互联网+""数字中国""新型基础设施建设"(简称"新基建")[2]等重大战略,以及《新一代人工智能发展规划》《"十四五"智能制造发展规划》《"十四五"数字经济发展规划》,这标志着中国工业化与信息化、数字化、智能化融合发展的进程日益加快。据不完全统计,截至 2018 年上半年,中国拥有人工智能企业 1000 多家,全球占比达 20% 左右;同时,人工智能渗透的经济效应也日渐显著,2020 年,中国人工智能产业规模达 3031 亿元,同比增长 15%[3]。然而,严格地说,学术界对于人工智能渗透的出口效应的关注尚不够充分,强化人工智能渗透是否有助于提升制造业出口韧性? 人工智能渗透基于何种渠道与逻辑机制影响了出口韧性的提升? 人工智能渗透在多大程度上影响了制造业出口韧性的变动? 这些问题有待进一步得以较为系统和深入地探索,因而,本章尝试就此进行理论探讨与实证分析。

---

① ChatGPT 全称为 Chat Generative Pre-trained Transformer,是 2022 年 11 月 30 日由美国人工智能研究实验室(OpenAI)推出的一种自然语言处理工具,它依赖于人工智能技术驱动,基于 Transformer 神经网络架构,拥有语言理解和文本生成能力。

② 2020 年 4 月,国家发展和改革委员会明确界定"新基建"设施包括信息基础设施、融合基础设施和创新基础设施三个方面,主要涵盖 5G 基站建设、特高压、城际高速铁路和城市轨道交通、新能源汽车充电桩、大数据中心、人工智能、工业互联网七大领域。

③ 笔者述及的数据源于 2022 年 9 月中国信息通信研究院和京东探索研究院联合发布的《人工智能生成内容(AIGC)白皮书》第 4 页,以及 2021 年 7 月中国互联网协会发布的《中国互联网发展报告》第 9 页。

后文的结构安排如下：第二部分对人工智能渗透与制造业出口韧性的关联文献予以回顾和述评；第三部分旨在阐释人工智能渗透对出口韧性的影响机理，进而提出理论假说；第四部分重在阐述样本处理与数据来源、变量选择与测度、变量描述性统计与相关性分析，进而构建计量模型进行基准回归估计、稳健性检验、异质性分析与调节机制检验；第五部分旨在提炼结论，提出政策启示。

第二节　AI渗透与出口韧性研究脉络

经不完全检索、梳理与回顾，人工智能渗透与制造业出口韧性的关联文献大致呈现三条脉络①，较具代表性的思想和观点如下。

基于第一条脉络的研究主要聚焦于人工智能及人工智能渗透的经济效应。作为经济增长的新引擎，人工智能不断向各行各业渗透（李怀政，2018；吴旭，2022），基于移动互联网普及率的大幅上升、云计算带来的算力成本下降以及算法技术的突破，人工智能快速进入新一轮发展期（陈志等，2022）；随着人工智能技术研发及其应用的深入发展，新产品、新业态与新模式得以不断催生，产业结构、生产方式、生活方式乃至思维方式面临重大变革（隆云滔等，2020）。从宏观层面来看，通过发挥渗透性、替代性、协同性和创造性，人工智能可以促进国民经济高质量增长（蔡跃洲和陈楠，2019；陈彦斌等，2019）；通过与实体经济融合发展，人工智能有助于推动传统产业转型升级、新兴产业成长壮大以及生产端与消费端协同发展（任保平和宋文月，2019）；基于劳动替代效应的发挥，人工智能会改变劳动结构（Acemoglu and Restrepo，2018），就业结构极化现象进一步加深（韩君等，2022），不过难以准确判断劳动收入份额变动的方向（郭凯明，2019），但是抑或加剧收入不平等（王林辉等，2022）。从微观层面来看，人工智能可以助推制造业企业升级（付文宇等，2020），促使企业由传统制造方式向"柔性"生产方式转变（郑琼洁和王高凤，2021；唐晓华和景文治，2021）；人工智能不仅可以通过提高生产率、降低生产成本使产品质量得到提升（邓洲，2018；孙早和侯玉琳，2021），而且能够促进企业内部资源优化配置与效益最大化（刘斌和潘彤，2020），增强技术创新及其技术外溢效应（郑琼洁和王高凤，2021）。

基于第二条脉络的研究主要聚焦于出口韧性的动因。"韧性"的概念最早

①　人工智能是个较为宽泛的概念，不同学科有其不同的解释，本文尝试从人工智能渗透视角予以探讨。客观上，直接述及这个概念的文献十分有限，但从实证分析的变量看，本文所选取的文献实质上大多与人工智能渗透问题存在一定关联。

可追溯到生态韧性、工程韧性与演化韧性思想，出口韧性属于经济韧性的范畴，复杂系统理论通常将"经济韧性"阐释为经济主体通过重新配置其结构以维持现有发展路径或者利用冲击实现经济系统更新的能力（Martin，2012）；由此，"出口韧性"暗含着两重含义：一是出口主体在国际经济循环系统中，面对外界冲击时抵抗风险的能力；二是出口主体在遭受冲击或危机之后，恢复到原有发展路径的能力。一些学者认为，相关多样化的产业结构抑制了出口韧性的提升（贺灿飞和陈韬，2019）；另一些学者通过分析发现市场多元化策略（刘慧和綦建红，2021）和市场相关多样化程度（王文宇，2021）、数字化转型能力（魏昀妍等，2022）、区域创新能力（边丽娜和梅媛，2023）的提高有助于提升出口韧性；也有学者主张，全球价值链嵌入上游度一方面会降低企业抵抗风险的能力，另一方面却能促进企业出口恢复能力的提升（姜帅帅和刘慧，2021）。

基于第三条脉络的研究主要聚焦于人工智能对出口的影响。一些学者认为，人工智能的诞生不仅改变了国际贸易理论模型的特征（Agrawal et al.，2019），而且驱动了国际贸易政策的变革（Korinek and Stiglitz，2021）；另一些学者主张，人工智能作为一种通用技术有助于提升国际交易中的翻译（Brynjolfsson et al.，2019）、出口销售预测（Sohrabpour et al.，2021）等辅助性工作的效率；还有一些学者的研究发现，人工智能不仅能够通过促进技术创新进而驱动制造业全球价值链攀升（刘斌和潘彤，2020），还有助于促进出口产品质量（唐青青等，2021；张可云等，2022）与出口国内附加值（韩峰和庄宗武，2022）提升。

综上所述，学者们已经对人工智能的出口效应和中国出口韧性的动因给予了较多关注，尽管很少有文献直接探讨人工智能渗透对中国制造业出口韧性的影响，但十分肯定的是，前文一些卓有成效的关联文献在理论框架与分析范式上为本章提供了十分有益的借鉴。与既有的研究相比，本章可能存在的边际贡献如下：其一，较系统地阐释了人工智能渗透对制造业出口韧性的影响机理；其二，通过计量分析从统计学意义上证实了人工智能渗透对中国制造业出口韧性的正向影响及其行业异质性，并进行了机制检验；其三，尝试从人工智能渗透维度为中国制造业出口韧性提升提供些许新的思维触点和政策启示。

第三节　AI渗透影响出口韧性的理论假说

一、基于技术与成本变动的影响

理论上，人工智能渗透对出口韧性的影响往往存在多重传导路径，其中技术与成本的变动最为关键。制造业人工智能渗透不仅具有较明显的技术创新效应与技术突破特征(金祥义和张文菲,2022),而且具有资本对劳动的替代效应,即人工智能渗透引致生产及贸易成本的降低。具体而言,存在下述两个方面的机理。

其一,作为通用性技术,人工智能渗透除了不断变革传统的生产、消费及就业模式(陈南旭和李益,2022),还可以增强企业的创新能力(王磊等,2023)。在生产端,由于人工智能技术具有较强的信息收集及处理能力,刚性生产逐步升级为弹性较大的柔性生产(唐晓华和景文治,2021),生产模式得以创新;在营销端,企业根据大数据获取和处理用户信息,将被动营销转变为面向目标客户推送产品或服务信息的主动营销,并进一步引导用户消费,助推营销模式创新;在管理端,传统的生产流水线依赖于人工衔接,工人较长时间疲劳工作通常导致出错率递增(刘斌和潘彤,2020),企业需要投入更多资源来提升管理效率,但基于大数据管理与机器学习,人工智能可以修正生产环节中的潜在出错路径,达到提升生产衔接过程中的管理信息传递质量、推动管理方式创新、提高管理效率的效果(金祥义和张文菲,2023)。进而,企业创新能力的提升使得企业出口产品渐趋多样化,出口韧性不断提升(刘慧和綦建红,2021)。

其二,人工智能渗透改变了劳动力结构。在"机器换人"政策实施过程中,资本积累及其深化产生了劳动力要素的替代效应,这一替代效应直接降低了生产过程中的边际成本(Acemoglu and Restrepo,2020)。基于国际贸易的理论逻辑,边际生产成本的降低有助于企业将出口比较优势逐步转化为出口竞争优势,进而为出口产品质量提升创造条件(唐青青和白东北,2021;周科选和余林徽,2023),而高质量产品的需求价格弹性较小,当遭遇经济波动或外部冲击时,相较于低质量产品而言,高质量产品具有更强的出口韧性。

上述分析显示,在某种意义上,通过技术创新、降低成本与价值创造,人工智能渗透可以提升制造业出口韧性。据此,笔者提出如下理论假说之一。

H1:人工智能渗透的强化有助于促进制造业出口韧性提升。

二、劳动生产率的调节

从本质上说,人工智能渗透是现代信息网络技术对传统产业技术不断替代进而实现智能转型的过程,在这一过程中人工智能通过替代低技能劳动力、辅助高技能劳动力引致劳动生产率的变化,反过来,人工智能渗透对制造业出口韧性的影响通常会受到既定劳动生产率的调节。一方面,人工智能技术的应用有助于创造虚拟劳动力,产生劳动力替代效应,即完全替代重复、简单或常规的人工劳动,或部分替代非重复、复杂或非常规的人工劳动(范晓男等,2020),换言之,人工智能有助于制造业充分发挥规模经济和范围经济效应,进而提升全要素生产率。另一方面,强化人工智能渗透会直接刺激企业加快技术创新与变革,进而推动企业传统业务流程再造与业态创新,实现数字化转型(郑琼洁和王高凤,2021),但由于制造业各行业发展阶段与技术密集度不同,自主创新能力、人工智能技术嵌入能力均存在较大差异,因此,行业本身的劳动生产率会影响人工智能渗透的强度和深度,进而制约人工智能对出口韧性的提升作用。根据企业异质性理论可知,劳动生产率较高企业进入国际市场,劳动生产率较低企业面向国内市场或退出市场(Melitz,2003),即相较于低劳动生产率行业来讲,高劳动生产率行业拥有相对更加先进的工艺流程,出口持续时间更长、出口规模更大及制造自动化、智能化、信息化水平等均相对较高(段连杰等,2023),由人工智能渗透引致或衍生的出口韧性提升效应较为有限。

上述分析表明,在一定程度上,劳动生产率可能制约人工智能渗透对出口韧性产生的提升作用。据此,笔者提出如下理论假说之二。

H2:劳动生产率负向调节了人工智能渗透对中国制造业出口韧性的影响。

概而言之,从理论逻辑上看,提升人工智能渗透水平有助于提升制造业出口韧性,但现阶段这一影响机制受到劳动生产率的负向调节,即劳动生产率较低的行业该影响机制更加明显。

第四节　基于行业层域的实证研究

一、基准回归设计

(一)样本处理

本章以制造业人工智能渗透对出口韧性的影响为研究对象,考虑到数据的可得性与匹配性,笔者综合考虑联合国《国际贸易标准分类(修订4)》(SITC)、世界海关组织(WCO)制定的《商品名称和编码协调制度(修订4)》(HS07)、中国《国民经济行业分类》(GB/T 4754—2017)与国际机器人联合会(International Federation of Robotics,IFR)公布的全球工业机器人数据库[①]的统计口径差异,并参照《中国统计年鉴》对制造业细分行业进行了归并与整合,进而形成

---

① 近年来,IFR全球工业机器人数据库已被广泛应用于经济学研究,该数据库基于ISO标准提供了全球100多个国家或地区的工业机器人相关数据,是目前研究机器人应用比较权威的数据库之一。

2008—2019 年中国制造业 12 个细分行业 144 个样本①的面板数据。

具体而言,12 个细分行业为:食品饮料制造业、木材加工和木制品业、橡胶和塑料制品业、医药制造业、仪器仪表制造业、造纸和纸制品业、电气电子制造业、非金属矿物制品业、金属制品业、化学原料和化学制品制造业、交通运输设备制造业、纺织业。其中,食品饮料制造业涵盖 HS07 第 4 类中第 16 至 22 章的"食品;饮料、酒及醋;烟草、烟草及烟草代用品的制品",与 IFR 数据库中"食品、饮料制造业"相对应;木材加工和木制品业涵盖 HS07 第 9 类中第 44、45 章的"木及木制品;木炭软木及软木制品",与 IFR 数据库中"木制品业"相对应;橡胶和塑料制品业涵盖 HS07 第 7 类中第 39、40 章的"塑料及其制品,橡胶及其制品",与 IFR 数据库中"橡胶与塑料业"相对应;医药制造业涵盖 HS07 第 6 类中第 30 章的"药品",与 IFR 数据库中"药品制造业"相对应;仪器仪表制造业涵盖 HS07 第 18 类中第 90 章"光学、照相、电影、计量、检验、医疗或外科用仪器及设备、精密仪器及设备;上述物品的零件、附件",与 IFR 数据库中"医疗、精密、光学仪器制造业"相对应;造纸和纸制品业涵盖 HS07 第 10 类中第 47、48 章的"木浆及其他纤维状纤维素浆;纸及纸板的废碎品纸及纸板;纸浆、纸或纸板制品",与 IFR 数据库中"纸品制造业"相对应;电气电子制造业涵盖 HS07 第 16 类中第 85 章的"电机、电气设备及其零件;录音机及放声机、电视图像、声音的录制和重放设备及其零件、附件",与 IFR 数据库中"电气电子制造业"相对应;非金属矿物制品业涵盖 HS07 第 5 类中第 25 至 27 章的"矿产品"及第 13 类中第 68 至 70 章的"石料、石膏、水泥、石棉、云母及类似材料的制品;陶瓷产品;玻璃及其制品",与 IFR 数据库中"玻璃、陶瓷、石材、矿产品制造业"相对应;金属制品业涵盖 HS07 第 15 类中第 72 至 83 章的"贱金属及其制品",与 IFR 数据库中"金属制造业"相对应;化学原料和化学制品制造业涵盖 HS07 第 6 类中第 28 和 29 章的"无机化学品、贵金属、稀土金属、放射性元素及其同位素的有机及无机化合物;有机化学品",与 IFR 数据库中"化学产品制造业"相对应;交通运输设备制造业涵盖 HS07 第 17 类中第 86 至 88 章的"车辆、航空器、船舶及有关运输设备",与 IFR 数据库中"汽车及其他交通工具制造业"相对应;纺织业涵盖

---

① 参照联合国统计司构建的商品贸易统计数据库(UN Comtrade),结合《国际贸易标准分类(修订 4)》(SITC)基本目与《商品名称和编码协调制度(修订 4)》(HS07)子目的对应关系,本文所研究的制造业 12 个细分行业共计隐含 3535 种商品,具体品类数量为:食品饮料制造业 181 种;木材加工和木制品业 135 种;橡胶和塑料制品业 211 种;医药制造业 45 种;仪器仪表制造业 143 种;造纸和纸制品业 122 种;电气电子制造业 296 种;非金属矿物制品业 298 种;金属制品业 570 种;化学原料和化学制品制造业 590 种;交通运输设备制造业 147 种;纺织业 797 种。

HS07 第 11 类中第 50 至 63 章的"纺织原料及纺织制品",与 IFR 数据库中"纺织业"相对应。

(二)数据说明

被解释变量出口韧性的基础数据源于《中国统计年鉴》,核心解释变量人工智能渗透的基础数据源于 IFR 全球工业机器人数据库与《中国劳动统计年鉴》,控制变量研发密度、技术外溢、外资进入度、出口依存度的基础数据源于《中国科技统计年鉴》与《中国统计年鉴》,调节变量劳动生产率的基础数据源于《中国劳动统计年鉴》。值得予以重点说明的是,据不完全梳理,目前学术界用以测度人工智能渗透等类似变量的方法主要有下述两种:一是采用海关数据库中的进口机器人数量作为代理变量(Acemoglu and Restrepo,2020;陈东和姚笛,2022;李琴琴等,2023),二是基于国际机器人联合会(IFR)发布的机器人安装量和存量指标构建代理变量(金祥义和张文菲,2022;毛其淋和石步超,2022;黄亮雄等,2023)。但考虑进口机器人数量无法表示企业实际使用与安装的机器人数量,且若以企业为样本研究出口韧性,又派生出样本选择偏差问题,即由于部分企业不具备持续经营与出口的能力被剔除在样本之外,因而笔者排除采用企业维度的进口机器人数量表征人工智能渗透,同时,也暗含着本章选择企业作为样本不够妥当,从而,本章采用第二种方法,即基于 IFR 机器人安装量和存量等指标,以行业为样本进行数据处理和进一步研究。

(三)变量类型、含义及其测度

(1)被解释变量:出口韧性(RES)。本章参考贺灿飞等(2019)提出的出口韧性测算方法,采用抵抗风险冲击能力表征出口韧性。由于 2008 年全球遭遇金融危机,且金融危机带来的衰退在 2009 年才开始显现出来,所以本章将 2009 年作为基年,进而基于各年出口总额与 2009 年出口总额的偏离度测算不同细分行业的抵抗风险冲击能力,即采用出口偏离度衡量出口韧性,具体公式为:

$$RES_{it} = \frac{(export_{it} - export_{i,2009})}{export_{i,2009}} \tag{8-1}$$

式中,$export_{it}$ 和 $export_{i,2009}$ 分别为 i 行业 t 年的出口总额与 i 行业 2009 年的出口总额,RES_{it} 的值越大,意味着遭受风险冲击时该行业出口总额减少的程度越小,即抵抗风险冲击能力越强,出口韧性越高。

(2)核心解释变量:人工智能渗透(AIP)。在基准回归估计中,本章根据国际机器人联合会(IFR)发布的"国家-行业-时间"层面的工业机器人数据,参考 Acemoglu 和 Restrepo(2018,2020)的方法,以工业机器人密度即每千名就业人员操作的工业机器人数量表征人工智能渗透。简而言之,若每千名就业人员操作的工业机器人越多,工业机器人密度越大,制造业人工智能渗透越强。另外,在更换解释变量的稳健性检验中,笔者拟以机器人使用数量(Rob)作为代理变量表征人工智能渗透。

（3）调节变量：劳动生产率（Lp）。考虑到劳动生产率会在一定程度上调节人工智能渗透的出口韧性效应，即由于劳动生产率不同，人工智能渗透对出口韧性的影响机制不同，因此，本章将劳动生产率作为调节变量，以行业当期生产总值与从业人员数量的比值表示。

（4）控制变量：鉴于已有文献的研究结果显示，研发密度（吕迪伟等，2108）、外资进入度（赵新泉，2015；陈海英，2022）、技术外溢（范秋芳等，2018）、出口依存度（李亚波和崔洁，2022）等因素对制造业出口韧性乃至人工智能渗透均会产生重要影响，因此，本章选取这些变量作为控制变量。具体而言：研发密度（Rd），用研发支出费用与总出口额的比值表示；外资进入度（Fi），用各行业外商和港澳台地区企业投资销售产值与规上工业销售产值的比值表示；技术外溢（Ts），用新产品销售收入与总销售收入的比值表示；出口依存度（Ed），用总出口额与生产总值的比值表示。

（四）变量描述性统计及其相关性分析

本章实证分析的样本量为 144 个，各变量的描述性统计结果如表 8-1 所示。为了避免变量之间的异方差影响回归估计的稳健性，笔者对标准差较大的 AIP、Lp 及 Rob 数据进行了取对数处理，记为 lnAIP、lnLp 及 lnRob。从表 8-1 可以发现，出口韧性、研发密度、外资进入度、技术外溢、出口依存度等变量的差异性不大，数值均介于 0 和 2 之间，其中，技术外溢的标准差最小，仅为 0.093；但人工智能渗透变化率、机器人使用数量变动率的数值间存在较大差异，标准差分别达到 1.126、1.491。这在一定程度上显示，人工智能渗透变化率、机器人使用数量变动率存在较大波动，而行业技术外溢、外资进入度、出口依存度、研发密度、劳动生产率与出口韧性较为稳定。

表 8-1　变量的描述性统计

变量	变量符号	行业观测值	隐含品类数量	均值	标准差	最小值	最大值
出口韧性	RES	144	3535	0.727	0.464	−0.144	1.984
人工智能渗透	lnAIP	144	3535	0.972	1.126	0.000	3.997
劳动生产率	lnLp	144	3535	2.865	0.317	2.014	3.587
研发密度	Rd	144	3535	0.175	0.267	0.005	1.083
外资进入度	Fi	144	3535	0.272	0.118	0.002	0.626
技术外溢	Ts	144	3535	0.140	0.093	0.001	0.387
出口依存度	Ed	144	3535	0.177	0.177	0.003	0.728
机器人使用数量	lnRob	144	3535	1.354	1.491	0.000	5.218

注：此表由笔者根据 Stata16.0 软件运算结果整理、制作而得。

为了判断因变量和自变量之间的共变趋势和关联程度,有必要进行变量的相关性分析,以便进一步进行基准回归估计。变量的相关性检验结果如表 8-2 所示,从该表可以发现,总体上,自变量与因变量之间以及各个自变量之间均存在明显的相关性。但值得注意的是,这也抑或引致变量的多重共线性,为了避免变量之间存在的线性关系引致回归估计结果的较大误差,笔者进行了多重共线性检验,结果显示方差膨胀因子(VIF)平均值为 1.80(严格小于 10),可以认为解释变量间不存在多重共线性。

表 8-2　主要变量相关性分析

	RES	lnAIP	lnLp	Rd	Fi	Ts	Ed
RES	1.000						
lnAIP	0.437***	1.000					
lnLp	0.636***	0.160*	1.000				
Rd	0.199**	−0.140*	0.358***	1.000			
Fi	−0.354***	0.003	−0.387***	−0.137	1.000		
Ts	0.194**	0.250***	0.027	0.148*	0.621***	1.000	
Ed	−0.039	0.079	−0.446***	−0.464***	0.288***	0.168**	1.000

(五)模型设定

(1)基准回归模型。结合前文有关影响机理的分析与豪斯曼(Hausman)检验[①],本章以中国制造业出口韧性为被解释变量,以人工智能渗透为核心解释变量,再加入行业层面的控制变量,进而构建面板数据固定效应(FE)模型,就人工智能渗透对制造业出口韧性的影响进行基准回归估计,预设模型如下。

$$\text{RES}_{it} = \beta_0 + \beta_1 \text{lnAIP}_{it} + \sum_{n=2}^{m} \beta^n \text{Control}_{it}^{n-1} + \omega_i + \eta_t + \mu_{it} \qquad (8\text{-}2)$$

式中,RES_{it} 为 t 年 i 行业的出口韧性,AIP_{it} 为 t 年 i 行业的人工智能渗透程度,β_0 与 β_1 为截距项和核心解释变量回归系数;$\text{Control}_{it}^{n-1}$ 和 β^n 分别表示四个行业层面的控制变量及其对应回归系数,其中,"$n-1$"表示行业层面控制变量的个数,$n=2,3,\cdots,m$,且 $m=5$,同时,控制变量具体包括研发密度(Rd)、外资进入

---

① 为了判断是否适合采用固定效应(FE)模型进行面板数据回归估计,有必要进行 Hausman 检验。由于该检验结果显示,卡方统计值的伴随概率小于 0.01,这表明在 1% 的显著性水平上拒绝了豪斯曼检验的原假设,从而适合采用 FE 模型进行基准回归。

度(Fi)、技术外溢(Ts)及出口依存度(Ed);ω_i、η_t 分别表示个体(行业)固定效应和时间固定效应[①],μ_{it} 为扰动项[②]。

(2)机制检验模型。为了更好地检验人工智能渗透对制造业出口韧性的影响机制,笔者基于前文理论分析与假说,引入调节变量劳动生产率,进一步构建机制检验模型,如式(8-3)所示。

$$RES_{it} = \beta_0 + \beta_1 \ln AIP_{it} + \beta_2 \ln AIP_{it} \times \ln Lp_{it} + \beta_3 \ln Lp_{it}$$
$$+ \sum_{n=4}^{m} \beta^n Control_{it}^{n-3} + \omega_i + \eta_t + \mu_{it} \qquad (8-3)$$

式中,$\ln Lp_{it}$ 为调节变量,$\ln AIP_{it} \times \ln Lp_{it}$ 为调节变量与核心解释变量的交乘项,β_2 与 β_3 表示调节变量及上述交乘项的回归系数;$Control_{it}^{n-3}$ 和 β^n 分别表示四个行业层面的控制变量及其对应回归系数,其中,"$n-3$"表示行业层面控制变量的个数,$n = 2, 3, \cdots, m$,且 $m = 7$;其余符号的含义与式(8-2)相同。另外,若式(8-3)中回归系数 β_1 与 β_2 均显著,则表明劳动生产率的调节作用存在;若回归系数 β_1 与 β_2 的符号相同,则显示劳动生产率对于人工智能渗透对制造业出口韧性的影响起到了增强作用,即存在正向调节效应,反之,则产生了削弱作用,即存在负向调节效应。

二、基准回归结果

笔者采用逐步回归法依据式(8-2)进行基准回归估计,结果如表 8-3 所示。由表 8-3 可以发现,人工智能渗透有助于显著增强中国制造业的出口韧性;研发密度、技术外溢、出口依存度都对制造业出口韧性产生了正向影响;而外资进入度对制造业出口韧性呈现显著的抑制作用,从既有研究来看,这一结果可能源于下述原因:短期内外资进入产生水平溢出效应,而其竞争效应超过示范效应,导致外资企业抢占本土企业市场,压缩利润空间(赵新泉,2015),即外资进入产生的正外部性更多惠及到了外资企业而非东道国本土企业(陈海英,2022),进而在一定程度上削弱了制造业总体出口韧性。至此,笔者能够得出结论:人工智能渗透的强化有助于促进制造业出口韧性提升,即理论假说(H1)得证。

---

① 事实上更应该注意时间层面的不可观测因素对结果造成的干扰,但除非样本中行业的时间频繁发生变化,否则加入个体固定效应足以吸收掉大部分的时间层面的不可观测的因素。为此,笔者也在模型中加入了时间固定效应,但发现其对回归结果的影响不够显著,所以本文没有加入时间固定效应。

② 扰动项即随机干扰项,也称随机误差项,一般包括未知影响因素、残缺数据、数据观察误差、模型设定误差及变量内在随机性。

表 8-3 基准回归结果

变量	固定效应(FE)				
	Ⅰ	Ⅱ	Ⅲ	Ⅳ	Ⅴ
lnAIP	0.4573*** (10.81)	0.3789*** (8.72)	0.2835*** (5.84)	0.1322*** (2.70)	0.1603*** (3.26)
Rd		1.3896*** (4.41)	1.3199*** (4.39)	0.9802*** (3.63)	1.0013*** (3.79)
Fi			−2.0431*** (−3.77)	−1.6040*** (−3.33)	−2.2456*** (−4.20)
Ts				4.3948*** (6.25)	3.5219*** (4.58)
Ed					1.2156** (2.56)
常数项	0.2824*** (5.77)	0.1160* (1.95)	0.7772*** (4.21)	0.2474 (1.35)	0.2988 (1.66)
个体 FE	是	是	是	是	是
时间 FE	否	否	否	否	否
隐含品类数量	3535	3535	3535	3535	3535
行业样本量(N)	144	144	144	144	144
测定系数(R^2)	0.4713	0.5401	0.5857	0.6826	0.6981

注:括号内为 t 统计值,"是"表明加入了个体固定效应,"否"表明没有加入时间固定效应,下表同;Ⅰ、Ⅱ、Ⅲ、Ⅳ、Ⅴ 分别表示渐次加入控制变量后的回归估计结果。

三、稳健性检验

在回归估计中,如果存在内生性[①]问题,那么回归估计量将不会收敛到真实的总体参数。加入个体固定效应可以解决部分不随时间变化和不可观测变量引致的内生性问题,为了进一步解决其他方面的内生性,保证基准回归结果的可靠性,本章使用两种方法进行稳健性检验。一是更换计量模型,将解释变量

---

① 一般而言,遗漏变量、测量误差及变量互为因果关系是导致内生性的根源,计量经济学家们通常主张借助工具变量将内生变量分离为与扰动项相关和不相关的两部分,从而进一步对不相关(外生)的部分予以回归估计。

的滞后一期作为工具变量①,采用两阶段最小二乘法(2SLS)对基准模型进行重新回归;二是更换解释变量的代理变量,由于前文进行基准回归估计时,解释变量是以工业机器人密度予以表征,从而可能与劳动生产率产生一定的相关性,为排除这一影响,笔者将人工智能渗透的代理变量更换为机器人使用数量(Rob),进而验证原先的基准回归估计结果是否稳健。

首先,将回归估计模型由 FE 模型更换为 2SLS 模型,其回归估计结果如表8-4 所示。从表 8-4 显而易见,在解决内生性问题之后,人工智能渗透对出口韧性的影响仍然显著为正,与基准回归结果一致,说明基准回归模型是稳健的。

表 8-4　更换计量模型后的回归结果

变量	2SLS 估计	
	Ⅰ	Ⅱ
AIP	—	0.1656***
		(6.25)
L. AIP	1.0502***	—
	(87.71)	
Rd	−0.0513	0.2850**
	(−1.10)	(2.29)
Fi	−0.2600***	−2.4996***
	(−2.90)	(−9.34)
Ts	0.7170***	2.0510***
	(4.60)	(4.78)
Ed	−0.0795	0.3376**
	(−1.06)	(2.18)
常数项	0.0998***	0.8495***
	(4.43)	(10.79)
个体 FE	否	否
时间 FE	否	否
隐含品类数量	3535	3535
行业样本量(N)	144	144
测定系数(R^2)	0.9910	0.5420

注:Ⅰ、Ⅱ分别表示一阶段与 2SLS 回归估计结果。

---

① 使用工具变量法解决内生性问题,有必要事先进行弱工具变量检验,以保证工具变量的有效性。为此,笔者采取 F 拇指规则和 Cragg-Donald Wald F 统计量,针对解释变量滞后一期进行联合检验,结果均拒绝了"存在弱工具变量"的原假设,从而,笔者有理由认为工具变量是有效的。

其次,替换解释变量的代理变量后的回归结果如表 8-5 所示。从表 8-5 可见,除了人工智能渗透的回归系数大小稍有变化之外,系数符号与显著性均与基准回归结果保持一致,同样显示基准回归结果具有稳健性。

表 8-5　更换解释变量代理变量后的回归结果

变量	将 lnAIP 的代理变量更换为机器人使用数量变动率(lnRob)				
	I	II	III	IV	V
lnAIP	0.3569*** (10.83)	0.2955*** (8.67)	0.2191*** (5.49)	0.1174*** (3.14)	0.1358*** (3.64)
Rd		1.3631*** (4.30)	1.3299*** (4.35)	0.9308*** (3.46)	0.9503*** (3.61)
Fi			−1.9173*** (−3.36)	−1.3881*** (−2.80)	−2.0125*** (−3.70)
Ts				4.5058*** (6.82)	3.7115*** (5.18)
Ed					1.1986** (2.56)
常数项	0.2440*** (4.70)	0.0890 (1.47)	0.7203*** (3.66)	0.1514 (0.80)	0.1926 (1.04)
个体 FE	是	是	是	是	是
时间 FE	否	否	否	否	否
隐含品类数量	3535	3535	3535	3535	3535
行业样本量(N)	144	144	144	144	144
测定系数(R^2)	0.4723	0.5379	0.5752	0.6885	0.7038

注:I、II、III、IV、V 表示更换解释变量代理变量后依次加入各控制变量后的回归估计结果。

综上,稳健性检验结果表明:人工智能对出口韧性的提升作用十分显著,即人工智能渗透程度越高,我国制造业出口抵抗外界冲击的能力越强。

四、异质性讨论

本章借鉴郑涛和杨如雪（2022）的分类方法，按照产业技术密集度高低，将制造业十二个细分行业分为高技术制造业、中技术制造业和低技术制造业三类，进行异质性分析①，回归结果如表 8-6 所示。从表 8-6 可以看出，人工智能渗透对制造业出口韧性的影响具有明显的异质性。具体而言，一方面，人工智能渗透对高技术制造业的出口韧性呈显著的正向影响，这主要是由于人工智能技术在高技术制造业的推广与应用更加深入，人工智能的技术创新、价值创造与技术"活化"效应更加显著，进而增强了高技术制造业出口的抗风险能力、恢复能力与产品竞争力。

表 8-6　异质性回归估计结果

变量	异质性回归		
	Ⅰ（高技术制造业）	Ⅱ（中技术制造业）	Ⅲ（低技术制造业）
lnAIP	0.1435***	0.0705	0.1092
	(2.86)	(0.61)	(0.99)
Rd	0.9709***	1.4952	−0.9802
	(4.34)	(0.85)	(−0.46)
Fi	−1.0539*	−7.1410***	−2.9230***
	(−1.86)	(−8.14)	(−2.88)
Ts	2.6234***	3.2588*	7.1788***
	(3.14)	(1.90)	(5.67)
Ed	0.5219	3.2388***	0.4891
	(0.63)	(5.88)	(0.45)
常数项	−0.1243	1.0584***	0.6489**
	(−0.39)	(4.17)	(2.30)
个体 FE	是	是	是
时间 FE	否	否	否
隐含品类数量	1221	1079	1235
行业样本量（N）	60	36	48
测定系数（R^2）	0.7635	0.9199	0.7691

注：Ⅰ、Ⅱ、Ⅲ表示分别以高技术、中技术、低技术制造业为样本进行基准回归估计的结果。

———

① 具体而言，高技术制造业是指：交通运输设备制造业、仪器仪表制造业、化学原料和化学制品制造业、医药制造业、电气电子制造业；中技术制造业是指：橡胶和塑料制品业、金属制品业、非金属矿物制品业；低技术制造业是指：木材加工和木制品业、纺织业、造纸和纸制品业、食品饮料制造业。

另一方面,表8-6还显示人工智能渗透对中低技术制造业出口韧性的提升作用并不显著,这可能是由于中技术制造业大多属于传统的资本密集型产业,低技术制造业大多属于传统的劳动密集型产业,这些产业面临的用工成本压力相对较小,大规模推广与引入人工智能的动能不足,人工智能与此类产业缺乏深度融合,基础设施与人工智能技术适配度不高,倘若大幅度强化人工智能渗透抑或引致结构性成本骤升,但产品质量与技术含量难以同步显著提升,反而导致资源配置效率下降,难以促进出口韧性提升。

五、机制检验

本章以劳动生产率为调节变量,依据式(8-3)进行调节机制检验,结果如表8-7第Ⅱ列所示。显而易见,人工智能渗透(变化率)与劳动生产率(变动率)的交互项($\ln AIP \times \ln Lp$)的系数在5%的水平上显著为负,这在一定程度上说明劳动生产率负向调节或抑制了人工智能渗透对制造业出口韧性的提升作用。换言之,在劳动生产率较高的行业中,人工智能渗透对出口韧性的正向促进作用更弱,而在劳动生产率较低的行业中,人工智能渗透对出口韧性的正向促进作用更强。这可能是因为,劳动生产率越高的行业,其信息化、自动化程度已经相对较高,人工智能引致的技术创新、成本削减与价值创造效应有限,进而导致人工智能渗透对出口韧性的提升作用被削弱;而劳动生产率较低的行业,其产品边际成本通常较高,难以充分发挥规模经济与范围经济效应,但伴随着人工智能技术的应用与渗透,全要素生产率与产品国际竞争力大幅提升,人工智能渗透对出口韧性的提升作用更加显著。由此,理论假说(H2)得证。

表 8-7　调节效应机制检验结果

变量	调节效应回归估计	
	Ⅰ	Ⅱ
lnAIP	0.1603*** (3.26)	0.1356** (2.59)
lnAIP * lnLp		−0.0013** (−2.35)
lnLp		0.0444*** (6.04)
Rd	1.0013*** (3.79)	0.1561 (0.62)
Fi	−2.2456*** (−4.20)	−1.3123*** (−2.73)

续表

变量	调节效应回归估计	
	Ⅰ	Ⅱ
Ts	3.5219*** (4.58)	2.4820*** (3.73)
Ed	1.2156** (2.56)	1.2730*** (3.14)
常数项	0.2988 (1.66)	−0.4103** (−2.24)
个体 FE	是	是
时间 FE	否	否
隐含品类数量	3535	3535
行业样本量(N)	144	144
测定系数(R^2)	0.6981	0.7875

注:Ⅰ、Ⅱ分别表示加入调节变量前与加入调节变量后的回归结果。

第五节 关于出口韧性的几点思考

本章基于人工智能渗透对制造业出口韧性的影响机理分析提出了理论假说,进而构建行业面板数据计量模型,就人工智能渗透对中国制造业出口韧性的影响进行了实证分析和检验。整合理论与实证研究,得出如下结论:(1)人工智能渗透对制造业出口韧性呈现显著的正向影响,人工智能渗透的强化有助于促进制造业出口韧性提升;(2)人工智能渗透对制造业出口韧性的影响存在明显的异质性,高技术制造业人工智能渗透显著促进了出口韧性提升,中低技术制造业的这一效应尚未显现;(3)劳动生产率负向调节了人工智能渗透对出口韧性的提升作用,对于劳动生产率较高的行业,人工智能渗透对出口韧性的提升作用更弱,但对于劳动生产率较低的行业,人工智能渗透对出口韧性的提升作用更强。

同时,笔者针对如何进一步提升制造业出口韧性提出以下几点思考:

其一,进一步促进人工智能与制造业深度融合,助推制造业出口韧性提升。首先,健全智能制造业规制政策体系,通过税收优惠、财政支持、技术研发补贴等鼓励制造企业深化人工智能技术的研发和应用;加快制定并完善人工智能产业技术标准和规范,降低制造业人工智能技术应用与推广的准入门槛,助推制造业数字化、智能化转型升级,进而提升制造业出口技术复杂度与国内附加值率。其次,构建促进人工智能与制造业深度融合的专业人才引进与培养机制,提升制造企业智能化生产和智慧化管理绩效,增强危机意识及其应对能力。

其二,提高企业研发密度和抗风险潜能,提高劳动生产率。首先,完善科技金融与金融科技体系,依托人工智能技术应用与推广,优化金融服务与科技服务,合理设立人工智能专项基金,支持智能制造企业加强研发与自主技术创新。其次,鼓励制造企业研发部门与出口部门深入交流与合作,系统地掌握国外客户消费偏好,聚焦国际市场需求,优化产品研发市场定位,激励员工创新研发思维,营造开放、包容、竞争、合作的企业创新氛围,不断改进和优化研发流程,促进制造业全球创新链升级,增加产品出口国内附加值。

其三,充分利用技术外溢效应,优化劳动就业技能结构。首先,设立人工智能技术转移与推广平台,引导龙头企业或优势企业通过技术转移支持中小制造企业逐步实现数字化转型,促进新型数字技术资源优化配置。其次,优化“政产学研金服用”合作机制,鼓励企业聚焦创新网络关键节点开展常态化合作交流,鼓励“头部”企业共享人工智能研发成果和相关技术资源,拓展成长型企业技术交流渠道,推动人工智能科技成果产业化,持续创新企业业态与运营模式,促进劳动就业技能结构升级,应对制造业新一轮技术变革。

其四,在坚定推进高水平对外开放,持续改善营商环境的前提下,合理调控出口依存度与外资进入度①,保障产业链供应链安全。一方面,导引和激励本土企业通过工艺、产品、功能和链条升级提高产品出口国内附加值,同时,加强品牌建设,吸引更多国内需求,合理降低制造业对国外需求的过度依赖,使出口依存度保持在合理区间。另一方面,以“共同、综合、合作、可持续”(习近平,2014)的新安全观为指导,逐步优化外资引进政策,合理调控外资企业的市场准入,重点吸引高技术含量、高附加值、高质量的外资项目,发挥 FDI 对制造业产业链供应链的强链、补链与延链作用,提升制造业本土企业国内国际双循环地位与出口韧性。

---

①　外资引进与利用是把双刃剑,国内外一些经验事实显示,进入度过高或引进质量不高通常会抑制制造业出口韧性,尤其是演化韧性;换言之,外资的引进存在一个安全规制问题,短期内,较高的外资依存度通常会有利于促进出口规模扩大,增进就业,但一旦受到外部冲击,出口韧性可能会受到抑制。

第九章　市场一体化对流通产业国际竞争力的影响

随着我国逐步嵌入全球生产体系与世界贸易网络,国内外市场一体化水平逐步提升,流通产业的先导地位与基础作用日益凸现。在以国内大循环为主体、国内国际双循环相互促进的新发展格局下,亟须大力提升流通产业国际竞争力。本章旨在构建流通产业国际竞争力评价指标体系,采用双向固定效应模型、空间杜宾模型实证分析市场一体化对中国流通产业国际竞争力的影响。研究结果显示市场一体化水平显著促进了流通产业国际竞争力提升,但这一促进作用具有明显的地区异质性与正向空间溢出效应,且本地市场偏好存在显著的正向调节效应。

第一节　关联研究逻辑进路及脉络

一、市场一体化的动因、效应及其规制

通常而言,市场一体化的测度方法主要包括因子分析法、空间网络分析法、相对价格法、时空地理加权回归法等。基于不同的测度方法和现实逻辑进路,市场一体化水平提升的动因大致涵盖电子商务发展(黄漫宇和李纪桦,2019)、商品市场整合(苏剑等,2021)、财政分权(王海南和崔长彬,2021)、财政激励(范子英和周小昶,2022)和地区间对外开放度差异(毛军和梁宏志,2019)等,但税收及财政支出竞争会抑制市场一体化发展(阳敏和毛军,2017)。鉴于此,政府需要考虑空间关联性财税政策的合理制定,促进我国市场一体化水平提高。

市场一体化通过经济开放程度和消费水平,对经济增长呈现"倒 U"型的影响,商品市场一体化对经济增长呈现显著正向影响,而劳动力市场一体化对经济增长影响不显著(周正柱和李瑶瑶,2021)。从国内价值链升级视角来看,市场一体化带来的市场规模扩大和交易成本降低是推动国内垂直专业化分工的重要渠道(史卫等,2021)。在发展初期,贸易成本的调节效应显著促进了制造

业集聚,但随着生产技术逐渐成熟,这种调节效应也逐步消失(程进文和刘向东,2018)。经济集聚显著降低了企业所得税实际税率,市场一体化有助于促进地区经济集聚(蒲艳萍和成肖,2017)。从要素流动视角来看,劳动力、资本和技术流动有助于促进地区经济发展,市场一体化的中介效应较为显著(陈磊等,2019)。此外,市场一体化对出口技术复杂度的影响具有门槛效应(雷娜和刘妍,2019),通过构建中介效应模型,显示国内市场一体化对出口技术复杂度的影响不仅存在随时间推移而逐渐增强的提升效果,而且具有行业及区域差异性,并能通过技术创新效应、需求驱动效应、制度改进效应等机制发挥作用(雷娜和朗丽华,2020)。从企业多重异质性视角来看,市场一体化程度提高有助于吸引更多异质性企业布局到比较优势明显的地区(董亚宁等,2020)。市场一体化通过城市创新,不仅对本地区出口质量产生 U 形直接效应,还对邻近城市的出口质量产生 U 形空间溢出效应(强永昌和杨航英,2021)。因此,市场一体化与技术外部性扩大了中国地区生产率差距(孙元元和张建清,2017)。从出口增长视角看,国内市场一体化不仅有利于出口企业增加国内销售比例,从而缓解出口对内销的替代(张学良等,2021),而且有利于促进企业出口附加值提升,推动形成以全国市场一体化为基础的国内经济循环体系(刘婕和姚博,2021),抑或提升企业的出口概率和出口额(Barrientos,2014;吴群锋等,2021)。从全国统一大市场建设视点看,市场一体化建设是畅通国内大循环的关键(范子英和周小昶;2022),只有当国内市场一体化达到一定水平时,流通业发展促进国家价值链分工深化的积极作用才能显现(陈锦然等,2022);有为政府与有效市场在市场一体化发展对地区产业转型的影响中呈现非线性调节作用(张婷和林桂军,2023);市场一体化可以显著促进企业数字创新"提质增量"(胡增玺和马述忠,2023),是推进全国统一大市场建设的重要手段和工具(刘志彪和刘俊哲,2023)。

区域治理创新是推进区域高质量发展的有效途径,其关键在于促进地方政府间关系由竞争向协同合作转变,进而优化市场一体化政策环境及其治理机制(刘志彪,2019)。着力优化国内营商环境,助推我国内外贸一体化发展,加快构建全国统一大市场,已经成为新时代中国特色社会主义市场经济发展的必然要求(胡德宁,2021)。有学者基于新古典经济学框架分析了网络平台主导的贸易消费一体化的实现条件与内在逻辑机理,提出健全完善需求与利益引导机制,助推商贸流通产业转型升级(王维和庄尚文,2018)。还有学者阐释了新发展格局与内外贸一体化的内在逻辑关联,以及内外贸一体化规制的约束条件,进而从内外贸规则协调、高质量流通体系与内外贸企业品牌建设、流通科技创新等方面提出了政策建议(陈丽琴等,2022)。

二、内外贸一体化对新发展格局的影响

随着改革开放的深化,我国内外贸一体化发展是不可避免的(童书兴,1998),在一定程度上,内外贸分割体制制约了我国内外贸一体化(Poncet,2003;万典武,2004;李永江,2004;丁俊发,2004),加快内外贸一体化进程是发展社会主义市场经济的内在要求(于培伟,2005),从发达市场经济国家的实践来看,既要实现内外贸管理体制融合,还要塑造内外贸一体化经营的微观基础(郭冬乐,2004;尚慧丽,2007),加快一体化的政策体系设计;我国必须加快构建全国统一大市场大流通体系,切实推动内外贸一体化发展(胡德宁,2021)。通常而言,企业内外贸一体化经营既受制于内部预算约束和外部市场规模,还依赖于产业结构调整和市场一体化程度(谭祖谊,2011);另外,内外贸一体化程度偏高的企业供应链竞争力强于内外贸一体化程度偏低的企业(马淑琴和邵宇佳,2013),伴随跨境电子商务的快速发展,商品流通渠道不断变革与创新,内外贸一体化进程日益加快(王浩,2017)。我国应多渠道提升企业内外贸一体化水平,加快由贸易大国向贸易强国转变(姜照和董超,2023)。

加强对企业内外贸一体化经营的政策支持有助于为更高层次国际国内循环提供动能(陈丽琴等,2022),我国面临的国内外经济环境具有较大不确定性(谢富胜和匡晓璐,2022),国内产业对国际循环的依赖有所减弱(杨先明和傅智宏,2022),加快构建新发展格局是我国在更高起点上的主动战略选择(高丽娜和蒋伏心,2021;裴长洪和刘洪愧,2021),是统筹发展与安全的必由之路(马建堂等,2020;高培勇,2021;冯娟,2022)。新发展格局的核心是双循环良性互动(王一鸣,2020;黄群慧,2021),内循环重在供给侧与需求侧协同发力,外循环应继续扩大对外开放(洪银兴和杨玉珍,2021)。构建新发展格局为数字化转型和产业结构升级提供了新动力(郭克莎和田潇潇,2021;徐卓顺等,2022),但是,在发展格局转换中经济运行也可能面临重大风险(刘志彪,2022)。我国应将发展重点放在国内大市场构建与国际循环赋能(何大安,2020;江小涓和孟丽君,2021;吴福象和汪丽娟,2021),保障重要产业链安全(张丹宁和宋雪峰,2022)、强化创新驱动(高振娟和赵景峰,2022),但不能脱离国际循环(汪旭晖和赵博,2021;刘斌等,2022)。

三、流通产业竞争力评价及其提升政策

流通产业竞争力是国家竞争力体系的重要组成部分,加入 WTO 之前,流通产业竞争力研究主要局限于狭义上的零售、批发、物流和餐饮等行业的竞争力研究。入世之后尤其是从 2004 年 12 月 11 日分销行业结束保护期开始,流

通产业作为国民经济先导产业与基础产业的地位逐步凸显,有关中国流通产业竞争力的研究逐渐扩展到广义上的流通产业竞争力,一般是指一个国家的流通业在商品流通与要素流动中所表现出来的价值创造与财富积累能力(宋则,2006),在微观层面主要体现为流通企业的竞争力和企业的流通竞争力,在宏观层面主要体现为重要商品的市场定价权与渠道控制权(纪宝成,2010)。笔者认为流通产业国际竞争力是一个国家区别于其他国家流通产业整体的竞争力,是自由贸易条件下,一国流通产业基于基础设施、现代产业运行机制与互联网信息技术,充分利用国内外资源向国内外市场提供商品和服务并创造价值的能力。

合理评价我国流通产业竞争力有利于客观认识流通产业发展水平及其态势,从而有针对性地采取措施加快提升国际竞争力,促进流通产业实现跨越式可持续发展。有学者从投入运转能力、回报能力、竞争度三个维度,分9个二级指标构建了流通产业竞争力评价体系(李志玲,2005)。也有学者从流通规模、流通增长力、流通结构、流通效率、信息化水平、基础设施水平六个维度,分17个二级指标对地区流通产业竞争力进行了因子分析(王永培和宣烨,2008;岳牡娟和孙敬水,2009)。还有学者从基础设施、制度因素、资本因素、人员因素、组织因素、技术因素及流通能力、流通效率共计八个维度,分30个二级指标,采用因子分析法测度与分析了我国流通产业的区域竞争力(刘根荣和付煜,2011)。另有学者从流通基础、流通创新、流通结构、流通密度、流通效率、流通发展六个维度,分59个二级指标构建流通产业竞争力评价指标体系,发现东西部地区的流通产业竞争力呈现不均衡发展(张连刚,2011)。也有学者基于流通贡献、流通规模、流通效率、流通技术和信息化、流通组织化、流通国际化、流通潜力七个维度,运用24个二级指标测度了我国流通产业竞争力,发现我国流通产业在流通效率、流通技术和信息化水平、流通组织化程度等方面和发达国家相比存在差距(王姗姗,2012)。还有学者从规模、基础、效益、成长四个维度,通过21个二级指标,采用主成分分析法表明湖南省14个市州流通产业竞争力呈现明显的非均衡特征(王娟,2014;刘根荣,2014)。有学者基于产业规模、产业结构、产业增长、产业效益4个一级指标和9个二级指标,测度了河北省流通产业竞争力(杨建和宋冬梅,2016)。还有学者基于16个指标对我国各地区的商贸流通业竞争力进行了因子分析,发现流通业竞争力与经济发展水平耦合度较低,产业结构、经济效益、劳动效率和技术创新对现代流通产业竞争力的影响较为关键(黄岩和武云亮,2017;张彤和潘梦真,2020)。还有学者通过实证研究发现,商贸流通业标准化水平的提高有助于提升我国流通产业国际竞争力(祝合良和叶萌,2017;肖湘和陈潇潇,2020)。

　　流通是经济运行的先导性力量,是经济全球化的内在动力,现代流通能力决定一个国家的竞争力(陈文玲,2007),而流通产业竞争力的经济实质就是比较生产力(刘根荣,2007)。提高流通企业竞争力不仅关系到中国流通产业转型升级和竞争力提高,而且关系到中国经济整体发展(吴敬琏,2003;孙敬水和姚志,2013),应将加快推进现代流通进程上升到国家战略高度(陈文玲,2016),再造流通业可持续性发展之路(岑丽阳,2003)。诸多学者从宏观和微观层面阐释了我国流通产业竞争力提升途径。全面提升流通企业竞争力,应实现流通产业现代化、集约化和组织化,并辅之以制度创新与政策支持(范波海,1999;宋则,2006;耿莉萍,2010)。基于我国流通产业存在的"散、小、弱"问题,则可从构筑合理的中国流通产业政策体系、优化流通产业结构与空间布局、调整流通领域投资结构及渠道、加强流通品牌建设、扩大行业规模、完善商贸流通组织和保障体系及鼓励本土流通企业开展国际化经营等方面出发(朱坤萍,2007;刘根荣,2010;耿莉萍,2010;旭昕,2017;从文兵,2021)。同时,我国流通产业亟须彻底根除"重生产、轻流通"的观念,牢牢掌握流通渠道主导权,从盈利模式转变、强化规制、构建风险防控机制、加大新投入和关注区域需求状况等方面促进流通产业可持续发展和流通竞争力的提高(纪宝成,2010;宋圣学,2016;夏思楠,2019;胡永仕等,2020)。

第二节　中国流通产业国际竞争力的测度

一、流通产业国际竞争力评价体系

(一)指标、变量与数据

　　流通产业国际竞争力的评价涵盖社会经济发展多个层域,学者们较多采用批发、零售、交通运输、仓储、邮政、住宿、餐饮等行业增加值份额,以及限额以上流通产业人均资产、人均营业收入、人均利润、成本收益率、资产收益率、营业收入利润率等单一指标表征流通产业国际竞争力水平。借鉴《国家标准化发展纲要》和《2023年全国标准化工作要点》所蕴含的评价思想[①],笔者拟构建涵盖13项一级指标和43项二级指标的流通产业国际竞争力评价指标体系。其中,一级指标实为评价维度,二级指标为用于测度的主要指标,其含义、表征变量及基础数据来源说明如下。(1)流通潜力。这一维度指标反映流通产业的潜在市场

---

　　① 2021年10月中共中央、国务院发布《国家标准化发展纲要》,2023年3月国家标准化管理委员会发布《2023年全国标准化工作要点》。

需求,采用全体居民人均可支配收入、社会消费品零售总额、城乡居民收入倍差来表征,其中城乡居民收入倍差为城镇居民可支配收入与农村居民可支配收入之比,上述基础数据来源于《中国统计年鉴》和相关地区统计年鉴。(2)物流禀赋。这一维度指标反映物流基础设施禀赋程度,采用铁路营业里程、公路营业里程、内河航道里程、公路营运汽车拥有量来表征,基础数据来源于《中国统计年鉴》《中国交通运输年鉴》《中国物流年鉴》。(3)数字流通。这一维度指标反映促进流通产业数字化的基础条件,采用电话(移动)普及率、互联网普及率、长途光缆线路长度、快递业务量来表征,基础数据来源于《中国统计年鉴》《中国科技统计年鉴》《中国物流年鉴》。(4)相关产业。这一维度指标反映流通关联产业发展水平,采用旅客周转量、货运周转量、邮政业务总量、电信业务总量来表征,基础数据来源于《中国统计年鉴》《中国物流年鉴》《中国交通运输年鉴》。(5)营商环境。这一维度指标反映流通企业营商环境质量水平,采用消费者本地市场偏好、批发与零售业私营企业和个体就业人员占比、住宿与餐饮业私营企业和个体就业人员占比来表征,基础数据来源于《中国统计年鉴》和《中国劳动统计年鉴》。(6)流通规模。这一维度指标反映流通产业发展规模,采用限额以上流通产业法人企业单位数、年末从业人数、资产总量、营业收入、利润总额来表征;具体而言,各指标为限额以上批发业、零售业、餐饮业相应指标之和;基础数据来源于《中国统计年鉴》《中国工业经济统计年鉴》《中国劳动统计年鉴》。(7)流通结构。这一维度指标侧重反映流通行业结构,采用批发和零售业增加值占第三产业增加值比重、交通运输、仓储和邮政业增加值占第三产业增加值比重、住宿和餐饮业增加值占第三产业增加值比重来表征;基础数据来源于《中国统计年鉴》和《中国商务年鉴》。(8)流通密度。这一维度指标反映流通产业从业人数、法人企业单位和长途光缆线路密度,采用每万人流通产业年末从业人数、每万平方千米流通产业法人企业单位数、每万平方千米长途光缆线路长度来表征;其中,每万人流通产业年末从业人数为限额以上批发业、零售业、餐饮业年末从业人数总和与年末常住人口数量之比,每万平方千米流通产业法人企业单位数为限额以上批发业、零售业、餐饮业法人企业单位数总和与地区面积之比,每万平方千米长途光缆线路长度为长途光缆线路长度与地区面积之比;基础数据来源于《中国统计年鉴》《中国商务年鉴》《中国商品交易市场统计年鉴》。(9)技术创新。这一维度指标反映流通产业技术创新能力,采用技术市场成交额、教育经费、普通高校在校学生数来表征,基础数据来源于《中国科技统计年鉴》和《中国信息产业年鉴》。(10)对外贸易。这一维度指标反映流通产业国际化能力,采用限额以上批发和零售业出口额、限额以上批发和零售业进口额来表征,基础数据来源于《中国统计年鉴》和《中国贸易外经统计年鉴》。

(11)外商直接投资。这一维度指标反映流通产业外商直接投资能力,采用交通运输、仓储和邮政业 FDI、批发和零售业 FDI、住宿和餐饮业 FDI 来表征,基础数据来源于《中国统计年鉴》和《中国贸易外经统计年鉴》。(12)流通效率。这一维度指标反映流通产业运营效率,采用限额以上流通产业人均资产、人均营业收入、人均利润来表征;具体而言,上述各指标分别为限额以上批发业、零售业、餐饮业资产总额、营业收入总额、利润总额与其年末从业总人数之比;基础数据来源于《中国统计年鉴》和《中国商务年鉴》。(13)流通韧性。这一维度指标反映流通产业发展韧性,采用限额以上流通产业成本收益率、资产收益率、营业收入利润率来表征;具体而言,上述各指标分别为限额以上批发业、零售业、餐饮业利润总额与营业成本总额、资产总额、营业收入总额之比;基础数据来源于《中国统计年鉴》和《中国商务年鉴》。

(二)指标体系构建

基于上述指标含义及其表征变量分析,可以构建一个流通产业国际竞争力评价指标体系,其基本架构如表9-1所示。

表 9-1　流通产业国际竞争力评价指标体系基本架构

评价对象	一级指标	二级指标及其量纲
中国流通产业国际竞争力	流通潜力	全体居民人均可支配收入(元)
		社会消费品零售总额(亿元)
		城乡居民收入倍差
	物流禀赋	铁路营业里程(万千米)
		公路营业里程(万千米)
		内河航道里程(万千米)
		公路营运汽车拥有量(万辆)
	数字流通	电话(移动)普及率(部/百人)
		互联网普及率(%)
		长途光缆线路长度(万千米)
		快递业务量(万件)
	相关产业	旅客周转量(亿人千米)
		货运周转量(亿吨千米)
		邮政业务总量(亿元)
		电信业务总量(亿元)
	营商环境	消费者本地市场偏好(%)
		批发和零售业私营企业和个体就业人员占比(%)
		住宿和餐饮业私营企业和个体就业人员占比(%)

评价对象	一级指标	二级指标及其量纲
中国流通产业国际竞争力	流通规模	限额以上流通产业法人企业单位数(个)
		限额以上流通产业年末从业人数(人)
		限额以上流通产业资产总计(亿元)
		限额以上流通产业营业收入(亿元)
		限额以上流通产业利润总额(亿元)
	流通结构	批发和零售业增加值占第三产业增加值比重(%)
		交通运输、仓储和邮政业增加值占第三产业增加值比重(%)
		住宿和餐饮业增加值占第三产业增加值比重(%)
	流通密度	每万人流通产业年末从业人数(人)
		每万平方千米流通产业法人企业单位数(个)
		每万平方千米长途光缆线路长度(千米)
	技术创新	技术市场成交额(亿元)
		教育经费(万元)
		普通高校在校学生数(万人)
	对外贸易	限额以上批发和零售业出口额(万元)
		限额以上批发和零售业进口额(万元)
	外商直接投资	交通运输、仓储和邮政业 FDI(万美元)
		批发和零售业 FDI(万美元)
		住宿和餐饮业 FDI(万美元)
	流通效率	限额以上流通产业人均资产(元)
		限额以上流通产业人均营业收入(元)
		限额以上流通产业人均利润(元)
	流通韧性	限额以上流通产业成本收益率(%)
		限额以上流通产业资产收益率(%)
		限额以上流通产业营业收入利润率(%)

注:此表由笔者根据本章所构建的评价指标体系制作而得。

二、基于熵值法的流通产业国际竞争力指数

由于流通产业国际竞争力评价涉及多个维度,需要进行多指标综合评价来确定其指数。根据既有文献,评价指标赋权方法主要涵盖决策试行与评价实验法、层次分析法等主观赋权法,以及熵值法、主成分分析法等客观赋权法。考虑到主观赋权法具有较强的主观性,往往可能会弱化评价结果的准确性与科学性;而熵值法能够克服主观估计的误差,有效保证测算结果的客观性与公正性,

其原因在于熵值法旨在根据指标的信息承载量大小对该指标进行赋权,即指标所隐含的信息效用越高,其熵值权重也越高;因此,笔者采取熵值法确定流通产业国际竞争力的指标权重,随后构建综合评价模型。

利用熵值法确定权重的计算步骤如下:

第一步,收集、整理相关数据,构建初始数据矩阵如下:

$$X = (x_{ijt})_{m,n} \qquad (9\text{-}1)$$

其中,m 表示二级指标的数量,n 表示样本量,x_{ijt} 表示 t 年第 i 个样本的第 j 项指标的初始数值。

第二步,由于各项指标在量纲、方向及统计口径等方面存在显著差异,为了保证测度结果的可靠性,有必要对样本初始数据进行标准化处理。特别需要注意的是,正向指标与负向指标的标准化处理方法是不同的。

正向指标的标准化计算公式为:

$$\overline{x}_{ijt} = \frac{x_{ijt} - \min x_j}{\max x_j - \min x_j} \qquad (9\text{-}2)$$

负向指标的标准化计算公式为:

$$\overline{x}_{ijt} = \frac{\max x_j - x_{ijt}}{\max x_j - \min x_j} \qquad (9\text{-}3)$$

式中,$\overline{x}_{ijt}$ 表示 t 年第 i 个样本的第 j 项指标标准化数值;$\min x_j$ 表示第 j 项指标初始值中的最小值;$\max x_j$ 表示第 j 项指标初始值中的最大值;对于第 j 项指标,x_{ijt} 的差距越大,其在指标体系中的作用越大。

第三步,计算 t 年第 i 个样本在第 j 项指标下的比重 P_{ijt},假设数据的时间跨度为 η,则 P_{ijt} 的计算方法如下。

$$P_{ijt} = \overline{x}_{ijt} / \sum_{i=1}^{m} \sum_{t=1}^{\eta} \overline{x}_{ijt}, \quad 0 \leqslant P_{ijt} \leqslant 1 \qquad (9\text{-}4)$$

第四步,根据熵值理论,计算第 j 项指标的信息熵值、冗余度及指标权重。

首先,第 j 个指标的信息熵(e_j)计算方法为:

$$e_j = -\frac{\sum_{i=1}^{m} \sum_{t=1}^{\eta} P_{ijt} \ln P_{ijt}}{\ln(m\eta)}, \quad 0 \leqslant e_j \leqslant 1 \qquad (9\text{-}5)$$

其次,第 j 个指标的冗余度(r_j)计算方法为:

$$r_j = 1 - e_j \qquad (9\text{-}6)$$

再次,第 j 个指标的权重(W_j)计算方法为:

$$W_j = r_j / \sum_{j=1}^{n} r_j, \quad 0 \leqslant W_j \leqslant 1 \qquad (9\text{-}7)$$

综上所述,根据前文所构建的流通产业国际竞争力评价指标体系,基于

2003—2015 年中国 29 个省份①的 43 项二级指标构建初始面板数据,通过熵值法计算出各项指标的信息熵、冗余度及相应权重,如表 9-2 所示。

表 9-2　流通产业国际竞争力指数测度指标信息熵、冗余度及其权重

一级指标	二级指标	信息熵	冗余度	权重
流通潜力	全体居民人均可支配收入	0.9499	0.0501	0.016209
	社会消费品零售总额	0.928973	0.071027	0.02298
	城乡居民收入倍差	0.990756	0.009244	0.002991
物流禀赋	铁路营业里程	0.966839	0.033161	0.010729
	公路营业里程	0.964204	0.035796	0.011581
	内河航道里程	0.895833	0.104167	0.033701
	公路营运汽车拥有量	0.953543	0.046457	0.01503
数字流通	电话(移动)普及率	0.941144	0.058856	0.019042
	互联网普及率	0.954702	0.045298	0.014655
	长途光缆线路长度	0.97203	0.02797	0.009049
	快递业务量	0.736163	0.263837	0.08536
相关产业	旅客周转量	0.955095	0.044905	0.014528
	货运周转量	0.922787	0.077213	0.024981
	邮政业务总量	0.845228	0.154772	0.050074
	电信业务总量	0.943681	0.056319	0.018221
营商环境	消费者本地市场偏好	0.996535	0.003465	0.001121
	批发和零售业私营企业和个体就业人员占比	0.990783	0.009217	0.002982
	住宿和餐饮业私营企业和个体就业人员占比	0.975079	0.024921	0.008063
流通规模	限额以上流通产业法人企业单位数	0.917184	0.082816	0.026794
	限额以上流通产业年末从业人数	0.934869	0.065131	0.021072
	限额以上流通产业资产总计	0.880531	0.119469	0.038652
	限额以上流通产业营业收入	0.88726	0.11274	0.036475
	限额以上流通产业利润总额	0.890291	0.109709	0.035495
流通结构	批发和零售业增加值占第三产业增加值的比重	0.98091	0.01909	0.006176
	交通运输、仓储和邮政业增加值占第三产业增加值的比重	0.980823	0.019177	0.006204
	住宿和餐饮业增加值占第三产业增加值的比重	0.977905	0.022095	0.007148

①　囿于数据可得性,此研究样本不包含中国香港特别行政区、中国澳门特别行政区、中国台湾省、海南省及新疆维吾尔自治区。

续表

一级指标	二级指标	信息熵	冗余度	权重
流通密度	每万人流通产业年末从业人数	0.919377	0.080623	0.026084
	每万平方千米流通产业法人企业单位数	0.763789	0.236211	0.076422
	每万平方千米长途光缆线路长度	0.955922	0.044078	0.014261
技术创新	技术市场成交额	0.788997	0.211003	0.068267
	教育经费	0.949002	0.050998	0.016499
	普通高校在校学生数	0.964799	0.035201	0.011389
对外贸易	限额以上批发和零售业出口额	0.816991	0.183009	0.05921
	限额以上批发和零售业进口额	0.78311	0.21689	0.070171
外商直接投资	交通运输、仓储和邮政业 FDI	0.946341	0.053659	0.01736
	批发和零售业 FDI	0.892607	0.107393	0.034745
	住宿和餐饮业 FDI	0.941144	0.058856	0.019042
流通效率	限额以上流通产业人均资产	0.940037	0.059963	0.0194
	限额以上流通产业人均营业收入	0.967085	0.032915	0.010649
	限额以上流通产业人均利润	0.974627	0.025373	0.008209
流通韧性	限额以上流通产业成本收益率	0.990511	0.009489	0.00307
	限额以上流通产业资产收益率	0.98953	0.01047	0.003387
	限额以上流通产业营业收入利润率	0.99221	0.00779	0.00252

注:此表由笔者根据测算结果整理、制作而得。

第五步,利用指标的权重乘以各指标的分数,可以得出第 i 个样本 t 年的流通产业国际竞争力(DIC)指数。

$$\mathrm{DIC}_{it} = \sum_{j=1}^{n} W_j \bar{x}_{ijt} \tag{9-8}$$

第三节　基于双向固定效应的主回归

一、主回归设计

(一)模型构建

笔者以流通产业国际竞争力为被解释变量,以市场一体化为核心解释变量,再加入相关控制变量,进而构建面板数据[①]双向固定效应(FE)模型,实证

---

① 面板数据能在一定程度上解决遗漏变量(个体异质性)问题,而且具备针对个体动态行为予以建模的优点(陈强,2014)。

分析市场一体化对流通产业国际竞争力的影响,其基准回归估计模型如下。

$$DIC_{it} = \beta_0 + \beta_1 MAI_{it} + \sum_{n=1}^{N_i} \beta^n Control_{it}^n + \omega_i + \eta_t + \mu_{it} \qquad (9\text{-}9)$$

式中,DIC_{it} 为 t 年 i 省的流通产业国际竞争力,以前文测算的流通产业国际竞争力指数予以表征,MAI_{it} 为 t 年 i 省的市场一体化水平;$Control_{it}^n$ 和 β^n 分别为第 n 个省级层面的控制变量及其对应回归系数,N_i 表示省级层面控制变量的个数;ω_i、η_t 分别表示个体(省份)维度和时间维度的固定效应,μ_{it} 为扰动项①。

(二)变量选择

1. 变量类型及其经济含义

为了尽量避免遗漏变量偏差,保证变量的外生性,结合数据的可得性,本章主要选取下述变量进行计量分析,相关变量的属性及其经济含义分述如下。

(1)被解释变量。本章以前文测算的流通产业国际竞争力(DIC)为被解释变量,客观地说,目前学术界没有衡量流通产业国际竞争力的统一指标,也缺乏较为公认的评价指标体系,政府有关部门也未公开发布直接反映流通产业国际竞争力的相关指数,若仅采用单个指标予以衡量则有些片面。因此,本章首先构建流通产业国际竞争力评价指标体系,进而采用熵值法测度流通产业国际竞争力指数,用以表征流通产业国际竞争力水平。在前文第一节中,笔者也已经对流通产业国际竞争力的具体测算方法、计算步骤进行了较详细的阐释和分析。

(2)核心解释变量。本章以市场一体化(MAI)为核心解释变量,采用第3章的商品市场分割指数的平方根的倒数予以表征,该值越大,说明一体化程度越高。

(3)控制变量。实际上,市场一体化水平和流通产业国际竞争力的变动还会同时受到政府规模(GOS)、基础设施(INF)、财政分权(FID)、外贸开放度(FTO)、FDI 开放度(FDO)、能源消费结构(ECS)等区位特征的影响,因此,有必要选择上述六个变量作为控制变量。其中,政府规模(GOS)采用人均财政支出占人均 GDP 的比重予以表征;基础设施(INF)选用各省等级公路里程、铁路营业里程及内河航运里程三者之和占其土地面积的比重予以表征;财政分权(FID)采用分地区人均财政支出与全国人均财政支出的比值予以表征;外贸开放度(FTO)采用进出口总额占国内生产总值的比重予以表征,其中进出口总额

---

① 扰动项即随机干扰项,也称随机误差项,一般包括未知影响因素、残缺数据、数据观察误差、模型设定误差及变量内在随机性。

选取按照经营单位所在地统计下的货物进出口贸易总额;FDI 开放度(FDO)采用 FDI 占 GDP 的比重予以表征;能源消费结构(ECS)采用化石能源消费量占能源消费总量的比重予以表征[①]。

(4)调节变量。从逻辑上看,由于本地市场偏好(LMP)在市场一体化水平和流通产业国际竞争力之间起到一定调节作用,故将 LMP 作为调节变量。该变量以本地总产值减去国有及规模以上工业增加值后占本地总产值的比重予以表征。

2.变量回归系数预期

为了更好地检验模型的解释力与科学性,在计量分析之前,有必要对所有自变量的回归系数方向进行预期分析,变量性质、变量名称、变量代表符号及其回归系数方向如表 9-3 所示。

表 9-3 变量属性及其回归系数方向预期

变量性质	变量名称	代表符号	系数方向预期
被解释变量	流通产业国际竞争力	DIC	/
核心解释变量	市场一体化	MAI	正向
控制变量	政府规模	GOS	正向
	基础设施	INF	正向
	财政分权	FID	负向
	外贸开放度	FTO	负向
	FDI 开放度	FDO	负向
	能源消费结构	ECS	负向
调节变量	本地市场偏好	LMP	正向

(三)数据说明及变量描述性统计

本章用以测算核心解释变量市场一体化以及表征省级层面控制变量的原始数据,一部分来源于《中国统计年鉴》、联合国商品贸易统计数据库(UN Comtrade),另一部分来源于具有行业性质的《中国工业经济统计年鉴》《中国对外经贸统计年鉴》《中国科技统计年鉴》《中国能源统计年鉴》,还有些许数据来自各个省份的相关部门统计年鉴。

---

① 全要素碳减排效率是指不考虑劳动、资本投入贡献的碳减排效率,即抽象的技术进步导致的碳减排效率。

在进行实证研究之前,有必要对变量进行描述性统计分析,以观察各个变量之间的统计特征。本章实证分析的样本量为 377 个,各变量及指标的描述性统计结果如表 9-4 所示。为避免数据误差影响回归估计的稳健性,笔者对标准差较大的数据进行了取对数处理,处理后的主要观测值包括均值、标准差、最小值及最大值。

表 9-4　变量描述性统计结果

变量	样本量	均值	标准差	最小值	最大值
DIC	377	0.131	0.093	0.021	0.535
MAI	377	2.189	0.523	1.010	3.546
GOS	377	0.199	0.090	0.079	0.627
INF	377	0.712	0.515	0.032	2.511
FID	377	0.961	0.513	0.077	3.438
FTO	377	0.334	0.413	0.036	1.721
FDO	377	0.024	0.020	0.001	0.105
ECS	377	0.474	0.142	0.091	0.802
LMP	377	2.316	3.562	0.027	23.292

注:此表由笔者根据 Stata16.0 软件运算结果整理、制作而得。

二、主回归估计结果

根据式(9-9)所呈现的基准回归模型,针对市场一体化对中国流通产业国际竞争力的影响进行双向固定效应(FE)回归估计。为了克服异方差问题,回归采用稳健标准误形式,回归结果如表 9-5 所示。表 9-5 的第(1)列至第(7)列汇报了渐次加入控制变量的回归结果。可以发现,市场一体化显著正向影响了流通产业国际竞争力,市场一体化水平的提高使得流通产业国际竞争力上升了1.76%。从控制变量来看,政府规模、基础设施对流通产业国际竞争力具有显著的促进作用,而财政分权、外贸开放度、FDI 开放度、能源消费结构显著抑制了流通产业国际竞争力的提升。另外,加入时间固定效应之后核心解释变量系数不显著,因此只控制了个体固定效应。

三、地区异质性分析

为了探讨市场一体化水平对流通产业国际竞争力变动的异质性影响与作用,笔者参考李建军等(2020)的地区划分标准予以分组回归,结果如表 9-6 所示。

表9-5 固定效应基准回归估计结果

	(1)	(2)	(3)	(4)	(5)	(6)	(7)
MAI	0.0576*** (10.96)	0.0404*** (7.41)	0.0246*** (5.88)	0.0235*** (6.62)	0.0228*** (7.34)	0.0214*** (7.14)	0.0176*** (5.55)
GOS		0.4214*** (7.27)	0.0524 (1.07)	0.3558*** (7.27)	0.2576*** (5.87)	0.2515*** (5.99)	0.2282*** (5.43)
INF			0.1624*** (16.53)	0.1374*** (15.94)	0.1308*** (17.29)	0.1248*** (17.05)	0.1182*** (15.80)
FID				-0.1192*** (-11.62)	-0.0887*** (-9.38)	-0.0850*** (-9.37)	-0.0805*** (-8.89)
FTO					-0.1463*** (-10.32)	-0.1356*** (-9.90)	-0.1361*** (-10.07)
FDO						-0.7806*** (-5.68)	-0.8204*** (-6.04)
ECS							-0.0940*** (-3.31)
常数项	0.0051 (0.44)	-0.0408*** (-3.22)	-0.0486*** (-5.12)	0.0258*** (2.51)	0.0711*** (7.10)	0.0917*** (8.94)	0.1506*** (7.36)
个体固定效应	是	是	是	是	是	是	是
时间固定效应	否	否	否	否	否	否	否
样本量	377	377	377	377	377	377	377
测定系数(R^2)	0.257	0.356	0.640	0.742	0.803	0.820	0.825
调整的测定系数($Adj\text{-}R^2$)	0.1950	0.2997	0.6080	0.7176	0.7839	0.8020	0.8076

表 9-6　地区异质性回归结果

	(1)	(2)	(3)
	东部地区	中部地区	西部地区
MAI	0.0263*** (3.80)	0.0122*** (4.24)	0.0066*** (2.87)
GOS	1.1921*** (4.14)	0.2457*** (4.19)	0.0761** (2.35)
INF	0.0776*** (4.03)	0.0783*** (8.69)	0.1117*** (10.01)
FID	−0.0742*** (−5.09)	−0.0161 (−0.62)	0.0090 (0.73)
FTO	−0.0722*** (−3.05)	−0.0522* (−1.89)	0.0470 (1.35)
FDO	−1.3002*** (−4.49)	0.0931 (0.54)	0.1059 (0.93)
ECS	−0.0563 (−0.62)	−0.0208 (−1.05)	−0.0876*** (−3.97)
常数项	0.1190* (1.69)	0.0030 (0.18)	0.0395 (2.33)
个体固定效应	是	是	是
时间固定效应	否	否	否
样本量	130	117	130
测定系数(R^2)	0.877	0.904	0.849
调整的测定系数(Adj-R^2)	0.8591	0.8893	0.8274

从表 9-6 可见,(1)不论是东部地区、中部地区还是西部地区,市场一体化水平提高都能显著促进流通产业国际竞争力的提升。(2)进一步对比不同地区市场一体化的回归系数大小可知,东部地区最大,中部地区次之,西部地区最小,这可能是由于东部地区的资金和技术优势所导致。(3)东部地区制造业相对发达,知识技术密集型企业占比高,技术创新能力相对较强,其资金和技术优势对基于市场一体化提升流通产业国际竞争力的积极影响更大,而中西部地区先进制造业发展相对滞后,产业链布局亟待进一步健全、完善,通过市场一体化提升流通产业国际竞争力的影响较小。

四、内生性处理及稳健性检验

保证解释变量的外生性是实现回归估计一致性的重要前提，在回归估计中，如果解释变量与扰动项相关，通常意味着存在内生性[①]问题，那么回归估计量将是不一致的，即无论样本容量多大，回归估计量也不会收敛到真实的总体参数（陈强，2014）。鉴于此，本章利用两阶段最小二乘法（2SLS）引入工具变量解决内生性问题，并从测量误差和考虑数据截留两个方面验证回归结果的稳健性，以保证研究结论不会根据样本量不同而产生变化。

为了进一步解决模型可能存在的内生性问题，本章采用两阶段最小二乘法（2SLS）引入工具变量对模型进行重新回归，采用解释变量的滞后一期的一次项和二次项作为工具变量进行估计[②]，表 9-7 中第（1）列和第（2）列分别报告了2SLS 的第一阶段和第二阶段的回归结果。结论显示，在解决内生性问题之后，市场一体化水平对流通产业国际竞争力的影响仍然显著为正，与基准回归结果一致，说明基准回归估计是可靠的。

表 9-7　内生性处理及稳健性检验结果

	（1）	（2）
	第一阶段	第二阶段
MAI		0.0330***
		(3.73)
L1_MAI	0.4974***	
	(14.09)	
GOS	−0.1199	0.2374***
	(−0.19)	(2.64)
INF	0.1310	0.1115***
	(1.68)	(11.60)

---

① 一般而言，遗漏变量、测量误差及变量互为因果关系是导致内生性的根源，计量经济学家们通常主张借助工具变量将内生变量分离为与扰动项相关和不相关的两部分，从而进一步对不相关（外生）的部分予以回归估计。

② 使用工具变量法解决内生性问题，有必要事先进行弱工具变量检验，以保证工具变量的有效性。为此，笔者采取 F 拇指规则和 Cragg-Donald Wald F 统计量，针对解释变量滞后一期的一次项和二次项进行联合检验，结果均拒绝了"存在弱工具变量"的原假设，从而，笔者有理由认为工具变量是有效的。

续表

	(1)	(2)
	第一阶段	第二阶段
FID	0.1559 (1.26)	−0.0900*** (−3.20)
FTO	0.0923 (0.42)	−0.1223** (−2.34)
FDO	−3.1746 (−1.49)	−0.8281*** (−2.76)
ECS	−1.8670*** (−4.40)	−0.0524 (−0.82)
常数项	1.7779*** (6.48)	0.1051** (2.30)
个体固定效应	是	是
时间固定效应	否	否
样本量	348	348
测定系数(R^2)	0.4568	0.8112

注:第一阶段回归系数下方括号内为 t 值,第二阶段回归系数下方括号内为 z 值。

五、调节效应机制检验

在一定程度上,市场一体化水平对流通产业国际竞争力的影响不仅受到区位特征因素的制约,而且还受到机制变量的调节。换言之,相关机制变量调节了市场一体化(MAI)对流通产业国际竞争力(DIC)的影响,即市场一体化水平与流通产业国际竞争力之间隐含着特定的调节机制。为验证本地市场偏好的调节效应,构建如下调节机制模型。

$$\text{DIC}_{it} = \beta_0 + \beta_1 \text{MAI}_{it} + \beta_2 \text{LMP}_{it} + \beta_3 \text{MAI}_{it} * \text{LMP}_{it}$$
$$+ \sum_{n=1}^{N_i} \beta^n \text{Control}_{it}^n + \omega_i + \eta_t + \mu_{it} \tag{9-10}$$

式中,DIC_{it} 为被解释变量,表示 t 年 i 省的流通产业国际竞争力,MAI_{it} 为核心解释变量,表示 t 年 i 省的市场一体化水平;LMP_{it} 为调节变量,表示 t 年 i 省的本地市场偏好;$\text{MAI}_{it} * \text{LMP}_{it}$ 表示市场一体化与调节变量本地市场偏好的交互项;Control_{it}^n 和 β^n 分别为第 n 个省级层面的控制变量及其对应回归系数;为了控制在个体(省份)及时间维度未观测到的因素对回归估计结果造成的影响,笔者在调节机制模型中加入了个体(省份)与时间固定效应,即 ω_i、η_t;μ_{it} 表示误差项。需要说明的是,我们主要关注系数 β_1 与 β_3 的显著程度以及正负向。譬如,若系数 β_1 与 β_3 均显著且符号相同(同为正或同为负),则说明本地市场偏好这一调节变量对市场一体化的流通产业国际竞争力效应具有正向调节作用,若系数 β_1 与 β_3 均显著且符号相反,则为负向调节作用。

基于本地市场偏好的调节效应检验结果如表 9-8 所示,其中,第(1)列是对式(9-9)的回归估计,与基准回归结果一致;第(2)列是在基准回归基础上添加调节变量 LMP 之后的回归结果;第(3)列为添加核心解释变量 MAI 和调节变量 LMP 的交互项之后的回归结果,是对式(9-10)的回归估计。

表 9-8　调节效应回归结果

	(1)	(2)	(3)
MAI	0.0176*** (5.55)	0.0176*** (5.56)	0.0170*** (5.46)
LMP		0.0010 (0.63)	−0.0008 (−0.45)
c_MAI * c_LMP			0.0031*** (3.41)
GOS	0.2282*** (5.43)	0.2321*** (5.46)	0.2440*** (5.81)
INF	0.1182*** (15.80)	0.1159*** (13.94)	0.1162*** (14.19)
FID	−0.0805*** (−8.89)	−0.0822*** (−8.69)	−0.0808*** (−8.66)
FTO	−0.1361*** (−10.07)	−0.1365*** (−10.08)	−0.1346*** (−10.09)
FDO	−0.8204*** (−6.04)	−0.8185*** (−6.02)	−0.8006*** (−5.97)
ECS	−0.0940*** (−3.31)	−0.0948*** (−3.33)	−0.1094*** (−3.86)
常数项	0.1506*** (7.36)	0.1511*** (7.37)	0.1581*** (7.79)
个体固定效应	是	是	是
时间固定效应	否	否	否
样本量	377	377	377
测定系数(R^2)	0.825	0.826	0.831
调整的测定系数(Adj-R^2)	0.8076	0.8072	0.8131

注:模型(2)回归系数下方括号内为 z 值,模型(1)和(3)的回归系数下方括号内为 t 值。

从表 9-8 的第(3)列可以看出,市场一体化与本地市场偏好的回归系数显著为正,这和核心解释变量市场一体化的回归系数(主效应)相反,这表明本地市场偏好正向调节了市场一体化对流通产业国际竞争力的提升作用,换言之,对于本地市场偏好水平较高的地区,主效应更明显,随着一个地区的本地市场偏好水平的提高,市场一体化的流通产业国际竞争力提升效应即主效应会被增强。这意味着,本地市场偏好较高的地区,市场一体化水平对流通产业国际竞争力的提升潜力相较于本地市场偏好较低的地区潜力更大。

第四节　基于空间杜宾模型的扩展分析

考虑到不同地区之间市场一体化对流通产业国际竞争力的影响存在空间效应,普通回归模型不能完全解释市场一体化及其他控制变量对流通产业国际竞争力的作用。因此,需要进一步开展包含空间效应的计量分析。

一、空间权重矩阵构建及空间相关性检验

(一)空间权重矩阵构建

空间权重矩阵是描述空间单元之间关系以及空间效应的矩阵,是依据"距离"而对空间单元的位置进行量化,空间权重矩阵 W 表示如下:

$$\begin{bmatrix} w_{11} & \cdots & w_{1n} \\ \vdots & \ddots & \vdots \\ w_{n1} & \cdots & w_{nn} \end{bmatrix} \tag{9-11}$$

其中,w_{ij} 表示省份 i 与省份 j 的空间关联度,对角线元素 $w_{11}=w_{22}=\cdots=w_{nn}=0$。本章涉及的空间权重矩阵主要有以下三种。

邻接权重矩阵,可以客观地反映地区之间是否在空间上存在相邻关系,其设定原则是具有共同顶点或边即为相邻,以此来刻画空间权重矩阵,具体公式为:

$$w_{ij} = \begin{cases} 0, \text{省份 } i \text{ 与省份 } j \text{ 不相邻} \\ 1, \text{省份 } i \text{ 与省份 } j \text{ 相邻} \end{cases} (i \neq j) \tag{9-12}$$

地理距离权重矩阵,考虑到地区间即使地理不相邻仍然存在相互影响关系。以两个地区省会城市的距离来构建空间权重矩阵,地区间的相互影响关系随距离的增加而减小,具体公式为:

$$w_{ij} = \begin{cases} \dfrac{1}{d_{ij}}, i \neq j \\ 0, i = j \end{cases} \tag{9-13}$$

经济距离权重矩阵,考虑到各地区变量间空间关联不仅受地理距离影响,还会受到经济发展水平的影响,经济发展水平相近的区域绿色金融和 FDI 发展水平可能相近,由此构建经济距离空间权重矩阵,两地区间 GDP 规模差距越大权值越低,具体公式为:

$$w_{ij} = \begin{cases} \dfrac{1}{\lceil GDP_i - GDP_j \rceil}, & i \neq j \\ 0, & i = j \end{cases} \tag{9-14}$$

(二)空间相关性检验

市场一体化对我国流通产业国际竞争力的影响可能存在省际之间空间效应,因此在进行计量回归之前,要先检验被解释变量的空间相关性,即空间自相关性检验,反映不同地区变量在空间上的相互依赖程度,若存在空间相关性则要构建空间计量模型进行进一步分析。空间相关性检验具体可以分为全局空间相关性检验和局部空间相关性检验,通常用莫兰指数(Moran's I)表示。

1. 全局空间相关性检验

全局空间相关性是指同一属性空间关联程度的总体分布特征,分析数据在整个时空系统中表现出的相关情况,度量时通常使用全局莫兰指数,具体定义如下:

$$I = \frac{n \sum\limits_{i=1}^{n} \sum\limits_{j=1}^{n} w_{ij} (X_i - \overline{X})}{\sum\limits_{i=1}^{n} \sum\limits_{j=1}^{n} w_{ij} (X_i - \overline{X})^2} \tag{9-15}$$

其中,n 表示地区总数;w_{ij} 表示地区 i 和地区 j 之间的空间权重;X_i 表示地区 i 的观测值;$\overline{X}$ 表示所有地区的平均值。全局莫兰指数的取值介于 -1 和 1 之间,取值为正表示存在正的空间相关性,取值为负表示存在负的空间相关性,绝对值越趋向 1 表示空间相关性越强。

笔者分别利用邻接权重矩阵、地理距离权重矩阵、经济距离权重矩阵,测算出 2003—2015 年我国 29 个省市流通产业国际竞争力的全局空间相关性,如表9-9 所示。

根据表9-9,可以看出在邻接权重矩阵、地理距离权重矩阵、经济距离权重矩阵下,全局莫兰指数均在 1‰的水平上显著大于 0,表明 2003—2015 年我国流通产业国际竞争力均存在显著的空间正相关性,空间聚集特征明显,即一地流通产业国际竞争力越大,其周边地区的流通产业国际竞争力也越大。考虑到流通产业国际竞争力作为一种经济指标,受经济因素的影响较大,单纯考虑地理距离过于片面,因此,后文选择经济距离权重矩阵进行计量分析。

表 9-9　流通产业国际竞争力全局空间相关性检验

流通产业国际竞争力	邻接权重矩阵 Moran's I	地理距离权重矩阵 Moran's I	经济距离权重矩阵 Moran's I
2003	0.324***	0.094***	0.409***
2004	0.329***	0.091***	0.336***
2005	0.317***	0.087***	0.321***
2006	0.321***	0.087***	0.347***
2007	0.307***	0.083***	0.348***
2008	0.338***	0.084***	0.326***
2009	0.318***	0.079***	0.350***
2010	0.322***	0.081***	0.343***
2011	0.340***	0.087***	0.314***
2012	0.326***	0.083***	0.326***
2013	0.375***	0.094***	0.338***
2014	0.353***	0.089***	0.330***
2015	0.343***	0.089***	0.334***

2.局部空间相关性检验

由于全局空间莫兰指数只能反映整体存在集聚现象,无法具体呈现省市间局部空间相关性,因此需要进一步用局部空间相关性检验测算不同省份流通产业国际竞争力的空间关联度,度量时使用局部莫兰指数(Anselin,1995),具体定义为

$$I = \frac{(X_i - \overline{X}) \sum\limits_{i=1}^{n} w_{ij} (X_j - \overline{X})}{s^2 \sum\limits_{i=1}^{n} \sum\limits_{i=1}^{n} w_{ij}} \tag{9-16}$$

局部莫兰指数用以表征某一特定地区与其相邻地区是否存在相互关联,取值同样介于−1和1之间,取值为正说明地区 i 的特征属性与周边地区相近,取值为负说明地区 i 的特征属性与周边地区相反。具体可以通过局部莫兰散点图表示,第一、第三象限说明变量存在正向的空间相关性,第一象限为高—高聚集,第三象限为低—低聚集;第二、第四象限说明存在负向空间相关性,也称离群,第二象限为低—高聚集,第四象限为高—低聚集。图 9-1 至图 9-2 所示为各省市 2003、2015 年流通产业国际竞争力空间聚集类型的局部莫兰散点图。整体来看,两个年份流通产业国际竞争力在局部莫兰散点图的分布特征具有一致

性,大部分省份落在第一象限和第三象限当中,呈正向空间聚集特征。其中,落在第一象限的主要有北京、上海、广东、浙江、江苏、山东等东部沿海省市,这些地区经济发展水平高、对外开放深入推进、基础设施完善、营商环境优越,流通产业国际竞争力呈高—高聚集;落在第三象限的主要有青海、宁夏、甘肃、新疆、贵州、云南、山西、陕西、内蒙古等中西部省市,这些地区地理位置较偏、与东部发达地区联系少,流通产业国际竞争力呈低—低聚集特征。

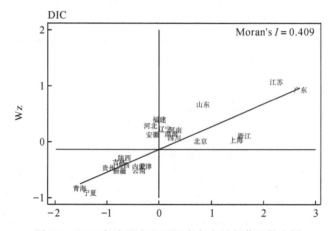

图 9-1　2003 年流通产业国际竞争力局部莫兰散点图

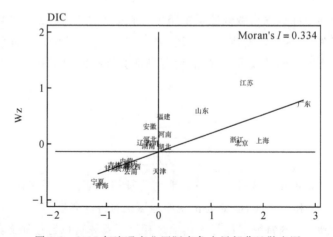

图 9-2　2015 年流通产业国际竞争力局部莫兰散点图

二、空间计量模型的选择

根据上文空间自相关检验,发现我国各省市流通产业国际竞争力存在显著的空间相关性,因此需要建立空间计量模型开展进一步分析。根据空间影响因素的不同,主要有三种不同的空间计量模型。

一是空间自回归(SAR)模型,通过空间自回归项对地区间外溢效应的检验,具体模型如下。

$$Y_{it} = \alpha_{it} + \rho WY_{it} + \beta_{it} X_{it} + \mu_{it} \qquad (9-17)$$

其中,W 为 $n \times n$ 阶空间权重矩阵;WY_{it} 为被解释变量的空间滞后项;ρ 为空间自相关系数,反映邻近省份被解释变量对本地区被解释变量的影响;μ_{it} 为随机误差项。

二是空间误差模型(SEM),某一区域受到随机冲击的作用,会通过空间误差项产生溢出效应,具体模型如下。

$$Y_{it} = \alpha_{it} + \beta_{it} X_{it} + \mu_{it} \qquad (9-18)$$

$$\mu_{it} = \lambda W \mu_{it} + \varepsilon_{it} \qquad (9-19)$$

其中,λ 为空间误差相关系数,表示邻近省份未被包含在解释变量中的其他变量对本地区流通产业国际竞争力的影响;$W\mu_{it}$ 为 μ_{it} 的空间滞后项;ε_{it} 为随机误差项。

三是空间杜宾模型(SDM),在这一模型下,同时考虑了被解释变量和解释变量的空间滞后效应,具体模型如下。

$$Y_{it} = \alpha_{it} + \rho WY_{it} + \beta_{it} X_{it} + \delta WX_{it} + \mu_{it} \qquad (9-20)$$

其中,ρ 为被解释变量的空间滞后系数,表示邻近省份被解释变量对本地区被解释变量的影响;δ 为解释变量的空间滞后系数,反映邻近省份解释变量对本地区被解释变量的影响。

具体选用哪一种模型进行回归分析需要进一步的检验。首先通过拉格朗日乘数检验(LM-Test)和稳健的拉格朗日乘数检验(R-LM-Test)判断空间自回归模型和空间误差模型哪一种更合适。比较 LM-error 检验和 LM-Lag 检验结果,若二者均显著,则进一步比较 R-LM-Error 检验和 R-LM-Lag 检验。LM 检验结果如表 9-10 所示。

表 9-10　LM 检验结果

检验方法	检验值	P 值
LM-Error 检验	57.239	0.000
R-LM-Error 检验	30.655	0.000
LM-Lag 检验	27.342	0.000
R-LM-Lag 检验	0.759	0.384

由表 9-10 可见,LM-Error 检验和 LM-Lag 检验均显著,则进一步比较 R-LM-Error检验和 R-LM-Lag 检验,发现只有 R-LM-Error 检验显著,则空间误差模型是更优的选择。此外,由于空间杜宾模型综合考虑了解释变量和被解释变量的空间滞后项对被解释变量的影响,进一步考虑空间杜宾模型是否合

适。通过 LR 检验和 Wald 检验分析空间杜宾模型是否会退化为空间误差模型和空间自回归模型,检验结果如表 9-11 所示。

表 9-11　LR 检验和 Wald 检验结果

检验方法	检验值	P 值
LR-Spatial-Error 检验	121.77	0.0000
LR-Spatial-Lag 检验	88.87	0.0000
Wald-Spatial-Error 检验	41.65	0.0000
Wald-Spatial-Lag 检验	14.97	0.0363

表 9-11 显示,在 LR 检验和 Wald 检验下均强烈拒绝原假设,说明空间杜宾模型不会退化成空间误差模型和空间自回归模型,因此本章选取空间杜宾模型进行计量分析。

三、基于 SDM 模型的回归分析

根据前文的相关检验,以经济距离权重矩阵为空间权重矩阵,建立空间杜宾模型进行回归分析,回归结果如表 9-12 所示。

表 9-12　空间杜宾模型回归结果

变量	Main	Wx
MAI	−0.0013	0.009**
	(−0.38)	(2.08)
GOS	0.2121***	−0.5003***
	(5.00)	(−6.41)
INF	0.0386***	0.0422***
	(5.21)	(3.03)
FID	−0.0887***	0.0867***
	(−14.51)	(4.36)
FTO	−0.0641***	−0.1178***
	(−6.22)	(−4.15)
FDO	−0.3788***	−0.9147***
	(−3.95)	(−3.79)
ECS	−0.0430**	−0.0171
	(−2.22)	(−0.34)
ρ	0.6866***	—
LogL	1012.8316	
AIC	−1993.663	—
BIC	−1930.747	—

注:回归系数下方括号内为 z 值。下表同。

由表 9-12 可见,在不考虑空间效应的影响时,市场一体化水平对流通产业

国际竞争力的影响并不显著,将核心解释变量和控制变量的空间滞后项引入到回归模型中,发现周边地区市场一体化水平的提升可以促进本地区流通产业国际竞争力的提高。

四、空间杜宾模型效应分解

由于前文的回归结果仅能反映市场一体化水平对流通产业国际竞争力的整体影响,为了进一步研究其空间溢出效应,通过偏微分法将空间效应分解为直接效应、间接效应和总效应。其中,直接效应表示市场一体化水平对本地区流通产业国际竞争力的总体影响,其中既包含了本地区市场一体化水平对本地区流通产业国际竞争力的直接影响,又包含本地区市场一体化水平对周边地区流通产业国际竞争力产生的影响,进而影响本地区流通产业国际竞争力这一空间反馈机制;间接效应即空间溢出效应,表示本地区市场一体化水平对周边地区流通产业国际竞争力的影响;总效应则为直接效应和间接效应之和,回归结果如表 9-13 所示。

表 9-13　空间杜宾模型效应分解结果

变量	直接效应	间接效应	总效应
MAI	0.0004 (0.11)	0.0255** (2.40)	0.0258** (2.34)
GOS	0.1463*** (3.52)	−1.0800*** (−3.85)	−0.9337*** (−3.18)
INF	0.0519*** (7.33)	0.2108*** (4.91)	0.2627*** (5.86)
FID	−0.0842*** (−11.57)	0.0733 (1.19)	−0.0109 (−0.17)
FTO	−0.0936*** (−8.38)	−0.4918*** (−4.23)	−0.5853*** (−4.79)
FDO	−0.5925*** (−4.98)	−3.6604*** (−3.77)	−4.2529*** (−4.06)
ECS	−0.0506** (−1.97)	−0.1327 (−0.81)	−0.1833 (−1.01)

根据表 9-13 的回归结果,市场一体化水平对流通产业国际竞争力的直接效

应并不明显,而间接效应和总效应均在 5％的水平下显著,表明市场一体化水平的发展对周边地区流通产业国际竞争力的提升具有空间溢出效应,即一个地区流通产业国际竞争力的提高不仅与本地区的市场一体化水平有关,还会受周边地区市场一体化水平的影响。

控制变量方面,政府规模的直接效应显著为正,但间接效应和总效应均显著为负,说明一地区政府规模越大,其对本地区流通产业国际竞争力的提升具有积极效应,对周边地区流通产业国际竞争力的提升具有负向影响;基础设施的直接效应、间接效应和总效应均显著为正,说明基础设施作为贸易发展的外部环境要素之一,是流通产业发展的重要条件支撑,且一地区基础设施水平的提升能够促进本地和周边地区流通产业的发展;财政分权的直接效应显著为负,但间接效应和总效应不显著,说明一地区财政分权对当地流通产业国际竞争力的提升具有不利影响,且对周边地区流通产业国际竞争力提升的空间溢出效应不显著;外贸开放度的直接效应、间接效应和总效应均显著为负,说明一地区的外贸开放程度越高不利于该地区及周边地区流通产业国际竞争力的提升;FDI 开放度的直接效应、间接效应和总效应显著为负,说明一地区外商直接投资开放度越高对周边地区流通产业国际竞争力的提升具有不利影响;能源消费结构的直接效应显著为负,间接效应和总效应均不显著,说明一地区的能源消费结构对周边地区的流通产业国际竞争力的积极影响不显著。

五、稳健性检验

前文空间计量回归采用的是经济距离权重矩阵,为了检验模型的稳健性,笔者用地理距离权重矩阵代替经济距离权重矩阵再次进行回归估计,结果如表 9-14 所示。可以发现,市场一体化的间接效应和总效应均显著为正,这说明在地理距离权重矩阵下,市场一体化对流通产业国际竞争力的影响存在显著的空间溢出效应,从而验证了加入空间因素的必要性,且进一步证实了前文回归估计是稳健的。

表 9-14　稳健性检验结果

变量	直接效应	间接效应	总效应
MAI	−0.0040 (−0.93)	0.0245＊＊＊ (4.56)	0.0205＊＊＊ (4.39)
GOS	−0.0067 (−0.13)	0.1010 (1.14)	0.0943 (1.09)

变量	直接效应	间接效应	总效应
INF	0.0290** (2.07)	0.1010*** (5.18)	0.1300*** (11.26)
FID	−0.0742*** (−8.27)	0.0194 (0.88)	−0.0548** (−2.05)
FTO	−0.1043*** (−8.05)	−0.0361 (−1.22)	−0.1404*** (−4.48)
FDO	−0.8371*** (−6.88)	−0.1681 (−0.55)	−1.0053*** (−2.82)
ECS	−0.0451* (−1.66)	−0.1046* (−1.71)	−0.1497** (−2.03)

第五节　启示性结论

　　市场一体化对流通产业国际竞争力的影响是一种较为复杂的非线性组合关系,验证这种关系的困难引发了经济学者们对这一问题删繁就简式的线性化处理。鉴于此,笔者构建了涵盖13项一级指标和43项二级指标的流通产业国际竞争力评价指标体系,进而运用双向固定效应(FE)省级面板数据模型进行了基准回归估计;同时,选择空间杜宾模型(SDM)进行了空间计量分析。依据实证分析结果可以得出如下结论:其一,市场一体化水平显著促进了流通产业国际竞争力的提升,但这一促进作用存在明显的地区异质性,东部地区最大,中部地区次之,西部地区最小;其二,本地市场偏好的变化正向调节了市场一体化对流通产业国际竞争力提升的促进作用,对于本地市场偏好程度越高的地区,这一促进作用越强,即本地市场偏好具有显著的正向调节效应;其三,通过对直接效应、间接效应和总效应的分解发现,市场一体化对流通产业国际竞争力的提升具有显著的正向空间溢出效应。

　　计量经济学对某一问题的研究通常会基于实证分析得出一些结论,但问题在于这些实证性结论背后所隐含的理论逻辑难以洞察。实证分析虽然也可在某个侧面验证特定经济现象,但往往难以从理论上触及这个问题的本质。所以,关于市场一体化对流通产业国际竞争力的研究,还有诸多深层次问题与内在影响机理需要进一步探讨,而不是仅局限于实证层面的研究,这需要经济学界给予更多的关注和探索。

第十章　数字化转型赋能国有流通企业国际竞争力提升

提升国有流通企业国际竞争力攸关中国经济安全,加快实现国有流通企业数字化转型是"数字中国"建设的重中之重。本章旨在剖析国有企业数字化转型态势,探讨国有流通企业数字化转型面临的挑战与总体思路,进而阐释数字化转型赋能国有流通企业国际竞争力提升方略。研究结果显示,中国国有流通企业运营缺乏与数字技术的深度融合,亟需系统地推进数字化转型;国有流通企业亟待进一步优化相关制度安排,以提升数字化运营绩效;国有流通企业数字化转型具有明显的异质性,政府部门有必要结合企业特性实施差异化监管,保障数字网络安全,增强国有流通企业数字化转型政策的可操作性与实效性。

第一节　国有流通企业数字化转型的现代意义

国有企业是中国经济发展的"压舱石",与国计民生和社会经济可持续发展休戚相关。近年来,数字产业化和产业数字化蓬勃发展。大数据、云计算、区块链、人工智能等数字技术与实体经济逐步融合,加快企业数字化转型已然成为中国经济高质量发展的重要举措。就中国国情而言,国有企业理应成为数字化转型的"领航员",但是,相较于民营优势企业,国有企业数字化转型略显迟缓。尽管一些龙头企业在数字化转型方面已经取得了长足进展,但整体来说,数字赋能国有企业转型升级仍然迫在眉睫。

21 世纪伊始,"数字中国"构想初见雏形,2007 年,党的十七大报告强调以信息化与工业化的融合推动产业技术升级;自 2015 年迄今,中国逐步将数字化转型纳入国家重要议程,陆续实施了"互联网+"行动计划、"数字中国"和"新型基础设施建设"(简称"新基建")①等重大战略,以及《新一代人工智能发展规划》《"十四五"智能制造发展规划》《"十四五"数字经济发展规划》,这标志着中国数

---

① 2020 年 4 月,国家发展和改革委员会明确界定"新基建"设施包括信息基础设施、融合基础设施和创新基础设施三个方面,主要涵盖 5G 基站建设、特高压、城际高速铁路和城市轨道交通、新能源汽车充电桩、大数据中心、人工智能、工业互联网七大领域。

字经济发展日益加快。伴随着这些重大战略与发展规划的实施,国有企业数字化转型进入新的发展阶段。2020 年 5 月,国家发展和改革委员会提出"数字化转型伙伴行动"倡议;同年 8 月,国务院国有资产监督管理委员会发布《关于加快推进国有企业数字化转型工作的通知》,进一步明确了国有企业数字化转型的方向、重点及举措;2021 年 4 月,在第四届"数字中国"建设峰会上,国务院发起"共创共建数字国企"倡议;2022 年 10 月,党的二十大报告指出,要深化国资国企改革,加快国有经济布局优化和结构调整,推动国有资本和国有企业做大做强。显而易见,积极推动企业数字化转型,是国有企业贯彻国家数字经济发展战略的重要体现。

倘若与国有制造企业相比较,长期以来,中国国有流通企业的国际化、数字化、智能化程度偏低,国际竞争力偏弱。流通产业对国民经济发展具有先导作用,面对新一轮产业革命的浪潮,提升中国流通产业国际竞争力对于流通产业现代化的实现或许具有十分深远的意义。值得重视的是,在流通产业现代化进程中,国有流通企业责无旁贷,理应担当"排头兵"的角色,以数字化转型为契机,加快提升国际竞争力。

第二节　关于数字化转型与企业竞争力的几点解读

现有的关于数字化转型影响企业竞争力变动的研究,主要集中在数字化转型与企业竞争力的关联等方面,而对数字化转型如何影响流通企业国际竞争力变动却没有引起很大的关注。其实,数字化转型与流通企业国际竞争力之间存在着相关性,尽管这种相关性由于国家和企业的异质性不以直观的形式反映出来,但数字化转型对流通企业国际竞争力具有明显作用的同时,流通企业国际竞争力对其数字化转型也有明显的反作用。这些作用和反作用的机制有许多值得研究的问题,如企业如何实现数字化转型,数字化转型会产生何种效应,都会在一定程度上反映这些作用和反作用机制。现有的关于数字化转型与企业竞争力的相关研究大致呈现如下三条脉络。

基于第一条脉络的研究主要聚焦于数字化与数字化转型的概念。宽泛地说,数字化是利用数字技术对各类数字信号或编码进行处理(Tilson et al.,2010;Yoo et al.,2010),并应用于社会、经济等实践的过程(Verhoef et al.,2021)。至于企业数字化转型的概念,一些学者认为企业数字化转型是指企业通过新一代数字技术的深入应用,对企业传统经营模式和业务流程进行创新和重塑的特定过程(Bharadwaj et al.,2013);另一些学者则认为企业数字化转型是企业运用数字技术对其经营战略、组织结构、企业文化等予以重塑的过程

(Gurbaxani et al.，2019)；还有学者主张企业数字化转型是指企业通过数字技术的组合应用，重构产品服务、运行系统、商业合作模式等，进而达到改善企业管理、创造更多价值等目标的过程（吴江等，2021；黄丽华等，2021；龚雅娴，2022），这一过程包括探索、构建和扩展 3 个阶段（韦影、宗小云，2021）。

基于第二条脉络的研究主要聚焦于国有企业数字化转型的重要性、模式与路径。国有企业是我国发展数字经济的主力军，在"数字中国"战略背景下，国有企业要做推动数字化转型升级的"排头兵"（翁杰明，2020）。鉴于此，少数学者探讨了国有企业数字化转型的模式与路径选择问题，并就国有企业如何通过数字化转型进一步提升竞争力和抗风险能力提出了若干建议（戚聿东等，2021；张继栋，2021）。

基于第三条脉络的研究主要聚焦于数字化转型的社会经济效应及其制约因素。一部分学者研究发现，数字化转型有助于企业实现成本领先（李海舰，2014；吴义爽等，2016），进而获得竞争优势（杨德明和刘泳文，2018）；另一部分学者研究显示，数字化转型不仅有利于企业创新商务模式（陈剑等，2020），实现透明化运营（罗进辉和巫奕龙，2021），还有利于企业提高运行效率（何帆和刘红霞，2019；雷光勇等，2022）和投入产出效率（刘淑春等，2021），加强企业风险管理（时杰，2021；王守海等，2022），优化企业生产结构（赵宸宇，2021）。另外，还有学者研究指出，企业数字化转型的进程受到数字环境、研发投入、技术变革、组织结构、员工态度（戚聿东、蔡呈伟，2020；Kumar and Krishnamoorthy，2020；Kozanoglu and Abedin，2021）等多重因素的制约。

显而易见，经济学界已经对企业数字化转型进行了较为系统的探讨，这些探讨为研究数字化转型赋能国有流通企业国际竞争力提升提供了充分的理论支持。但严格地说，聚焦国有流通企业数字化转型的探讨较为有限，且在为数不多的国有流通企业数字化转型研究中，较多文献止步于国有流通企业数字化转型的必要性、可行性与方向性分析，鲜有文献从制度改进视角对数字化转型与国有流通企业国际竞争力进行阐释与分析。

第三节　数字化转型赋能国有流通企业国际竞争力提升构想

一、国有企业数字化转型态势

近年来，依托创新驱动，数字技术与实体经济加快融合发展，国有企业在数字化转型领域取得了长足进展。具体而言，呈现下述态势。

其一,产品和服务的数字化附加值渐趋提升。依托数字化转型,国有企业加速了产品和服务创新,数字化附加值得以提高。譬如,中国移动通信集团有限公司在关注用户体验满意度的同时,通过"智能天线"项目,持续优化升级通信网络;利用5G通信和人工智能技术,实现基站天线的自动感知与智能优化。目前,该项目已在全国多个城市试点或正式运行,用户上网速率和网络体验满意度得以有效改进。

其二,智能制造与数字化运营潜能逐步释放。随着数字技术的迅猛发展和广泛应用,部分国有企业在智能制造和运营数字化方面已率先取得了显著成效。譬如,"十三五"期末以来,哈尔滨电气集团哈尔滨汽轮机厂有限责任公司对叶片分厂进行了大规模智能设备升级和厂房改造,引入数字化系统应用,优化生产流程,减少人工干预,提高了产品质量和交货速度。作为龙头央企,中国石油化工集团有限公司在2020年积极展开了"工业互联网+安全生产"试点项目,倾力构建国家危险化学品安全生产风险监测预警系统,实现对石油化工生产过程和环节的监测和预警,在生产运营智能化方面取得了显著进展。

其三,智慧化风险防范与管控机制雏形初现。数字化转型是一个机遇与风险并存的过程,部分国有企业以数字赋能为契机,逐步构建智慧化风险防范与管控机制,为其可持续发展提供智慧支持。譬如,近年来,国家电网有限公司山东省电力公司整合历史数据,综合考虑用户分类、季节性等因素,采用大数据分析和机器深度学习,构建电费收入预测模型,尝试以更精准的方式规划资金使用,有效控制流动性风险,从而保障企业资金流动的稳健性,逐步实现智慧化风险管理。

不难发现,数字经济形态下,企业竞争力越来越受制于数字化水平的事实,已在部分国有企业特别是国有制造企业推进数字化转型的努力中得到了体现。但值得关注的是,国有流通企业推进数字化转型的进程相对比较滞缓,依托数字化转型助推国际竞争力提升的任务颇为艰巨。

二、实现国有流通企业数字化转型的挑战

近年来,尽管批发、零售与物流等行业的个别国有流通企业数字化发展已卓见成效,但整体上仍存在一些痛点或瓶颈,高质量实现数字化转型尚且面临如下挑战。

第一,数字流通理念相对滞后。一方面,较多国有流通企业仍处于数字化转型的初期,开放、共享、创新和协调发展的意识不够强烈,缺乏数字化转型所需的前瞻性、创新性和开放性。另一方面,在部分国有流通企业,高层管理者难以就高质量实施数字化转型达成共识,导致数字化转型的推进较为缓慢。

第二,流通信息孤岛引致商业数据资源配置效率偏低。企业数字化转型的重要基础在于充分获取数据资源,但由于商业数据来源分散、数据格式不一致以及数据管理的复杂性等因素制约,流通信息缺乏有效共享,进而形成流通信息"孤岛",严重降低了商业数据资源的利用率。因此,企业无法及时基于相关数据优化投资决策与风险控制,更难以高质量提供智慧化、智能化服务。此外,流通信息孤岛的存在也会影响国有流通企业与非国有流通企业开展数字化合作,也制约了流通领域跨境数据交换,从而削弱了国有流通企业的国际竞争力提升。

第三,自主研发与流通创新能力不强。流通企业实施数字化转型离不开数字化流通人才队伍支持,然而,目前中国国有流通企业对于具备新型数字技术应用和数智化管理经验的高端流通人才需求缺口较大,难以满足数字化转型设计、数字技术创新和管理创新等方面的需求。此外,数字技术更新换代较快,数字化流通人才的培养与引进也存在一定滞后性,导致国有流通企业自主研发与流通创新缺乏应有的动力,进而制约了数字化转型的效率。从长远来看,国有流通企业数字化转型的关键在于流通技术与流通业态、业制乃至业种的创新。

三、国有流通企业数字化转型的总体思路

其一,充分发挥国有经济的主导作用。国有流通企业作为中国社会主义公有制经济体系的中坚力量,具备明显的流通资源和市场优势,有着引领和带动全产业数字化转型升级的独特潜质,对于推动流通产业全链路数字化转型举足轻重。相比较而言,国有流通企业享有产业规划和稳定环境带来的社会红利,能够更好地满足公众需求,提供更高品质的公共服务。

其二,构建数字化流通产业生态体系。一方面,以商业大数据为纽带,推动流通产业链上下游企业之间的跨界交流和资源共享,协同推进商流、物流、技术流和资金流的优化与整合,逐步构建数字化流通产业链。另一方面,通过数据共享和精准对接,促进全渠道、全链条的供需调配,以数据供应链引领物资链,实现上下游环节高效协同,为打造智慧化、数字化、智能化流通产业链提供强有力的支撑。

其三,促进数字化流通平台高质量发展。首先,鼓励大中型国有流通企业统筹人力、财力、物力,构建数字化流通资源共享平台,积极推动数字技术跨界融合;充分发挥超大规模市场优势,支持国有大型流通企业跨境经营,提升国际竞争力和OFDI韧性。其次,依托一次性投资、多次复用上下游企业资产的运营模式,结合市场需求优化流通资源配置和业务布局,助推数字化平台高质量发展与优化升级,构筑流通产业生态共同体。

其四,完善数字化转型的组织架构。目前,较多国有流通企业倾向于将数字化转型的重心置于供给侧,而对需求侧的场景设计与应用有所忽视,缺乏系统、深入地规制与谋划。现代数字技术的推广与应用为国有流通企业数字化转型注入非凡动力的同时,也在组织架构上对流通企业提出了更高要求。当务之急,国有流通企业必须强化顶层设计,并从商业基础设施、技术研发、人力资源管理、财务管理等多方面全方位健全完善流通组织架构,提高流通资源配置效率,进而为国有流通企业逐步实现数字化运营提供保障。

四、国有流通企业国际竞争力提升方略

第一,完善数字化转型战略的顶层设计。首先,国有流通企业应重塑数字化转型思维,积极开展数字化转型调研,充分借鉴转型先进经验,以前瞻性视角系统思考转型的难点与切入点,明确数字化转型的目的、方向及重点。其次,精准把握国家关于国有流通企业数字化转型的大政方针,制定并不断完善数字化转型方案,有针对性地做好需求预测与问题诊断工作,聚焦企业高质量发展对国有流通企业数字化转型顶层设计加以完善。

第二,构建共性数字流通技术创新平台。此类平台可为企业间的数字流通技术协同创新提供交流渠道,是推动国有流通企业数字化转型的重要支撑。国有流通企业应充分整合各方资源,建立持续、稳定、可靠的合作伙伴关系,以国有流通企业经营共性为基础,制定数据共享和数字流通技术标准,引入数字平台监督管理机制,优化数字流通技术供给体系,大力培育企业数字流通创新能力,最大限度突破企业数字化转型的技术壁垒,探索更具适应性的数字流通技术创新平台。

第三,优化高层次数字化流通人才激励机制。人力资源是企业的核心资源之一,也是保障企业实现数字化转型的关键要素。国有流通企业应高度重视高层次数字化流通人才的培养,当务之急,必须依托国有流通企业既有的政策优势,通过征集人才激励意向、落实人才津贴制度、规范人才绩效考核标准、健全人才聘用及晋升体系等途径,不断优化数字化流通人才激励机制,有效吸引高端人才流入,进而构建国有流通企业高层次数字化流通人才队伍,稳步推进国有流通企业数字化转型。

第四,保障数字化转型中的网络安全。尽管中国已出台《中华人民共和国网络安全法》,并颁布网络安全等级保护制度 2.0 标准,但在企业层域的对标尚不够精准、落实尚不够全面,由于流通产业的技术准入壁垒相对较低,流通企业的网络安全保障尤为薄弱。目前,国有流通企业应积极配合政府部门引领网络安全自愿规制,制定内部网络安全规章制度,加快健全完善网络防护体系,依托

数字技术构建应急响应机制,保障数字化转型顺利实施。

第五,依据国有流通企业异质性实施差异化监管。基于中国国情国力,对国有流通企业数字化转型不能放任自流,必须予以差异化监管,意即政府或其他监管主体在遵循共性和共同要求的前提下,应根据不同企业特征及数字化进程,统筹兼顾,灵活调整监管措施。首先,对尚处数字化转型初期阶段的国有流通企业而言,应借助数字化管理系统,完善其治理体系与组织架构,着力解决治理低效、架构冗杂等问题。其次,对于重点保障我国流通安全的国有流通企业而言,应积极运用人工智能技术,充分发挥超大规模市场优势、增长动力转换优势与基础性保障效应,推动国有流通企业从规模经济走向范围经济。最后,对于参与国际竞争的国有流通企业而言,应审慎管控跨境数据泄露及交易安全问题,促进内外激励与约束机制相互融合,依托数字化转型促进国有流通企业国际竞争力提升。

第四节　简短的结语

国有流通企业国际竞争力的提升是开放经济的产物,它的变动与其数字化转型息息相关,这种相关有一个值得关注的地方,就是不同国有流通企业国际竞争力的技术层级对应于数字化转型的不同阶段,研究国有流通企业数字化转型的国际竞争力效应要以数字经济运行为背景。经济学准确定位数字经济运行阶段的困难,引发了学者们区分流通企业数字化转型阶段的困难。为此,笔者从数字化转型入手试图对国有流通企业国际竞争力的提升予以解释。这样的分析可能存在着"形而上"之嫌,但关于国有流通企业国际竞争力提升的构想,至少为这个问题的理论研究提供了一幅粗略的图画,也起码给后续的研究留下了空间。

经济学对某一问题的分析和研究通常在逻辑上会得出一些结论,鉴于此,笔者认为中国国有流通企业运营缺乏与数字技术的深度融合,亟需系统地推进数字化转型,以提升国有流通企业数字化运营绩效;但国有流通企业数字化转型具有明显的企业异质性,必须结合企业特征与数字化进程实施行之有效的差异化监管。但依据这些结论就立马开出政策药方是不恰当的,譬如,依据前文可提出诸如竭力发挥国有流通企业的"领航员"作用,保障数字网络安全,增强国有流通企业数字化转型政策可操作性与实效性,等等,但问题在于如何制定和实现这些政策措施以及如何建立相应的制度安排框架。基于这样的理解,关于数字化转型赋能国有流通企业国际竞争力提升的研究,还有很多不清楚的领域与许多内在机理需要探索和验证,而不是仅局限于从某一个层面的理论分析。从历史经验和国内外企业发展现实来看,如何提升国有流通企业国际竞争力是个较具复杂性的非线性组合问题,理论上难以全面把握,实践上也不可一蹴而就。笔者对其进行的非实证分析,虽然在某个侧面或许抓住了问题的症结,但距全面解析这个具有复杂性的问题甚远,这需要专注这方面研究的学者后期的共同努力。

参考文献

[1] Acemoglu D, Restrepo P. Robots and jobs: Evidence from US labor markets[J]. Journal of Political Economy, 2020(6): 2188-2144.

[2] Acemoglu D, Restrepo P. The race between man and machine: Implications of technology for growth, factor shares, and employment[J]. American Economic Review, 2018(6): 1488-1542.

[3] Acemoglu D, Restrepo P. The wrong kind of AI? Artificial intelligence and the future of labour demand[J]. Cambridge Journal of Regions, Economy and Society, 2019(3): 25-35.

[4] Acemoglu D. Changes inunemployment and wage inequality: An alternative theory and some evidence[J]. American Economic Review, 1999(5): 1259-1278.

[5] Ageragaard E, Olsen P A, Allpass J. The interaction between retailing and the urban centre structure: A theory of spiral movement[J]. Environment and Planning, 1970(2): 55-71.

[6] Agrawal A, Gans J, Goldfarb A. Economic policy for artificial intelligence[J]. Innovation Policy and the Economy, 2019(1): 139-159.

[7] Alderson W. Marketingbehavior and executive action[M]. Homewood, Illinois: Richard D. Irwin Inc., 1957.

[8] Anderson J E, Wincoop E V. Gravity and gravitas: A solution to the border uzzle[J]. American Economic Review, 2003(1): 170-192.

[9] Angrist J D, Pischke J. Mostly harmless econometrics[M]. Princeton, New Jersey: Princeton University Press, 2009.

[10] Antràs P, Chor D, Fally T, et al. Measuring the upstreamness of production and trade flows[J]. Americn Economic Review, 2012, 102(3): 412-416.

[11] Antras P, Chor D. Organizing theglobal value chain[J]. Econometrica, 2013(6): 2127-2204.

[12] Armstrong M, Wright J. Two-sided markets , Competitive bottlenecks and exclusive contracts[J]. Economic Theory, 2007(2):353-380.

[13] Arrow K, Chenery H, Minhas B, et al. Capital-labor substitution and economic efficiency [J]. Review of Economic and Statistic, 1961 (43): 225-235.

[14] Bain J S. Relation of profit rate to industry concentration: American manufacturing, 1936 -1940 [J]. Quarterly Journal of Economics, 1951 (4):293-324.

[15] Baker J B, Bresnahan T F. Estimating theresidual demand curve facing a single firm[J]. International Journal of Industrial Organization, 1988(3): 283-300.

[16] Bamber P, Staritz C. The gender dimensions of global value chains[R]. International Center for Trade and Sustainable Development, 2016.

[17] Barrientos S. Gender andglobal value chains: Challenges of economic and social upgrading in agri-food[R]. Robert Schuman Centre for Advanced Studies Research Paper, 2014.

[18] Baumol W J, Panzar J, Willig R. Constestable markets: An uprising in the theory of industry structure[J]. The American Economic Review, 1982(1):1-15.

[19] Beck G W, Weber A A. How wide are European borders? New evidence on the integration effects of monetary unions[R]. Cfs Working Paper, 2001(1):120-129.

[20] Becker G S. Humancapital, effort, and the sexual division of labor[J]. Journal of Labor Economics, 1985(1):33-58.

[21] Becker G S. Theeconomics of discrimination[M]. Chicago: University of Chicago Press, 1957.

[22] Beem E R, Oxenfeldt A R. A diversity theory for market processes in food retailing[J]. Journal of Farm Economics, 1966(8):69-95.

[23] Bharadwaj A, El Sawy O A, Pavlou P A, et al. Digital business strategy:Toward a next generation of insights[J]. MIS Quarterly, 2013(2): 471-482.

[24] Bin Xu, Jiang Yong Lu. Foreigndirect investment, processing trade, and the sophistication of China's Export[J]. China Economic Review, 2009, 20(3):425-439.

[25] Blundell R, Bond S, Windmeijer F. Estimation in dynamic panel data models: Improving on the performance of the standard GMM estimator [R]. IFS Working WP00/12, Institute for Fiscal Studies, 2000.

[26] Blyde J S. The Drivers ofglobal value chain participation: Cross-country analyses[M]. Synchronized Factories, Berlin: Springer, 2014:29-71.

[27] Brand E A. Modernsupermarket operation [M]. New York : Fairchild, 1963.

[28] Brown J R, Goolsbee A. Does theinternet make markets more competitive? Evidence from the life insurance industry[J]. NBER Working Papers, 2000, 110(3):481-507.

[29] Brown S. Institutional change in retailing: A review and synthesis[J]. European Journal of Marketing, 1987(6):5-36.

[30] Brynjolfsson E, Hui X, Liu M. Does machine translation affect international trade? Evidence from a large digital platform[J]. Management Science, 2019(12):5449-5460.

[31] Butterworth J D, McNair M P, Burnham E S, et al. Cases in retail management[J]. Journal of Marketing, 1958(4).

[32] Cao X, Xu Z, Douma F. The interactions between e-shopping and traditional in-store shopping: An application of structural equations model [J]. Transportation, 2012, 39(5):957-974.

[33] Chandrashekaran R. Consumers' utilization of reference prices: the moderating role of involvement[J]. Journal ofProduct and Brand Management, 2012, 21(1):53-60.

[34] Chu W J. Demand and signaling and screening in channels of distribution [J]. Marketing Science, 1992(11):327-347.

[35] Coase R. The nature of the firm: Origin[J]. Journal of Law, Economics, & Organization, 1988, 4(1):3-17.

[36] Crinò R, Ogliari L. Financialimperfections, product quality, and international trade[J]. Journal of International Economics, 2017, 104:63-84.

[37] Davidson W R, Bates A D, Bass S J. The Retail Life Cycle[J]. Harvard Business Review, 1976(54):89-96.

[38] Dedrick J L, Kraemer K L, Linden G. Who profits from innovation in global value chains? A study of the iPod and notebook PCs[J]. Industrial and Corporate Change, 2010(19):81-116.

[39] Deiderick T E, Dodge H R. The wheel of retailing rotates and moves [R]. Carbondale: Proceedings Southern Marketing Association,1983.

[40] Donringer P, Piore M. Internallabor market and manpower analysis [M]. Lexington:D,C. Health,1971.

[41] Dreesman A C R. Pattems ofevolution in retailing [J]. Journal of Retailing,1968(1):64-81.

[42] Duch-Brown N, Grzybowski L, Romahn A, et al. Theimpact of online sales on consumers and firms: Evidence from consumer electronics[J]. International Journal of Industrial Organization,2017,52:30-62.

[43] Ederington J, Minier J, Troske K R. Where the girls are: Trade and labor market segregation in Colombia[R]. IZA Discussion Papers,2009.

[44] Ellison G, Ellison S F. Internet retail demand: Taxes, geography, and online-fffline competition [J]. Massachusetts: Massachusetts Institute of Technology,2006.

[45] Engel C,John H. Rogers: How wide is the border? [J]. American Economic Review,1996(86):1112-1125.

[46] Evans K R, Bames J W, Schlacter J L. A general systems approach to retail evolution: an existing institutional perspective[J]. International Review of Retail Distribution & Consumer Research,1993(1):79-100.

[47] Fahy C. Internet versus traditional retailing:An address model approach [J]. Journal of Economics and Business,2005,58(3):240-255.

[48] Fally T. Productionstaging: Measurement and facts[J]. University of Colorado-Boulder,2012(5),155-168.

[49] Feenstra R C, Hong C. Integration of trade and disintegration of production in the globle economy[J]. Journal of Economic Perspective, 1998,12(4):31-50.

[50] Findlay R, O'Rourke K H. Commoditymarket integration: 1500-2000 [R]. Ceg Working Papers,2003(3):33-40.

[51] Fink S L, Beak J, Taddeo K. Organizational crisis and change[J]. Journal of Applied Behavioral Science,1971(1):15-37.

[52] Galbrailth JK. American capitalism:The concept of countervailing power [M]. Boston:Houghton Mifflin Press,1952:131.

[53] Gist R R. Marketing and society:A conceptual introduction[M]. New York:Holt, Rinehart and Winston, 1971.

[54] Gist R R. Retailing: Concepts anddecisions [M]. New York, John Wiley&Sons. 1968:106-109.

[55] Goldberg P K, Verboven F. Market integration and convergence to the law of one price: evidence from the European car market[C]. Katholieke Universiteit Leuven,2001(1):49-73.

[56] Goldberg P,Knetter M M. Measuring theintensity of competition in export market[J]. Journal of International Economics,1999(1):27-60.

[57] Grewal D,Iyer G,Levy M. Internet retailing: enablers,limiters and market consequences[J]. Journal of Business Research,2004,57(7):703-713.

[58] Gurbaxani V,Dunkle D. Gearing up for successful digital transformation [J]. MIS Q. Executive,2019(3):6.

[59] Hall R E. The relation between price and marginal cost in U. S. industry [J]. Journal of Political Economy,1988,96(5):921-947.

[60] HardestyD M,Suter T A. E-tail and retail reference price effects[J]. Journal of Product and Brand Management,2005,14(2):129-136.

[61] Hausman R, Hwang J, Rodrik D. Whatyou export matters[J]. Journal of Economic Growth,2007,12(1):1-25.

[62] Helliwell J F, Verdier G. Measuring internal trade distances: A new method applied to estimate provincial border effects in Canada [J]. Canadian Journal of Economics,2001(4):1024-1041.

[63] Helliwell J F. How much do national borders matter? [J]. The Brookings Institution,1998(1):15-46.

[64] Helliwell J F. National borders, trade and migration [J]. Pacific Economic Review,1997(3):165-185.

[65] Hering L, Poncet S. Marketaccess and individual wages: Evidence from China[J]. The Review of Economics and Statistics,2010(92):145-159.

[66] Herrmann-Pillath C, Libman A, Yu X. State and market integration in China: A spatial econometrics approach to "local protectionism" [J]. Social Science Electronic Publishing,2010(137):293-295.

[67] Hollander S C. Notes on theretail accordion[J]. Journal of Retailing, 1966(Summer):29-40.

[68] Hortasu A,Martnez-Jerez F,Douglas J. The geography of trade in online transactions:Evidence from eBay and MercadoLibre[J]. American Economic Journal Microeconomics,2009,1(1):53-74.

［69］ Hower R M. History of Macy's of New York, 1858- 1919［M］. Cambridge：Harvard University Press,1943.

［70］ Hummels D,Ishii J, Yi K M. The nature and growth of vertical specialisation in world trade［J］. Journal of International Economics, 2001, 54(1)：75-96.

［71］ Hummels D,Rapoport D,Yi K. Verticalspecialization and the Changing nature of world trade ［J］. Economic Policy Review,1998,4(2)：79-99.

［72］ Izraeli D. Cyclical evolution of marketing channels［J］. British Journal of Marketing, 1970,5(3)：137-144.

［73］ Jonalasinio C, Manzocchi S, Meliciani V. Intangible Assets and Participation in Global Value Chains：An Analysis on a Sample of European Countries［J］. Working Papers Luisslab,2016.

［74］ Juhn C, Ujhelyi G, Villegas-Sanchez C. Men,women, and machines：How trade impacts gender inequality［J］. Journal of Development Economics,2014(106)：179-193.

［75］ Kahn A E. The economics of regulation：Principles and institutions［M］. New York：Wiley Press,1971：3.

［76］ Kee H L,Tang H. Domesticvalue added in exports：Theory and firm evidence from China ［J］. American Economic Review,2016(6)：1402-1436.

［77］ Kirby D A. The convenience store phenomenon［J］. Retail & Distribution Management,1976(3)：31-33.

［78］ Klein L,Kumasaka Y. IT revolution and increasing returns to scale in the U. S. economy［R］. UnitedNations Project Link，Berlin：Spring, 2000：1-22.

［79］ Knetter M M, Slaughter M J. Measuringproduct-market integration ［C］. National Bureau of Economic Research, Inc, 1999(7)：15-46.

［80］ Kolesar M, Galbraith R. A services-marketing perspective on e-retailing：implications for e-retailers and directions for further research［J］. Internet Research：Electronic Networking Applications and Policy,2000, 10(5)：424-438.

［81］ Koopman R, Powers W, Wang Z, et al. Givecredit where credit is due：Tracing value added in global production chains ［R］. NBER Working Papers,2010.

［82］ Koopman R, Powers W, Wang Z, et al. Give credit where credit is due：

Tracing value added in global production chains[R]. NBER Working Paper, No. 16426,2008.

[83] Koopman R,Wang Z, Wei S J. Estimating domestic content in exports when processing trade is pervasive [J]. Journal of Development Economics,2012(1):178-189.

[84] Korinek A, Stiglitz J E. Artificial intelligence, globalization, and strategies for economic development[R]. National Bureau of Economic Research,2021.

[85] Kozanoglu D,Abedin B. Understanding the role of employees in digital transformation:Conceptualization of digital literacy of employees as a multi-dimensional organizational affordance[J]. Journal of Enterprise Information Management,2021(6):1649.

[86] Kumar A,Krishnamoorthy B. Business analytics adoption in firms:A qualitative study elaborating TOE framework in India[J]. International Journal of Global Business and Competitiveness,2020(2):80-93.

[87] Landers W M,Posner R A. Marketpower in antitrust cases[J]. Harvard Law Review,1981(5):937-996.

[88] Lee K, Tan S. E-retailing versus physical retailing:A theoretical model and empirical test of consumer choice[J]. Journal of Business Research, 2003,56(11):877-885.

[89] Lendle A, Olarreaga M, Schropp S, et al. Theregoes gravity:eBay and the death of distance[J]. Economic Journal,2016,126(591):406 - 441.

[90] LernerA. The concept of monopoly and the measurement of monopoly power[J]. Review of Economic Studies,1934(1):15-29.

[91] Lester R. Labor andindustrial relations [M]. New York:Macmillan,1951.

[92] Liao Z,Shi X. Consumer perceptions of internet-based e-retailing:An empirical research in Hong Kong[J]. Journal ofServices Marketing,2009,23 (1):24-30.

[93] Lindbeck A,Snower D J. Wagesetting,unemployment and insider-outsider relation [J]. American Economic Review,1986(2):235-239.

[94] Long V, Riezman R. Fragmentation,outsourcing and service sector[R]. CIRANO Working Paper, No. 43,2001.

[95] Markin R J, Duncan C P, The transformation of retailing institutions:

Beyond the wheel of retailing and life cycle theories[J]. Journal of Macromarketing,1981(1):58-66.

[96] Martens B, Turlea G. The drivers and impediments for online cross-border trade in goods in the EU[R]. Digital Economy Working Paper,2012.

[97] Mårtenson R. Innovations in multinational retailing: IKEA on the Swedish, Swiss, German, and Austrian furniture markets[J]. Nordic Journal of Linguistics,1981(18):55-65.

[98] Martin R. Regional economic resilience, hysteresis and recessionary shocks[J]. Journal of Economic Geography,2012(12):1-32.

[99] McCallum J. National borders matter: Canada-US trade patterns[J]. The American Economic Review,1995(1):615-623.

[100] Melitz M J. The impact of trade on intra-industry reallocations and aggregate industry productivity[J]. Econometrica,2003(6):1695-1725.

[101] Menon N, Rodgers Y V D M. International trade and the gender wage gap: New evidence from India's manufacturing sector[J]. World Development,2009(5):965-981.

[102] Naughton B. Howmuch can regional integration do to unify China's markets? [J]. How Far Across the River,2000(1):54-65.

[103] Nielsen O. Development in retailing[A]// Kjaer-Hansen M. Readings in Danish Theory of Marketing. Amsterdam: North-Holland Publishing Company,1966:101-115.

[104] OECD. Measuringelectronic commerce: International trade in software [R]. OECD Digital Economy Papers,1998.

[105] Park A. Blunting therazor's edge: Regional development in reform China[J]. Reform China,2003(2):22-26.

[106] Parsley D C, Wei S J. Explaining the border effect: The role of exchange rate varicbility, shipping cost, and geography[J]. Journal of International Economics,2001(55):87-105.

[107] Parsley D C, Wei S J. Limiting currency volatility to stimulate goods markets integration: A price based approach[R]. IMF Working Paper,2000(1):197.

[108] Parsley D, Wei S J. Convergence to the law of one price without trade barriers or currency fluctuations. [J]. Quarterly Journal of Economics,1996,111:121-136.

[109] Pathikonda V, Farole T. The Capabilities Driving Participation in Global Value Chains[J]. Journal of International Commerce Economics & Policy,2016,08(1):1-29.

[110] Poncet S. Domesticmarket gragmentation and economic growth in China? [C]. ERSA Conference Papers. European Regional Science Association,2003(1):49 − 73.

[111] Porter M E. The competitive advantage of nations: With a new introduction[M]. New York: The Free Press,1990.

[112] Rezabakhsh B,Bornemann D,Hansen U,et al. Consumer power:A comparison of the old economy and the internet economy[J]. Journal of Consumer Policy,2006,29(1):3-36.

[113] Romer P M. Endogenoustechnological change [J]. Journal of Political Economy,1990(98):7-102.

[114] Roodman D. How to do xtabond2: An introduction to difference and system GMM in stata[J]. The Stata Journal,2009,1(9),86−136.

[115] Rosenbloom B,Schiffman L G. Retailing theory: perspectives and approachesl[C]// American Marketing Association. Theory in Retailling: Traditional and Nontraditional Sources Proceeding Series. Chicago,1981.

[116] Roth V J, Klein S. A theory of retail change[J]. International Review of Retail Distribution & Consumer Research,1993(2):167-183.

[117] Rubínová S. The impact of new regionalism on global value chains participation[J]. Graduate Institute of International and Development Studies,2017(7):1-43.

[118] Samuelson P. The transfer problem and transport costs[J]. Economic Journal, 1954,62(62):939-941.

[119] Sasidharan S, Kathuria V. Foreign direct investment and R & D: Substitutes or complements—A case of Indian manufacturing after 1991 reforms[J]. World Development, 2011,39(7):1226-1239.

[120] Schary P B. Changing aspects of channel structure in America[J]. European Journal of Marketing, 1970(3):133-145.

[121] Shankar V,Venkatesh A,Hofacker C,et al. Mobile marketing in the retailing environment:Current insights and future research avenues[J]. Journal of Interactive Marketing,2010,24(2):111-120.

[122] Shapiro C, Stiglitz J E. Equilibrium unemployment as a worker discipline device [J]. American Economic Review, 1984(3): 433-444.

[123] Sohrabpour V, Oghazi P, Toorajipour R, et al. Export sales forecasting using artificial intelligence[J]. Technological Forecasting and Social Change, 2021(2): 120480.

[124] Solow R M. Insiders and outsiders in wage determination[J]. The Scandinavian Journal of Economics, 1985, 87(2): 411-428.

[125] Szymczak S, Parteka A, Wolszczak-Derlacz J. Positionin global value chains: The impact on wages in central and eastern European countries [R]. GUT FME Working Paper Series, 2019.

[126] Tilson D, Lyytinen K, Sørensen C. Research commentary-digital infrastructures: The missing IS research agenda[J]. Information Systems Research, 2010(4): 748-759.

[127] Tongeren F V. Economicgeography: The integration of regions and nations[J]. Université Paris1 Panthéon-Sorbonne (Post-Print and Working Papers), 2008(1): 126-128.

[128] Upward R, Wang Z, Zheng J. Weighing China's export basket: The domestic content and technology intensity of Chinese exports [J]. Journal of Comparative Economics, 2013(2): 527-543.

[129] Verhoef P C, Broekhuizen T, Bart Y, et al. Digital transformation: A multidisciplinary reflection and research agenda[J]. Journal of Business Research, 2021(1): 889-901.

[130] Wadinambiaratchi H. Theory of retail development[J]. Social and Economic Studies, 1972(4): 8-36.

[131] Wang Z, Wei S J, Yu X, et al. Characterizing global value chains: Production length and upstreamness[R]. NBER Working Papers, 2017.

[132] Wei S J. Intranational versus international trade: How stubborn are in global integration? [R]. National Bureau of Economic Research, 1996(2): 34-45.

[133] Wolf H C. Intra-national home bias in trade [J]. Review of Economics and Statistics, 2000(4): 555-563.

[134] Wolfinbarger M, Gilly M. eTailQ: Dimensionalizing, measuring and predicting etail quality[J]. Journal of Retailing, 2003, 79(3): 183-198.

[135] Yahmed S. Gender wage gaps across skills and trade openness[R].

AMSE Working Papers,2012.

[136] Yoo Y, Henfridsson O, Lyytinen K. Research commentary—the new organizing logic of digital innovation:An agenda for information systems research[J]. Information Systems Research,2010(4):724-735.

[137] Young A. Therazor's edge:Distortions and incremental reform in the People's Republic of China[J]. Quarterly Journal of Economics,2000 (4):1091-1135.

[138] Yun Z,Linda K. Developing customer loyalty from e-tail store image attributes[J]. Managing Service Quality,2007,17(1):4-22.

[139] 白重恩,杜颖娟,陶志刚等.地方保护主义及产业地区集中度的决定因素和变动趋势[J].经济研究,2004(4):29-40.

[140] 白重恩,路江涌,陶志刚.国有企业改制效果的实证研究[J].经济研究,2006(8):4-13.

[141] 包群,阳佳余.金融发展影响了中国工业制成品出口的比较优势吗[J].世界经济,2008(3):21-33.

[142] 边丽娜,梅媛.贸易壁垒视角下区域创新对我国出口韧性的影响研究[J].商业经济研究,2023(7):129-132.

[143] 蔡宏波,周成华,蒙英华.服务进口与工资差距——基于中国服务业企业数据的实证检验[J].国际贸易问题,2014(11):144-153.

[144] 蔡跃洲,陈楠.新技术革命下人工智能与高质量增长、高质量就业[J].数量经济技术经济研究,2019(5):3-22.

[145] 岑丽阳.中国流通业竞争力的创新思考和对策研究[J].北京工商大学学报(社会科学版),2003(6):5-7.

[146] 陈东,姚笛.人工智能扩大了企业间的工资差距吗?——来自中国工业企业的证据[J].经济科学,2022(3):127-142.

[147] 陈刚,李树.司法独立与市场分割——以法官异地交流为实验的研究[J].经济研究,2013(9):30-42.

[148] 陈海英.外资进入、技术溢出与出口质量[J].山西财经大学学报,2022(11):53-64.

[149] 陈虹,徐阳.贸易自由化对出口国内增加值的影响研究——来自中国制造业的证据[J].国际经贸探索,2019(6):33-48.

[150] 陈桦楠,姜德波.长三角区域市场的地区分静——基于边界效应模型的分析[J].产业经济研究,2006(5):57-65.

[151] 陈继勇,王保双,蒋艳萍.企业异质性、出口国内附加值与企业工资水

平——来自中国的经验证据[J].国际贸易问题,2016(8):74-84.

[152] 陈剑,黄朔,刘运辉.从赋能到使能——数字化环境下的企业运营管理[J].管理世界,2020(2):117-128.

[153] 陈磊,胡立君,何芳.要素流动、市场一体化与经济发展——基于中国省级面板数据的实证研究[J].经济问题探索,2019(12):56-69.

[154] 陈立敏,周材荣.全球价值链的高嵌入能否带来国际分工的高地位——基于贸易增加值视角的跨国面板数据分析[J].国际经贸探索,2016(10):26-43.

[155] 陈丽琴,张新政,李雨欣.新发展格局下完善内外贸一体化调控体系的难点与着力点[J].国际贸易,2022(2):58-65.

[156] 陈丽娴.全球生产服务贸易网络特征及其对全球价值链分工地位的影响——基于社会网络分析的视角[J].国际商务(对外经济贸易大学学报),2017(4):60-72.

[157] 陈敏,桂琦寒,陆铭,陈钊.中国经济增长如何持续发挥规模效应?——经济开放与国内商品市场分割的实证研究[J].经济学(季刊),2007(1):125-150.

[158] 陈南旭,李益.数字经济对人力资本水平提升的影响研究[J].西北人口,2022(6):65-76.

[159] 陈强.高级计量经济学及Stata应用[M].2版.北京:高等教育出版社,2014.

[160] 陈沁,朱宏飞,樊潇彦.中国的劳动力价格扭曲及其经济影响——基于流动人口动态监测数据的研究[J].财经问题研究,2020(1):93-101.

[161] 陈伟.互联网驱动市场一体化理论探索[J].中国物价,2016,06:39-41.

[162] 陈文玲.现代流通:国家的核心竞争力[J].南京社会科学,2016(3):1-7.

[163] 陈文玲.现代流通与国家竞争力[J].中国流通经济,2007(4):15-18.

[164] 陈晓暾,程姣姣.劳动力要素市场扭曲对产业结构转型的影响研究[J].价格理论与实践,2019(11):41-44.

[165] 陈彦斌,林晨,陈小亮.人工智能、老龄化与经济增长[J].经济研究,2019(7):47-63.

[166] 陈志,程承坪,陈安琪.人工智能促进中国高质量就业研究[J].经济问题,2022(9):41-51.

[167] 陈子雷.发展援助、政企合作与全球价值链——日本对外经济合作的经验与启示[J].国际经济合作,2017(12):48-52.

[168] 程进文,刘向东.市场一体化、非对称性贸易成本与制造业集聚[J].经济

理论与经济管理,2018(7):48-62.

[169] 程玲.外部融资与企业的内外贸一体化——基于纯出口企业贸易模式转型的视角[J].经济学家,2021(1):43-53.

[170] 程云翔.基于价值链的农业移动电子商务应用[J].农业经济,2015(10):135-136.

[171] 从文兵.基于种群生态学的中国商贸流通业竞争力分析[J].山西能源学院学报,2021,34(4):46-48.

[172] CII电子商务指数研究与测算课题组.关于电子商务水平测度的研究[J].统计研究,2001(12):26-31.

[173] 戴翔,秦思佳.营商环境优化如何提升企业出口国内增加值率[J].国际贸易问题,2020(11):15-29.

[174] 邓明,柳玉贵,王劲波.劳动力配置扭曲与全要素生产率[J].厦门大学学报(哲学社会科学版),2020(1):131-144.

[175] 邓明.中国地区间市场分割的策略互动研究[J].中国工业经济,2014(2):18-30.

[176] 邓明.中国地区间市场分割的策略互动研究[J].中国工业经济,2014(2):18-30.

[177] 邓洲.促进人工智能与制造业深度融合发展的难点及政策建议[J].经济纵横,2018(8):41-49.

[178] 丁俊发.内外贸一体化与流通创新[J].市场营销导刊,2004(3):4-6.

[179] 董亚宁,顾芸,杨开忠.市场一体化、比较优势与产业区位[J].工业技术经济,2020,39(3):116-124.

[180] 董弋萱.流通4.0时代下流通业核心竞争力培育再探[J].商业经济研究,2021(13):9-12.

[181] 杜丹清.大数据时代的零售市场结构变迁——基于电商企业规模扩张的思考[J].商业经济与管理,2015(2):12-17.

[182] 段连杰,鲁晓东,滕飞.中国企业出口持续时间研究:生产率门槛的视角[J].投资研究,2023(5):57-72.

[183] 段禄峰,唐文文.我国农村电子商务发展水平测度研究[J].价格月刊,2016(9):69-74.

[184] 樊纲,王小鲁,马光荣.中国市场化进程对经济增长的贡献[J].经济研究,2011(9):4-16.

[185] 范爱军,卞学字.服务贸易与货物贸易对我国收入差距扩大的影响及比较[J].国际贸易问题,2013(6):98-105.

[186] 范波海.论提高流通产业国际竞争力[J].商业经济与管理,1999(4)：15-17.

[187] 范秋芳,杨敏,马颖.要素重置、技术外溢、出口贸易与中国经济增长的实证分析[J].统计与决策,2018(7)：139-143.

[188] 范晓男,孟繁琨,鲍晓娜,曲刚.人工智能对制造企业是否存在"生产率悖论"[J].科技进步与对策,2020(14)：125-134.

[189] 范欣,宋冬林,赵新宇.基础设施建设打破了国内市场分割吗？[J].经济研究,2017(2)：20-34.

[190] 范欣.市场分割、创新要素流动与自主创新能力[J].社会科学战线,2021(8)：59-69.

[191] 范子英,张军.财政分权、转移支付与国内市场整合[J].经济研究,2010,45(3)：53-64.

[192] 范子英,张军.中国如何在平衡中牺牲了效率:转移支付的视角[J].中国经济学,2010(10)：41-74.

[193] 范子英,周小昶.财政激励、市场一体化与企业跨地区投资——基于所得税分享改革的研究[J].中国工业经济,2022(2)：118-136.

[194] 冯娟.新发展格局构建下的高质量发展:社会再生产视角[J].经济理论与经济管理,2022(1)：35-50.

[195] 付强,乔岳.政府竞争如何促进了中国经济快速增长:市场分割与经济增长关系再探讨[J].世界经济,2011(7)：43-63.

[196] 付文宇,李彦,赵景峰.人工智能如何影响地区制造业优化升级？——基于双重中介效应的研究[J].经济体制改革,2020(4)：187-193.

[197] 高丽娜,蒋伏心."双循环"新发展格局与经济发展模式演进:承接与创新[J].经济学家,2021(10)：71-80.

[198] 高培勇.构建新发展格局:在统筹发展和安全中前行[J].经济研究,2021(3)：4-13.

[199] 高运胜,王云飞,蒙英华.融入全球价值链扩大了发展中国家的工资差距吗？[J].数量经济技术经济研究,2017(8)：38-54.

[200] 高振娟,赵景峰.创新驱动经济内循环的效应分析与路径选择[J].经济体制改革,2022(1)：195-200.

[201] 耿莉萍.提升我国流通产业竞争力的思考[J].中国流通经济,2010,24(7)：13-16.

[202] 耿伟,郝碧榕.全球价值链嵌入位置与劳动收入差距——基于跨国跨行业下游度指标的研究[J].国际贸易问题,2018(6)：54-67.

[203] 龚雅娴.企业数字化转型:文献综述与研究展望[J].产经评论,2022(1):40-47.

[204] 关利欣,宋思源,孙继勇."互联网＋"对内外贸市场一体化的影响与对策[J].国际贸易,2015(12):20-25.

[205] 桂琦寒,陈敏,陆铭,陈钊.中国国内商品市场趋于分割还是整合:基于相对价格法的分析[J].世界经济,2006(2):20-30.

[206] 郭冬乐.中国内外贸一体化的实践、目标与政策建议(上)——对流通组织形式的考察[J].财贸经济,2004(5):18-23.

[207] 郭凯明.人工智能发展、产业结构转型升级与劳动收入份额变动[J].管理世界,2019(7):60-77.

[208] 郭克莎,田潇潇.加快构建新发展格局与制造业转型升级路径[J].中国工业经济,2021(11):44-58.

[209] 郭馨梅,张健丽.我国零售业线上线下融合发展的主要模式及对策分析[J].北京工商大学学报(社会科学版),2014,29(5):44-48.

[210] 郭勇.国际金融危机、区域市场分割与工业结构升级——基于1985—2010年省际面板数据的实证分析[J].中国工业经济,2013(1):19-31.

[211] 韩峰,庄宗武.国内大市场、人工智能应用与制造业出口国内附加值[J].世界经济研究,2022(5):33-47.

[212] 韩君,颜小凤,韦楠楠.人工智能对中国就业技能结构影响的区域差异研究[J].西北人口,2022(3):45-57.

[213] 韩立红,王轶南.基于电子商务模式的企业价值链竞争优势分析[J].学术交流,2008(6):82-84.

[214] 浩飞龙,关皓明,王士君.中国城市电子商务发展水平空间分布特征及影响因素[J].经济地理,2016,36(2):1-10.

[215] 何大安,李怀政.大数据时代产业垄断形成机理及其发展[J].社会科学战线,2022(2):53-64.

[216] 何大安.数字经济下内循环为主战略的理论分析[J].社会科学战线,2020(12):36-47.

[217] 何帆,刘红霞.数字经济视角下实体企业数字化变革的业绩提升效应评估[J].改革,2019(4):137-148.

[218] 何兴强,欧燕,史卫,刘阳.FDI技术溢出与中国吸收能力门槛研究[J].世界经济,2014(10):52-76.

[219] 贺灿飞,陈韬.外部需求冲击、相关多样化与出口韧性[J].中国工业经济,2019(7):61-80.

[220] 贺盛瑜,马会杰,滕喜华.基于因子分析和聚类分析的我国电子商务发展水平研究[J].经济体制改革,2017(2):196-200.

[221] 洪银兴,杨玉珍.构建新发展格局的路径研究[J].经济学家,2021(3):5-14.

[222] 胡德宁.新时期内外贸一体化发展策略研究[J].价格月刊,2021(2):30-35.

[223] 胡璇.区域流通产业结构调整与贸易竞争力提升分析[J].商业经济研究,2020(1):30-32.

[224] 胡永仕,杨悠悠,吴桐雨.基于结构方程模型的区域流通产业竞争力评价研究[J].电子科技大学学报(社科版),2020,22(2):88-95.

[225] 胡昭玲,张玉.制度质量改进能否提升价值链分工地位?[J].世界经济研究,2015(8):19-26.

[226] 黄京华,黄河,赵纯均.企业电子商务就绪评估指标体系及其应用研究[J].清华大学学报:哲学社会科学版,2004(3):63-69.

[227] 黄丽华,朱海林,刘伟华,等.企业数字化转型和管理:研究框架与展望[J].管理科学学报,2021(8):26-35.

[228] 黄亮雄,林子月,王贤彬.工业机器人应用与全球价值链重构——基于出口产品议价能力的视角[J].中国工业经济,2023(2):74-92.

[229] 黄漫宇,李纪桦.电子商务对城乡商贸流通一体化的影响效应研究——基于中国省级面板数据的分析[J].宏观经济研究,2019(2):92-102,142.

[230] 黄群慧.新发展格局的理论逻辑、战略内涵与政策体系——基于经济现代化的视角[J].经济研究,2021(4):4-23.

[231] 黄瑞玲,余飞.市场分割提升了工业企业的增加值率吗?——来自中国工业企业的经验证据[J].世界经济与政治论坛,2019(6):50-77.

[232] 黄新飞,陈珊珊,李腾.价格差异、市场分割与边界效应:基于长三角15个城市的实证研究[J].经济研究,2014(12):18-32.

[233] 黄岩,武云亮."互联网＋"背景下我国商贸流通业竞争力比较分析[J].商业经济研究,2017(19):11-12.

[234] 黄赜琳,姚婷婷.市场分割与地区生产率:作用机制与经验证据[J].财经研究,2020(1):96-110.

[235] 纪宝成.流通竞争力与流通产业可持续发展[J].中国流通经济,2010,24(1):4-6.

[236] 江小涓,孟丽君.内循环为主、外循环赋能与更高水平双循环——国际经验与中国实践[J].管理世界,2021(1):1-19.

［237］姜帅帅,刘慧.危机冲击下全球价值链嵌入对企业出口韧性的"双刃剑"效应［J］.国际商务,2021(1):1-17.

［238］姜照,董超.高质量视域下推进我国内外贸一体化发展研究［J］.国际贸易,2023(2):3-11.

［239］蒋同明.人口老龄化对中国劳动力市场的影响及应对举措［J］.宏观经济研究,2019(12):148-159.

［240］金培振,张亚斌,邓孟平.区域要素市场分割与要素配置效率的时空演变及关系［J］.地理研究,2015(5):953-966.

［241］金祥义,张文菲.人工智能发展与出口持续时间:稳出口效应存在吗?［J］.世界经济研究,2023(4):3-17.

［242］金祥义,张文菲.人工智能与企业出口扩张:贸易革命的技术烙印［J］.国际贸易问题,2022(9):70-87.

［243］荆林波.零售业态的演变及其学说解释［J］.北京财贸管理干部学院学报,2002(6):15-18.

［244］雷光勇,买瑞东,左静静.数字化转型与资本市场效率——基于股价同步性视角［J］.证券市场导报,2022(8):48-59.

［245］雷娜,郎丽华.国内市场一体化对出口技术复杂度的影响及作用机制［J］.统计研究,2020,37(2):52-64.

［246］雷娜,刘妍.国内市场一体化对出口技术复杂度提升的门槛效应研究［J］.现代经济探讨,2019(12):66-75.

［247］李飞,贺曦鸣.零售业态演化理论研究回顾与展望［J］.技术经济,2015(11):34-46.

［248］李海舰,田跃新,李文杰.互联网思维与传统企业再造［J］.中国工业经济,2014(10):135-146.

［249］李怀政,蔡洁.中国服务业嵌入全球价值链地位对女性劳动力工资的影响研究［J］.西北人口,2020(5):59-70.

［250］李怀政,田晓宇,吴虹.人工智能渗透、劳动生产率与中国制造业出口韧性提升［J］.西北人口,2023(6):29-42.

［251］李怀政,王亚丽.劳动力市场分割对中国出口贸易国内增加值率的影响［J］.西北人口,2021(6):73-84.

［252］李怀政.大型网络零售商市场势力及其规制研究［M］.北京:中国社会科学出版社,2019(12):1-199.

［253］李怀政.互联网渗透、物流效率与中国网络零售发展——基于 VAR 模型的脉冲分析与方差分解［J］.中国流通经济,2018(8):23-33.

[254] 李建军,彭俞超,马思超.普惠金融与中国经济发展:多维度内涵与实证分析[J].经济研究,2020(4):37-52.

[255] 李磊,刘斌,丁勇.全球价值链参与对企业工资的影响研究[J].中南财经政法大学学报,2017(3):97-105.

[256] 李强.企业嵌入全球价值链的就业效应研究:中国的经验分析[J].中南财经政法大学学报,2014(1):28-35.

[257] 李秦,李明志,罗金峰.互联网贸易与市场一体化——基于淘宝网数据的实证研究[J].中国经济问题,2014(6):40-53.

[258] 李琴琴,曹清峰,李宏.进口机器人应用对中国企业出口国内技术含量影响的研究[J].世界经济研究,2023(8):31-42.

[259] 李善同,侯永志,刘云中,陈波.中国国内地方保护问题的调查与分析[J].经济研究,2004(11):78-84.

[260] 李亚波,崔洁.数字经济的出口质量效应研究[J].世界经济研究,2022(3):17-32

[261] 李永江.加速我国内外贸一体化的进程[N].国际商报,2004-12-24(004).

[262] 李元旭,罗佳.文化距离、制度距离与跨境电子商务中的感知风险[J].财经问题研究,2017(3):106-114.

[263] 李志玲.流通产业竞争力评价体系初探[J].商讯商业经济文荟,2005(2):16-20.

[264] 李子奈.计量经济学方法和应用[M].北京:清华大学出版社,1997:194.

[265] 廖泽芳,李婷.外贸结构、技术复杂度与中国附加值出口竞争力[J].当代经济科学,2017(3):48-58.

[266] 林玲,容金霞.参与全球价值链会拉大收入差距吗——基于各国后向参与度分析的视角[J].国际贸易问题,2016(11):65-75.

[267] 林毅夫,刘培林.中国的经济发展战略与地区收入差距[J].经济研究,2003(3):19-25,89.

[268] 刘斌,李川川,李秋静.新发展格局下消费结构升级与国内价值链循环:理论逻辑和经验事实[J].财贸经济,2022(03):5-18.

[269] 刘斌,潘彤.人工智能对制造业价值链分工的影响效应研究[J].数量经济技术经济研究,2020(10):24-44.

[270] 刘斌,王杰,魏倩.对外直接投资与价值链参与:分工地位与升级模式[J].数量经济技术经济研究,2015(12):39-56.

[271] 刘根荣,付煜.中国流通产业区域竞争力评价——基于因子分析[J].商

业经济与管理,2011(1):11-18.

[272] 刘根荣.基于全局主成分分析法的中国流通产业区域竞争力研究[J].中国经济问题,2014(3):79-89.

[273] 刘根荣.流通产业竞争力理论体系研究[J].中国经济问题,2007(5):47-53.

[274] 刘根荣.内向型国际化背景下我国流通企业国际竞争力研究[J].中国流通经济,2010,24(10):21-24.

[275] 刘慧,綦建红.外需冲击下多元化策略如何影响企业出口韧性[J].国际经贸探索,2021(12):4-19.

[276] 刘晶.跨境电子商务与我国企业全球价值链地位提升[J].商业经济研究,2017(9):71-74.

[277] 刘丽君.我国商贸流通产业竞争力评价及影响因素研究[J].商业经济研究,2018(24):153-156.

[278] 刘敏,陈正.电子商务发展测度指标体系研究[J].统计与信息论坛,2008(7):20-28.

[279] 刘启,李明志.双边市场与平台理论研究综述[J].经济问题,2008(7):17-20.

[280] 刘瑞明.国有企业、隐性补贴与市场分割:理论与经验证据[J].管理世界,2012(4):21-32.

[281] 刘生龙,胡鞍钢.交通基础设施与中国区域经济一体化[J].经济研究,2011(3):72-82.

[282] 刘淑春,闫津臣,张思雪等.企业管理数字化变革能提升投入产出效率吗[J].管理世界,2021(5):170-190.

[283] 刘维林,李兰冰,刘玉海.全球价值链嵌入对中国出口技术复杂度的影响[J].中国工业经济,2014(6):83-95.

[284] 刘文纲,郭立海.传统零售商实体零售和网络零售业务协同发展模式研究[J].北京工商大学学报(社会科学版),2013,28(4):38-43.

[285] 刘小勇.财政分权与区域市场一体化再检验——基于面板分位数回归的实证研究[J].经济经纬,2012(5):11-16.

[286] 刘星原.促使零售业态与经营方式演变的因素与规律研究[J].当代经济科学,2004(4):80-86.

[287] 刘瑶.参与全球价值链拉大了收入差距吗——基于跨国跨行业的面板分析[J].国际贸易问题,2016(4):27-39.

[288] 刘再起,王曼莉.全球价值链中的"比较优势陷阱"——基于整体网和国

别面板数据的实证分析[J].国际贸易问题,2018(3):100-112.

[289] 刘志彪."双循环"新发展格局与中国经济的运行逻辑、特点、风险[J].社会科学战线,2022(8):82-88.

[290] 刘志彪.长三角区域市场一体化与治理机制创新[J].学术月刊,2019,51(10):31-38.

[291] 隆云滔,刘海波,蔡跃洲.人工智能技术对劳动力就业的影响——基于文献综述的视角[J].中国软科学,2020(12):56-64.

[292] 陆铭,陈钊,严冀.收益递增、发展战略与区域经济的分割[J].经济研究,2004(1):54-63.

[293] 陆铭,陈钊,杨真真.平等与增长携手并进——收益递增、策略性行为和分工的效率损失[J].经济学(季刊),2007(2):443-469.

[294] 陆铭,陈钊.分割市场的经济增长——为什么经济开放可能加剧地方保护?[J].经济研究,2009(3):42-52.

[295] 陆铭,陈钊.分割市场的经济增长——为什么经济开放可能加剧地方保护?[J].经济研究,2009(3):42-52.

[296] 罗进辉,巫奕龙.数字化运营水平与真实盈余管理[J].管理科学,2021(4):3-18.

[297] 罗珉,李亮宇.互联网时代的商业模式创新:价值创造视角[J].中国工业经济,2015,57(1):95-107.

[298] 罗伟,葛顺奇.跨国公司进入与中国的自主研发:来自制造业企业的证据[J].世界经济,2015,38(12):29-53.

[299] 吕迪伟,蓝海林,曾萍.企业研发投入对出口绩效的影响——高管持股的调节作用[J].软科学,2018(7):84-88.

[300] 吕延方,宇超逸,王冬.服务贸易如何影响就业——行业产出与技术效率双重视角的分析[J].财贸经济,2017(4):145-160.

[301] 吕越,陈帅,盛斌.嵌入全球价值链会导致中国制造的"低端锁定"吗?[J].管理世界,2018(8):11-29.

[302] 马建堂.建设高标准市场体系与构建新发展格局[J].管理世界,2021(5):1-10.

[303] 马淑琴,邵宇佳.基于FAHP的内外贸一体化企业供应链竞争力研究——来自安徽辉隆与浙江农资的证据[J].经济问题,2013(10):81-86.

[304] 马涛,刘仕国.全球价值链下的增加值贸易核算及其影响[J].国际经济评论,2013(4):97-109.

[305] 马野青,张梦,巫强.什么决定了中国制造业在全球价值链中的地

位？——基于贸易增加值的视角[J].南京社会科学,2017(3):28-35.

[306] 毛军,梁宏志.财税竞争、空间关联与我国市场一体化发展[J].财经论丛,2019(11):20-29.

[307] 毛其淋,石步超.工业机器人如何影响企业出口模式[J].国际贸易问题,2022(12):38-53.

[308] 潘闽,张自然.产业集聚与中国工业行业全球价值链嵌入[J].技术经济与管理研究,2017(5):108-112.

[309] 潘煜,张星,高丽.网络零售中影响消费者购买意愿因素研究——基于信任与感知风险的分析[J].中国工业经济,2010(7):115-124.

[310] 裴秋蕊.我国出口型代工中小企业升级路径研究——基于互联网经济时代全球价值链视角[J].国际商务(对外经济贸易大学学报),2017(2):143-152.

[311] 裴长洪,刘洪愧.构建新发展格局科学内涵研究[J].中国工业经济,2021(6):5-22.

[312] 蒲红霞.外贸新形势下出口国内技术复杂度影响因素研究——来自中国工业行业的实证检验[J].国际经贸探索,2015(11):16-29.

[313] 蒲艳萍,成肖.经济集聚、市场一体化与地方政府税收竞争[J].财贸经济,2017,38(10):37-50.

[314] 戚聿东,蔡呈伟.数字化对制造业企业绩效的多重影响及其机理研究[J].学习与探索,2020(7):108-119.

[315] 戚聿东,杜博,温馨.国有企业数字化战略变革:使命嵌入与模式选择——基于3家中央企业数字化典型实践的案例研究[J].管理世界,2021(11):137-158.

[316] 齐良书,刘岚.中国劳动力市场上的工作时间及其户籍差距[J].经济学家,2019(11):45-54.

[317] 强永昌,杨航英.市场一体化、空间溢出与区域出口质量升级——基于长三角市场一体化的经验分析[J].国际贸易问题,2021(10):1-16.

[318] 任保平,宋文月.新一代人工智能和实体经济深度融合促进高质量发展的效应与路径[J].西北大学学报,2019(5):6-13.

[319] 任娟.多指标面板数据融合聚类分析[J].数理统计与管理,2013,32(1):57-67.

[320] 任永磊,李荣林,高越.人民币汇率与全球价值链嵌入度提升——来自中国企业的实证研究[J].国际贸易问题,2017(4):129-140.

[321] 荣朝和.交通-物流时间价值及其在经济时空分析中的作用[J].经济研

究,2011(8):133-146.

[322] 容金霞,顾浩.全球价值链分工地位影响因素分析——基于各国贸易附加值比较的视角[J].国际经济合作,2016(5):39-46.

[323] 茹玉骢,李燕.电子商务与中国企业出口行为:基于世界银行微观数据的分析[J].国际贸易问题,2014(12):3-13.

[324] 尚慧丽.培育适应内外贸一体化的大批发商[J].社会科学辑刊,2007(3):163-166.

[325] 邵敏.户籍分割下工作转换行为的收入效应[J].经济科学,2018(6):105-117.

[326] 邵宇佳,马淑琴.电子商务、企业进入成本冲击与宏观经济发展——基于动态随机一般均衡模型分析[J].中国流通经济,2017,31(1):84-93.

[327] 申珅.基于博弈论的流通产业安全问题探讨[J].中国流通经济,2015,29(1):11-16.

[328] 沈健,刘向东.零售业态均衡与创新的要素分析——基于零售业态价格梯度模型的研究[J].商业经济与管理,2011(4):5-12.

[329] 时杰.数字化监管体系建设推动国有企业创新发展[J].现代国企研究,2021(6):24-29.

[330] 史青,赵跃叶.中国嵌入全球价值链的就业效应[J].国际贸易问题,2020(1):94-109.

[331] 史卫,陈平,路先锋.新发展格局背景下我国价值链升级与市场一体化研究[J].广东社会科学,2021(2):16-25,254.

[332] 宋圣学.我国商贸流通业国际竞争力现状与提升对策[J].商业经济研究,2016(23):10-12.

[333] 宋亚辉.风险控制的部门法思路及其超越[J].中国社会科学,2017(10):136-158.

[334] 宋扬.户籍制度改革的成本收益研究——基于劳动力市场模型的模拟分析[J].经济学(季刊),2019(3):813-832.

[335] 宋则.流通现代化及流通业竞争力研究(上)[J].商业时代,2006(4):11-13.

[336] 苏杭,李化营.行业上游度与中国制造业国际竞争力[J].财经问题研究,2016(8):31-37.

[337] 苏剑,邵宇佳,陈丽娜.中国市场一体化进程:趋势、成效与建议[J].社会科学辑刊,2021(3):157-170.

[338] 孙敬水,姚志.现代流通产业核心竞争力研究进展[J].北京工商大学学

报(社会科学版),2013,28(6):4-11.

[339] 孙浦阳,张靖佳,姜小雨.电子商务、搜寻成本与消费价格变化[J].经济研究,2017(7):139-154.

[340] 孙元元,张建清.市场一体化与生产率差距:产业集聚与企业异质性互动视角[J].世界经济,2017,40(4):79-104.

[341] 孙早,侯玉琳.人工智能发展对产业全要素生产率的影响——一个基于中国制造业的经验研究[J].经济学家,2021(1):32-42.

[342] 覃大嘉,吴东旭,毛蕴诗.金融危机对中国天生国际化OEM企业的影响及其战略反应研究[J].学术研究,2011(9):61-69.

[343] 谭祖谊.内外贸一体化战略与国内需求增长[J].中国青年政治学院学报,2011(3):93-98.

[344] 汤英汉.中国电子商务发展水平及空间分异[J].经济地理,2015,35(5):9-14.

[345] 唐海燕,张会清.产品内国际分工与发展中国家的价值链提升[J].经济研究,2009,44(9):81-93.

[346] 唐青青,白东北,王珏.人工智能对出口产品质量促进的异质效应与影响路径[J].现代财经(天津财经大学学报),2021(12):94-110.

[347] 唐晓华,景文治.人工智能赋能下现代柔性生产与制造业智能化升级研究[J].软科学,2021(8):30-38.

[348] 唐宜红,张鹏杨.FDI、全球价值链嵌入与出口国内附加值[J].统计研究,2017,34(4):36-49

[349] 陶伟军,文启湘.零售业态的生成与演进:基于知识的分析[J].当代经济科学,2002(6):52-57.

[350] 滕瑜,迟睿.服务贸易对我国异质劳动力收入差距的影响——基于服务行业面板数据的实证分析[J].经济问题探索,2016(2):153-158.

[351] 佟宝全,毕其格.区域整合理论、方法与实践:基于"经济-资源"互补型区域视角[M].中央民族大学出版社,2012.

[352] 童书兴.内外贸一体化的发展趋势与对策选择[J].国际商务(对外经济贸易大学学报),1998(3):13-17.

[353] 屠建平,杨雪.基于电子商务平台的供应链融资模式绩效评价研究[J].管理世界,2013(7):182-183.

[354] 万典武.商业网发展的法制建设[J].中国流通经济,2004(11):6-9.

[355] 万琴.中国网络零售市场影响因素的灰色关联度评价[J].中国管理科学,2014,22(S1):143-147.

[356] 汪旭晖,赵博.新发展格局下流通业促进形成强大国内市场的内在机制与政策思路[J].经济学家,2021(10):81-89.

[357] 王高凤,郑玉.中国制造业生产分割与全要素生产率——基于生产阶段数的分析[J].产业经济研究,2017(4):80-92.

[358] 王国顺,何芳菲.实体零售与网络零售的协同形态及演进[J].北京工商大学学报(社会科学版),2013,28(6):27-33.

[359] 王国顺,杨晨.实体和网络零售下消费者的信任转移与渠道迁徙[J].中南大学学报(社会科学版),2014,20(4):9-16.

[360] 王海南,崔长彬.财政分权与中国省际劳动力市场一体化——基于时空地理加权回归模型的实证检验[J].经济问题,2021(5):55-62.

[361] 王浩.商品流通渠道对内外贸一体化的影响——互联网经济下的新探索[J].商业经济研究,2017(20):8-11.

[362] 王金亮.基于上游度测算的我国产业全球地位分析[J].国际贸易问题,2014(3):25-33.

[363] 王娟,柳思维.中国零售业态变迁与创新:1978-2010[J].湖南社会科学,2012(6):106-110.

[364] 王娟.湖南省流通产业竞争力评价研究[J].湖南商学院学报,2014,21(4):23-29.

[365] 王岚.全球价值链分工背景下的附加值贸易:框架、测度和应用[J].经济评论,2013(3):150-160.

[366] 王磊,魏龙."低端锁定"还是"挤出效应"——来自中国制造业GVCs就业、工资方面的证据[J].国际贸易问题,2017(8):62-72.

[367] 王磊,肖倩,邓芳芳.人工智能对中国制造业创新的影响研究——来自工业机器人应用的证据[J].财经论丛,2023(5):1-14.

[368] 王林辉,胡晟明,董直庆.人工智能技术会诱致劳动收入不平等吗——模型推演与分类评估[J].中国工业经济,2020(4):97-115.

[369] 王林燕.中国在全球价值链分工中的地位和升级路径探析[D].南京大学,2016.

[370] 王敏.谁分走了中国的制造业出口蛋糕?——基于全球价值链的视角[J].经济经纬,2017,34(6):69-74.

[371] 王姗姗.中国流通产业竞争力问题研究[D].吉林大学,2012(4):16-40.

[372] 王守海,徐晓彤,刘烨炜.企业数字化转型会降低债务违约风险吗?[J].证券市场导报,2022(4):45-56.

[373] 王维,庄尚文.网络平台主导的贸易消费一体化机理与产业升级[J].现

代经济探讨,2018(10):98-103.

[374] 王文宇,任卓然,李伟,贺灿飞.贸易壁垒、市场相关多样化与城市出口韧性[J].地理研究,2021(12):3287-3301.

[375] 王一鸣.百年大变局、高质量发展与构建新发展格局[J].管理世界,2020(12):1-13.

[376] 王贻志,孙阳,阮大成.应用二级CES生产函数对中国制造业R&D投入产出效应的实证研究[J].数量经济技术经济研究,2006(8):56-67.

[377] 王永培,宣烨.基于因子分析的我国各地区流通产业竞争力评价——兼论中西部地区流通产业发展对策[J].经济问题探索,2008(4):42-46.

[378] 王钟庄,石文兵,吴赟婷.电子商务交易成本构成分析及制度创新思考[J].价格月刊,2007(8):73-76.

[379] 韦倩,王安,王杰.中国沿海地区的崛起:市场的力量[J].经济研究,2014(8):170-183.

[380] 韦影,宗小云.企业适应数字化转型研究框架:一个文献综述[J].科技进步与对策,2021(11):152-160.

[381] 魏昀妍,龚星宇,柳春.数字化转型能否提升企业出口韧性[J].国际贸易问题,2022(10):56-72.

[382] 温珺,王健,尤宏兵.电子商务能否促进外贸增长——来自我国的证据[J].国际贸易问题,2015(6):43-52.

[383] 翁杰明.国有企业要做推动数字化智能化升级的排头兵[J].国有资产管理,2020(4):9-12.

[384] 吴殿廷,吴迪.用主成分分析法作多指标综合评价应该注意的问题[J].数学的实践与认识,2015,5(20):143-150.

[385] 吴福象,汪丽娟.解码中国OFDI:历史轨迹、发展潜力与布局优化——基于国内国际双循环视角[J].经济学家,2021(4):70-79.

[386] 吴昊,李健伟,程楠.零售业态演进——基于消费成本视角的解释[J].消费经济,2015(3):75-78.

[387] 吴华刚.我国省域科普资源建设水平指标体系的构建及评价研究[J].科技管理研究,2014(18):66-69.

[388] 吴江,陈婷,龚艺巍,等.企业数字化转型理论框架和研究展望[J].管理学报,2021(12):1871.

[389] 吴敬琏.实施供应链管理 提高我国流通业竞争力[J].中国流通经济,2003(10):6-8.

[390] 吴旭.人工智能渗透对中国制造业出口国内增加值率的影响研究[D].浙

江工商大学,2022.

[391] 吴义爽,盛亚,蔡宁.基于互联网＋的大规模智能定制研究——青岛红领服饰与佛山维尚家具案例[J].中国工业经济,2016(4):127-143.

[392] 吴云霞,蒋庚华.全球价值链位置对中国行业内劳动者就业工资报酬差距的影响——基于 WIOD 数据库的实证研究[J].国际贸易问题,2018(1):58-70.

[393] 习近平.积极树立亚洲安全观 共创安全合作新局面[N].人民日报,2014-05-22(002).

[394] 夏春玉,杨宜苗.零售业态适应性评价及影响因素判定——基于限额以上连锁零售企业的研究[J].财贸经济,2007(10):87-92.

[395] 夏思楠.我国商贸流通业国际竞争力评价模型与历史转进[J].商业经济研究,2019(21):37-39.

[396] 肖飞.电子商务市场特征对产品创新的影响[J].商业经济研究,2016(8):84-86.

[397] 肖湘,陈潇潇.标准化对商贸流通业国际竞争力影响实证研究[J].商业经济研究,2020(13):22-24.

[398] 谢富胜,匡晓璐.以问题为导向构建新发展格局[J].中国社会科学,2022(6):161-180.

[399] 谢莉娟,张昊.国内市场运行效率的互联网驱动——计量模型与案例调研的双重验证[J].经济理论与经济管理,2015(9):40-55.

[300] 谢莉娟.互联网时代的流通组织重构——供应链逆向整合视角[J].中国工业经济,2015(4):44-56.

[401] 行伟波,李善同.本地偏好、边界效应与市场一体化—基于中国地区间增值税流动数据的实证研究[J].经济学季刊,2009(3):1455-1474.

[402] 徐保昌,谢建国.市场分割与企业生产率:来自中国制造业企业的证据[J].世界经济,2016(1):95-122.

[403] 徐卓顺,赵奚,夏海利."双循环"新发展格局下消费升级对产业结构的影响[J].社会科学战线,2022(03):250-254.

[404] 许召元,李善同.近年来中国地区差距的变化趋势[J].经济研究,2006(7):106-116.

[405] 旭昕.中国商贸流通产业市场竞争力提升策略[J].改革与战略,2017,33(6):162-163,169.

[406] 亚当·斯密.国民财富的性质和原因的研究(1776)[M].郭大力,王亚南,译.北京:商务印书馆,1983.

[407] 闫星宇.零售制造商的模块化供应链网络[J].中国工业经济,2011(11):139-147.

[408] 晏维龙.零售营销策略组合及零售业态多样化[J].财贸经济,2003(6):83-86

[409] 阳敏,毛军.财税竞争与中国市场一体化发展的空间关联分析[J].经济地理,2017,37(9):57-61.

[410] 杨德明,刘泳文."互联网＋"为什么加出了业绩[J].中国工业经济,2018(5):80-98.

[411] 杨坚争,郑碧霞,杨立钒.基于因子分析的跨境电子商务评价指标体系研究[J].财贸经济,2014(9):：94-102.

[412] 杨建,宋冬梅.省域流通产业竞争力评价体系构建——以河北省为例[J].商业经济研究,2016(9):186-188.

[413] 杨杰.中国35个行业全球价值链嵌入位置与增值能力关系研究——兼与美日韩的对比[J].国际经贸探索,2016(9):4-14.

[414] 杨先明,傅智宏.中美产业双循环格局变化趋势比较——隐含增加值视角[J].经济学家,2022(3):118-128.

[415] 银温泉,才婉茹.我国地方市场分割的成因和治理[J].经济研究,2001(6):3-12.

[416] 于培伟.关于内外贸一体化的再思考[J].中南财经政法大学学报,2005(3):28-31.

[417] 苑会娜.进城农民工的健康与收入——来自北京市农民工调查的证据[J].管理世界,2009(5):56-66.

[418] 岳牡娟,孙敬水.流通产业竞争力研究——以浙江省为例[J].江苏商论,2009(9):21-23.

[419] 张成考,聂茂林,王春雨.生态供应链管理:21世纪企业可持续发展的新模式[J].科学学与科学技术管理,2007(7):130-131.

[420] 张丹宁,宋雪峰.新发展格局下中国产业链现代化的理论逻辑与实践路径——以新能源动力电池产业为例[J].湖南科技大学学报(社会科学版),2022(2):111-121.

[421] 张继栋.地方国有企业数字化转型路径探讨[J].现代管理科学,2021(3):96-102.

[422] 张杰,陈志远,刘元春.中国出口国内附加值的测算与变化机制[J].经济研究,2013(10):124-137.

[423] 张杰,刘志彪.制度约束、全球价值链嵌入与我国地方产业集群升级[J].

当代财经,2008(9):84-91.

[424] 张可云,庄宗武,韩峰.国内超大规模市场、人工智能应用与制造业出口产品质量升级[J].经济纵横,2022(7):1-12.

[425] 张连刚.省域流通产业竞争力评价体系构建与实证研究[D].西南财经大学,2011(4):124-164.

[426] 张宁宁,叶永彪.零售业态演变规律探析——一个以消费者为视角的新阐释[J].商讯商业经济文荟,2006(2):86-88.

[427] 张庆亮,何文君.我国网上零售发展面临的问题及对策探讨[J].财贸研究,2000(6):42-45.

[428] 张蕊.中国网络经济发展水平测度[J].经济理论与经济管理,2001(9):43-47.

[429] 张少军.全球价值链降低了劳动收入份额吗——来自中国行业面板数据的实证研究[J].经济学动态,2015(10):39-48.

[430] 张彤,潘梦真.考虑耦合作用的现代流通产业核心竞争力评价[J].商业经济研究,2020(16):9-11.

[431] 张学良,程玲,刘晴.国内市场一体化与企业内外销[J].财贸经济,2021,42(1):136-150.

[432] 张赞,凌超.网络零售商与实体零售商的价格竞争及其对市场绩效的影响研究[J].产业经济研究,2011(6):63-70.

[433] 张志明,崔日明.服务贸易、服务业 FDI 与中国服务业工资水平——基于行业面板数据的经验研究[J].国际贸易问题,2015(8):33-42.

[434] 赵宸宇.数字化发展与服务化转型——来自制造业上市公司的经验证据[J].南开管理评论,2021(2):149-163.

[435] 赵登峰,牛芳,曹秋静.中国出口产业在全球价值链中的地位——来自增加值贸易的证据[J].深圳大学学报(人文社会科学版),2014(6):107-115.

[436] 赵锦春,范从来.企业异质性、全球价值链分工与劳动力要素报酬[J].江苏社会科学,2018(1):67-76.

[437] 赵瑾.贸易与就业:国际研究的最新进展与政策导向——兼论化解中美贸易冲突对我国就业影响的政策选择[J].财贸经济,2019(3):5-18.

[438] 赵萍.2014 年中国流通产业回顾与 2015 年展望[J].中国流通经济,2015,29(1):1-10.

[439] 赵奇伟,熊性美.中国三大市场分割程度的比较分析:时间走势与区域差异[J].世界经济,2009(6):41-53.

[440] 赵卫宏.网络零售中的顾客价值及其对店铺忠诚的影响[J].经济管理,2010,32(5):74-87.

［441］赵新泉.外商直接投资对中国内资企业出口的影响:挤出还是引致？
[J].上海经济研究,2015(10):76-86.

［442］赵永亮,才国伟,朱英杰.市场潜力、边界效应与贸易扩张[J].中国工业
经济,2011(9):20-30.

［443］赵永亮,才国伟.市场潜力的边界效应与内外部市场一体化[J].经济研
究,2009(7):119-130.

［444］赵永亮,徐勇,苏桂富.区际壁垒与贸易的边界效应[J].世界经济,2008
(2):17-29.

［445］郑丹青,于津平.中国出口贸易增加值的微观核算及影响因素研究[J].
国际贸易问题,2014(8):3-13.

［446］郑琼洁,王高凤.人工智能技术应用与中国制造业企业生产率——兼对
"生产率悖论"的再检验[J].学习与实践,2021(11):59-69.

［447］郑琼洁,王高凤.人工智能驱动制造业价值链攀升:何以可能,何以可为
[J].江海学刊,2021(4):132-138.

［448］郑涛,杨如雪.高技术制造业的技术创新、产业升级与产业韧性[J].技术
经济,2022(2):1-14.

［449］郑毓盛,李崇高.中国地方分割的效率损失[J].中国社会科学,2003(1):
64-72.

［450］植草益.微观规制经济学[M].朱绍文,等译.北京:中国发展出版社,
1992:21-22.

［451］中西正雄.零售之轮真的在转吗[J].商学研究,1996(2-4):21-41.

［452］钟若愚,屈沙.劳动力市场分割、就业机会不平等与城乡工资差异——基
于中国综合社会调查(CGSS)数据的研究[J].北京工商大学学报(社会科
学版),2019(6):88-104.

［453］周科选,余林徽.人工智能产业政策与出口产品质量[J].上海对外经贸
大学学报,2023(2):5-21.

［454］周黎安.晋升博弈中政府官员的激励与合作——兼论我国地方保护主义
和重复建设问题长期存在的原因[J].经济研究,2004(6):33-40.

［455］周正柱,李瑶瑶.长三角市场一体化经济增长效应及路径——基于长三
角 27 个城市的考察[J].华东经济管理,2021,35(8):29-39.

［456］朱坤萍.如何提升我国流通产业竞争力[J].经济纵横,2007(4):24-26.

［457］朱涛.零售业态演化:基于组织能力视角的理论分析[J].商业经济与管
理,2009(3):5-10.

［458］祝合良,叶萌.标准化对我国商贸流通业国际竞争力影响实证研究[J].
中国流通经济,2017,31(5):3-1.

后　记

受中美贸易摩擦、疫情大流行与国际地缘政治冲突的叠加影响与冲击，全球产业链和供应链格局正面临调整和重构，但中国已然嵌入全球价值链分工体系且逐步升级的事实不可逆转。随着"互联网＋流通""贸易强国""数字中国"等宏大战略付诸实践，"以国内大循环为主体、国内国际双循环相互促进"的新发展格局渐露端倪。尽管市场分割在一定程度上依然存在，但总体上呈现市场整合趋势，国内市场一体化与国际市场一体化进程逐步加快，流通产业国际化研究也逐渐凸显。就经济学而言，在浩如烟海的产业组织理论探索中，不能不说曾经暗含着重生产轻流通的倾向，然而，随着流通产业先导地位的形成，市场一体化中的流通产业国际竞争力问题越来越受到经济学家们的关注。但从社会建构理论视角来看，流通市场也是社会的建构，其有效运行往往取决于相关主体的耦合与协作。在这一建构体系中，流通产业如何提升国际竞争力？其隐含着何种动因、机理与影响机制？政府规制的逻辑如何？这是笔者进行这项研究的初衷，也是本书力图实现的目标。

事实上，流通产业国际竞争力提升机制设计及其路径形塑，取决于供应商、零售商、消费者与政府等多元主体行为的合作与博弈。倘若将流通产业国际竞争力仅仅视为流通成本等传统因素变动的结果，就难以洞察现代流通市场结构的深入变化。在笔者看来，流通产业是流通业态变迁与流通模式创新的结果，其背后隐匿着交易成本、技术创新、消费者偏好、环境、商业竞争与冲突等多重因素的驱动。基于此，笔者从业态变迁切入，融合新地理经济学、空间经济学、新新贸易理论与新规制经济学思想，将中国流通产业国际竞争力提升问题置于市场一体化进程中予以研究。就团队协同而言，具体分工如下：第一章和第二章由李怀政完成，第三章由李怀政和詹娜完成，第四章由李怀政和汪婷完成，第五章由李怀政和徐安完成，第六章由李怀政和蔡洁完成，第七章由李怀政和王亚丽完成，第八章由李怀政和田晓宇完成，第九章和第十章由李怀政与房子玥完成，其中詹娜、汪婷、徐安、蔡洁、王亚丽、田晓宇、房子玥为本人指导的研究生，她们主要承担了相关章节的阶段性辅助工作。

本书为教育部人文社会科学重点研究基地浙江工商大学现代商贸研究中

心重大项目"国内外市场一体化中的流通产业国际竞争力提升研究"（17JJD790020）的最终成果。值得说明的是，学术研究往往在时间维度上存在存量上的互补，在空间维度上存在增量上的交叉。因此，一方面，本书或有些许内容与笔者先前出版的《大型网络零售商市场势力及其规制研究》《绿色贸易》等专著存在带有修正或补充色彩的重叠；另一方面，零星章节还蕴含着本人主持的国家社会科学基金"隐含能源贸易网络地位对中国能源定价权的影响机制及提升政策研究"（20BJY080）的少许交叉成果，以及参与的国家社会科学基金重点项目"我国互联网平台型企业市场势力的形成、影响及其规制研究"（17AJY014）和"数字贸易促进共同富裕机制与政策体系研究"（23AGL035）的阶段性间接成果。

除了上述资助以外，浙江工商大学经济学院暨商务部国内贸易智库浙江工商大学现代商贸研究中心为本书出版提供了鼎力支持，浙江大学出版社石国华副编审倾注了大量心血，我的家人也给予了极大鼓励与关爱；同时，与国内外许多学者在文献上的神交，也为笔者提供了思想源泉。在此，我一并致以由衷的感谢。

另外，受制于时间、篇幅和本人学术能力，本书在数据要素市场一体化、数字流通产业规制等方面缺乏深入的研究。对此，笔者期望在后续相关研究中予以进一步探讨，也瞻望更多经济学同仁步入这些新的领域。

李怀政

2024 年 3 月于杭州